제2언어 습득

여덟 개의 핵심 주제들

"한 쪽 날개로 높이 날 수 없듯이
하나의 언어만으로는 큰일을 이룰 수 없다"

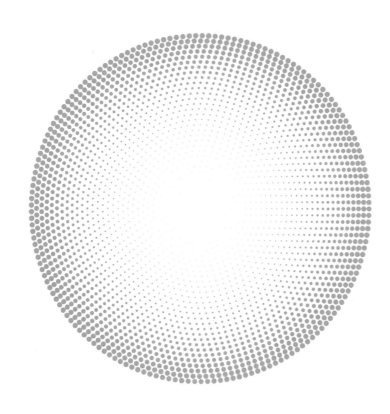

제2언어
습득

Key Topics in
Second
Language
Acquistion

여덟 개의
핵심
주제들

비비언 쿡
데이비드 싱글턴

이승연 옮김

역락

저자 서문

　　제2언어가 어떻게 습득되고 사용되는지에 왜 관심을 가져야
할까? 만약 여러분이 다언어 가정 또는 다언어 공동체에서 자랐다면
제2언어(L2)를 당연하게 생각할 것이다. 그런 경우라면 제2언어 습득
이 단일 언어 화자의 모어 습득에 비해 특별히 흥미로울 것이 없다. 그
런데 만약 여러분이 제2언어를 중고등학교나 대학에서 배웠다면 제2
언어 학습이 어렵다는 생각이 들 수도 있고 극복하기 힘든 문제들의 연
속이라고 느낄 수도 있다. 아마도 이런 사람들은 어떻게 하면 제2언어
를 힘들이지 않고 고통 없이 배울 수 있을지 그 방법을 찾고 싶을 것이
다. 이 책에서는 제2언어의 습득과 사용이 우리 삶에 아주 일상적인 일
이라고 전제한다. 하지만 우리가 제2언어에 대해 아는 바가 적고, 제2
언어에 대해 논할 때 그저 경험적 지식에 의존하기도 하므로 좀 더 과
학적인 관점을 도입할 필요가 있다고 보았다. 다른 언어를 배우는 일은
현대 교육에서 매우 중요한 부분이다. 하나의 언어만 구사해서는 살아

가기가 점점 힘들어지는 세상에서 외국어 학습은 삶에 필수적이기 때문이다.

　이 분야의 초기 연구에서는 문법의 몇 가지 측면에 초점을 맞추는 데 그쳤지만, 지금은 L2 사용자들의 감정적 삶, 그들의 몸짓, 원어민이나 동료 L2 사용자와의 복잡한 관계까지 아우르면서 그 주제의 범위를 넓혀 왔다. 모든 인간의 삶이 모어와 관련되어 있는 것처럼 제2언어 역시 우리의 삶과 관련되어 있을 수 있다. SLA 연구는 이제 거의 모든 국가에서 독자적인 학술지, 학회, 학술대회 등을 갖추고 있으며, 그 규모가 매우 방대해져서 SLA 내에서 발음, 다중언어 사용, 생성문법 등의 영역을 전문적으로 다루는 특수 연구 집단으로까지 세분화되었다.

　이 책은 연구자들이 가장 많은 관심을 갖는 여덟 가지 주제를 통해 SLA 분야를 소개하고 있다. 각 주제는 배경지식 없이도 이해할 수 있는 기초적인 쟁점들을 다루었으며, 이를 더욱 심화시켜 살피는 방안도 제시하였다. 여덟 개의 주제들은 독립적인 내용이므로 독자들이 관심 가는 순서대로 읽을 수 있다. 우리는 처음에 주제 네 개씩을 집필하였고 이후 서로의 결과물을 검토했다. 최종본은 필자 개개인의 문체를 보존하여 개인적인 견해가 더욱 효과적으로 드러나도록 하였다. 일부 쟁점에 대해서는 독자의 경험에 근거하여 문제를 생각해 보게 함으로써 독자와의 상호작용을 고려하였다. 이 책은 지금까지의 SLA 연구에 대한 포괄적 소개가 아니라, 제2언어 습득에 관한 여덟 가지 일반적인 질문에 대해 연구자들이 어떻게 답하려고 노력해 왔는지를 보여 주고자 한다.

SLA에 대한 쟁점은 수없이 많다. 그러면 그 많은 쟁점 중에서 여덟 개의 주제를 어떻게 간추렸을까? 우선 우리가 사람들로부터 가장 자주 받은 질문들, 예를 들어 언어 배우기의 적령기는 언제인가, 어떻게 제2언어의 어휘를 배울 수 있는가 등을 다루기로 했다. 그 다음은 우리가 수년간 연구해 온 주제로서 연구 경험에 근거하여 논할 수 있는 주제들에 초점을 맞추었다. 마지막으로 이론적이거나 추상적인 주제를 살피기보다는 언제 어디서나 인간에게 중요한 보편적 주제들을 다루고자 하였다. 따라서 최종적으로 주제는 관심도(popularity), 전문성(expertise), 그리고 사회적 적합성(relevance)을 고려하여 선정되었다.

그러면 제2언어의 습득과 사용에 관해 어떤 주제들이 흥미로울까? 여기에 여덟 가지 주제와 관련하여 다루어진 본문 내용의 일부를 소개한다.

"토론토 주민 중 43.5%는 캐나다의 공용어인 영어나 프랑스어가 아닌 다른 언어를 모어로 한다" 이 지표는 공식적인 이중언어 사용 국가인 캐나다 같은 나라에도 다언어 사용자가 늘고 있다는 것을 보여준다. 아마 전 세계적으로도 L2 사용자 수가 단일 언어 사용자 수를 넘었을 것이다. Topic 1, '우리 정신에서 언어들은 어떻게 연결되는가?'에서는 두 언어가 정신에서 연결되는 복잡한 양상에 대해 다룬다.

"네덜란드에 이주한 가정에서 처음 다섯 달 동안은 부모가 아이들의 제2언어 학습 성과를 앞선다" 사람들은 흔히 어릴수록 제2언어를 더 잘 배운다고 믿는다. 하지만 연구 결과 이 주장은 여러 가지 조건이 충족될 때만 유효하며, 제2언어 습득 과정에서 목표어 사용자와 어떤 유형의 접촉을 하는지가 특히 중요하다는 것이 확인되었다. Topic 2, '제2언어를 배우기에 최적인 나이가 있을까?'에서는 나이가 제2언어 학습 결과에 어떤 영향—긍정적이든 부정적이든—을 미치는지 살펴보았다.

　　"사람들은 외국인에게 말할 때 주로 고빈도 어휘를 사용하며, 속어나 관용어를 덜 사용한다" 어휘 학습에서는 우리가 어떤 말을 듣게 되는지가 매우 중요하다. 또한 말하는 사람이 누구인지, 어떤 상황에서 하는 말인지에 따라 다양한 언어 형태들을 접하게 된다. Topic 3, '제2언어의 어휘는 어떻게 습득되는가?'에서는 많은 학습자가 가장 중요하게 여기는 부분인 제2언어 어휘 학습의 방법에 대해 다룰 것이다.

　　"제2언어 학습 초기에 다수의 학습자는 두 가지 규칙에 따라 기본 문장을 만든다." 사람들은 그들이 듣고 처리하는 언어를 통해 제2언어의 문법을 구성해 가는데, 간혹 이미 알고 있는 모어나 습득 중인 제2언어와 상관없이 단순한 문법(simple grammar) 사용을 시도하기도 한다. Topic 4, '제2언어 습득과 사용에서 문법은 얼마나 중요한가?'에서는 사람들이 제2언어의 문장들을 조작하는 능력, 즉 문법 능력을 어떻게 키워 나가는지 알아본다.

　　"제품 사용의 전과 후를 비교한 광고는 독자가 글을 읽고 쓰는 방향—왼쪽에서 오른쪽으로, 또는 오른쪽에서 왼쪽으로—에 따라 다르게 해석된다" 모어를 배울 때 익힌, 읽고 쓰는 방법은 언어를 배우는 일 뿐 아니라 주변 세상을 바라보는 방식에도 영향을 미친다. Topic 5, '제

2언어 쓰기는 어떻게 학습되는가?'에서는 최근 인터넷 사회에서 중요성이 대두되고 있는 제2언어 쓰기 방식의 학습에 대해 다룬다.

"제2언어를 사용하는 공동체와 통합(integration)되고자 할수록 그 언어를 더 잘 배울 것이다" 교실 안에서든 교실 밖에서든 동기(motivation)는 성공적인 언어 습득의 핵심 요소이다. Topic 6, '태도와 동기는 제2언어 학습을 어떻게 돕는가?'에서는 다중언어가 사용되는 오늘날, 이러한 개인적인 측면(personal aspect)이 어떻게 제2언어의 성공적 습득에 기여하는지에 관해 다양한 논점들을 살펴본다.

"대화와 구조를 훈련(drill)하도록 하는 청화식 교수법은 행동주의 심리학의 관점과 미국 구조주의 언어학의 관점이 결합된 것이다" 언어 교육은 당대의 심리학 및 언어학적 이론의 산물이지만 이 이론들이 SLA 연구와 직접 연관되는 경우는 거의 없다. Topic 7 '제2언어 습득 연구는 언어 교수에 얼마나 도움을 주는가?'에서는 SLA 연구 결과가 모든 교사들이 중요하게 생각하는 언어 교수법 문제와 어떻게 관련되는지를 살핀다.

"런던의 식당에서는 스페인어 사용자가 아닌 종업원들이 스페인어를 통용어(lingua franca)로 하여 다른 종업원들과 소통한다" 제2언어는 문화간 의사소통의 실제적 형태이며, 그 중에서도 영어는 전 세계적인 통용어로 쓰이고 있다. Topic 8 '언어 교수의 목표는 무엇인가?'에서는 제2언어의 다양한 쓰임에 대해 논하고 우리가 왜 제2언어를 가르쳐야 하는지에 대해 근본적이고 핵심적인 질문을 제기한다.

자, 이제 이 책이 제2언어에 관한 흥미롭고 중요한 문제들—우리가 이 분야에 종사하는 동안 내내 고심해 온 것들, 그리고 지금도 우리의 관심을 끄는 문제들—로 독자 여러분을 이끌기를 바란다.

비비언 쿡, 데이비드 싱글턴

역자 서문

언어학과 언어 교육 분야에서 공부를 해 온 지 서른 해가 조금 넘었다. 서른 해면 무언가 답을 찾았을 법도 한데 이상하게도 시간이 지나면서 학문의 세계는 망망대해처럼 여겨지고, 공부를 할수록 출구와 먼 쪽으로 달리고 있다는 느낌이 든다. 알고 싶은 것은 여전히 많은데, 간혹 이미 알고 있다고 생각한 것들도 '이게 진정 맞는 이야기인가' 하는 의심이 드니 참 어려운 일이다.

비비언 쿡과 데이비드 싱글턴의 저서 『Key Topics in Second Language Acquisition』을 처음 접하고 읽었을 때, 제2언어 습득에 대해 가져온 나의 복잡한 생각과 의심이 어쩌면 필연적이었겠다는 생각이 들었다. 언어 습득과 나이, 어휘와 문법 학습, 언어 학습자의 학습 목적과 동기, 다양한 언어 교수법 등에 대해 갖고 있던 내 생각이 매우 단편적이고 일반화된 것임을 깨달았기 때문이다.

이 책은 제2언어 습득에 관한 여러 이론뿐 아니라 최신의 연구들과 다양한 관련 사례까지 망라해 놓았다. 두 명의 필자가 선정한 대표적인 주제 여덟 가지를 중심으로 내용을 전개하며 언어 교육의 필수 개념들을 재정의하기도 하고, 첨예한 논쟁이 벌어지고 있는 주장들에 대해 폭넓게 소개해 주기도 한다. 이 책은 우리에게 가볍게 다가서지만 이내 깊이 있는 이야기로 우리를 끌어들인다.

이 책의 매력은 학문적 깊이에만 있지는 않다. 제2언어와 관련된 대중적 인물들(필립 공, 로버트 맥스웰, 가수 프린스, 잉그리드 버그만, 조지프 콘래드 등)의 일화, 제2언어 사용과 관련된 사실(유로비전 송 콘테스트, 테네리페 공항 사고 등)에 관한 이야기가 풍부하게 동원되어 독자의 감성적 측면까지 파고든다. 이 책을 번역하고 싶었던 이유도 사실 여기에 있었다. 지식과 정보를 담고 있을 뿐 아니라 읽는 재미도 있었기 때문이다.

사실 책을 번역하는 데 너무 오랜 시간이 걸렸다. 판권 조회를 의뢰했던 이메일을 찾아 보니 벌써 수년 전이었다. 기나긴 시간 동안 믿고 기다려 준 역락 출판사와 이대현 대표님께 깊이 감사 드린다. 번역에 대해 문의했을 때 적극적으로 안내해 주고 이 일을 마칠 때까지 응원해 주신 박태훈 이사님께 감사드린다. 그리고 편집 과정에서 수없이 소통하며 원고를 세심하게 검토하고 꼼꼼히 작업해 주신 문선희 편집장님께도 감사드린다. 마지막으로, 더 나은 번역을 위해 같이 고민해 주고 여러 가지 문제를 함께 해결해 준 아들 김혜강에게 고마운 마음을 전한다.

2021년 5월
이승연

| 차 례 |

제2언어 습득

여덟 개의 핵심 주제들

1. 우리의 정신에서 언어들은 어떻게 연결되는가?

_ Vivian Cook

제2언어 습득(Second Language Acquisition, SLA)의 근본적인 과제는 둘 또는 그 이상의 언어가 어떻게 한 사람 안에서 연결되어 있는지를 밝히는 것이다. 만약 우리가 영어와 일본어를 둘 다 말한다면, 영어와 일본어는 우리의 정신에 별개로 나뉘어 보관되는 것일까, 아니면 한데 섞여 보관되는 것일까? 이미 한 언어를 쓰면서 다른 언어를 습득할 때는 또 어떻게 되는 걸까? 바로 이러한 질문이 SLA 연구의 존재 이유이면서 모어 습득 연구와 SLA 연구를 구별하는 기준이 된다.

이중언어 사용이란?

이중언어 사용의 개념부터 시작해 보자. 사람에 따라 이 용어를 매우 다른 의미로 받아들인다. 먼저 여러분이 이중언어 사용의 여러 의미 가운데 어느 것에 동의하는지 Box 1.1의 2번 질문에 대한 답을 통해 확인해 보자.

[시작하기] 이중언어 사용자

Box 1.1

(1) 자신이 이중언어 사용자라고 생각하는가?
   예/아니오. 그 이유는 무엇인가?
(2) 이중언어 사용자는 어느 쪽인가?
   (A) 두 언어를 동등하게 잘 구사하는 사람이다.
   (B) 한 언어를 잘 구사하면서 다른 언어도 효율적으로 구사하는 사람이다.

이중언어에 대한 일반적 정의는 1953년 이디시어 화자인 미국의 언어학자 Uriel Weinreich에 의해 내려졌다. 그는 두 언어를 번갈아 사용하는 행위를 '이중언어 사용(bilingualism)'이라 하고 이와 관련된 사람들을 '이중언어 사용자(bilinguals)'라 하였다.[1] 그러나 이 정의는 이중언어 사용자가 두 개의 언어를 어느 정도로, 얼마나 자주, 그리고 얼마나 잘 구사하는지에 대해서는 언급하지 않았다는 점에서 지적을 받는다. 만약 누군가 피렌체의 식당에 가서 *buona sera*라고 한다면 그를 이중언어 사용자라고 할 수 있을까? 또 만약 누군가 자막 없이 이탈리아 영화를 이해한다면 그를 이중언어 사용자라고 말할 수 있을까? 간단히 말해서, 이중언어 사용자라고 부르려면 제2언어에 대해 얼마나 알고 있어야 하는 것일까?

잘 알려진 L2 사용자들

Box 1.2

간디: 구자라트어, 영어, 그 외의 여러 인도어.

아인슈타인(물리학자): 독일어, 영어.

피카소(화가): 스페인어, 프랑스어, 카탈루냐어.

마리 퀴리(물리학자/화학자): 폴란드어, 프랑스어.

사무엘 베케트(작가): 영어, 프랑스어.

조지프 콘래드(작가): 폴란드어, 프랑스어, 영어.

조지 루이 보그스(작가): 스페인어, 영어.

마르티나 나브로틸로바(테니스 선수): 체코어, 영어.

어윈 슈뢰딩거(물리학자): 영어, 독일어.

아웅산 리: 미얀마어, 영어.

프란시스 교황(성직자): 스페인어, 이탈리아어, 독일어.

만약 Box 1.1의 (2)번 질문에서 (A)를 선택하여 '두 언어를 동등하게 잘 구사하는 사람'이 이중언어 사용자라고 답했다면 여러분은 미국 언어학자인 Leonard Bloomfield의 이중언어 정의를 택한 것이다. 1930년대에 그는 이중언어 사용이란 '두 언어를 원어민 수준으로 통제하는 것'을 의미한다고 하였다.[2] 아마도 이중언어 사용의 가장 일반적인 개념은 '두 언어를 모든 상황에서 유창하게 사용하는 것'일 것이다. 이런 관점에서 본다면 이중언어 사용자들은 두 언어를 동등하게 효율적으로 사용하고 각 언어의 원어민들과 자유롭게 소통할 수 있으며 심적으로 어느 한 언어가 지배적이지 않은 상태에 있다고 할 수 있다. 이 정의를 때로는 이중언어 사용의 '최대(maximal)' 정의라고도 하는데, 두 언

어를 완벽히 구사하는 것 이상의 목표는 존재할 수 없기 때문이다.

그런데 이렇게 균형 잡힌 이중언어 사용자는 사실상 찾아보기 어렵다. 첫째, 이중언어 사용자들은 어떤 상황에서나 누구에게나 두 언어를 똑같이 사용하지 않고 상황과 대상에 따라 언어 사용을 달리하기 때문이다. 만약 우리가 독일어 사용자와 테니스를 치고 프랑스어 사용자와 골프를 친다면 각 상황에서 사용하는 언어는 두 언어 중 한 쪽으로 치우치게 될 것이다. 또한 영국에서 공부하는 그리스 학생들의 사례에서 볼 수 있듯이 어떤 사람은 에세이를 영어로는 잘 쓰지만 정작 모어로는 잘 쓰지 못하는 경우도 있다. 이처럼 언어를 사용하는 모든 상황에서 두 언어를 똑같이 사용하는 사람을 떠올리기는 쉽지 않다. 이런 의미에서 균형 잡힌 이중언어 사용자는 실제로는 많지 않을 것 같다.

그렇지만 사실 최대 이중언어 사용자(maximal bilinguals)는 우리가 생각하는 것보다 많을 수도 있다. 진정한 의미의 최대 이중언어 사용자라면 그들은 두 언어 모두에서 원어민이라고 보아야 한다. 예를 들어 영화배우 Audrey Hepburn은 태어나면서부터 이중언어 사용자였지만 사람들은 그녀가 출연한 영화에서는 그 사실을 알 수 없었다. 또한 영국 여왕의 배우자인 Philip 공도 어릴 때부터 영어, 독일어, 프랑스어를 사용했다고 한다(그는 Philppos라는 세례명도 받았다). 이 밖에 추측컨대 비밀 요원들도 신분을 감추기 위해 이런 능력이 필요했을 것이다. 실제로 2차 세계 대전 때 아일랜드의 극작가 Samuel Beckett는 독일이 점령한 프랑스 지역에서 레지스탕스에 동참하며 자신의 이중언어 능력을 성공적으로 발휘했다고 한다.

　　만약 Box 1.1의 (2)번 질문에서 (B)를 선택하여 이중언어 사용자란 '모어 외의 언어(another language)도 효율적으로 구사하는 사람'이라고 답했다면, 노르웨이계 미국인인 Einar Haugen의 생각에 동의하는 것이다. 그는 이중언어 사용은 '다른 언어를 사용하여 유의미한 발화를 완벽하게 말하기 시작하는 지점(point)'이라고 정의하였다.[3] 만약영어 사용자가 프랑스의 상점에서 *Bonjour*라고 한다면 이것이 비록 뻔하고 예측 가능한 말일지라도 상황에 잘 맞고 유의미하게 쓰였기 때문에 이중언어 사용의 적절한 예가 된다. 이중언어 사용은 특정 상황에서제2언어를 유의미하게 사용할 수 있느냐의 문제이지 제2언어로 모든것을 할 수 있느냐의 문제는 아니라는 것이다.

　　이런 의미의 이중언어 사용자는 원어민과 원활하게 소통할 수는 없다. 그럼에도 불구하고 그들은 자기가 필요할 때 제2언어를 완벽하고 적절하게 사용한다. 예를 들면 이탈리아어를 거의 사용하지 않고도 이탈리아의 식당이나 상점을 그럭저럭 잘 이용할 수는 있다. 물론우리가 그곳에서 살아야 한다면 두말할 필요 없이 언어 사용의 범위(repertoire)를 이보다는 크게 늘려야 하겠지만 말이다. 필요할 때에 한하여 제2언어를 유의미하게 쓸 수 있다는 것이 바로 이중언어 사용의'최소(minimal)' 정의이다. 제2언어 학습에서 이보다 목표를 낮게 잡을 수는 없기 때문이다. 최소 의미의 이중언어 사용자는 매우 흔하다.사실 이런 관점에서 본다면 세상에는 순수 단일 언어 사용자(monolinguals)보다 제2언어 사용자가 훨씬 더 많을 것이다.

Weinreich의 정의대로 두 언어를 번갈아 사용하는 것을 이중 언어 사용이라고 칭하는 데는 많은 사람들이 동의하지만, 이중언어라는 말에 담긴 이러한 두 가지 상반된 의미를 함께 아우르기는 어려워 보인다. 최대의 정의는 극소수의 사람만이 도달할 수 있는 완벽한 상태를 의미하기 때문에, 실제로는 충분히 훌륭한 제2언어 사용자들도 이 기준에서는 열등감을 느낄 수밖에 없다. 그들은 의사소통에 문제가 없는데도 말씨(accent)* 때문에 자신이 원어민이 아니라는 것이 알려지는 것을 부끄러워할 수도 있다. 결국 최대 정의는 그 기준이 지나치게 높고 배타적이다. 한편 최소의 정의는 외국어를 사용하여 의사소통을 시도해 본 사람이라면 누구나 포함되므로 거의 모든 사람이 여기에 들어간다고 할 수 있다. 따라서 최소 정의는 너무 광범위하다. 그런데 진짜 문제는 사람들이 이중언어라고 할 때 이 둘 중 어떤 의미로 쓰는지 알 수 없다는 데 있다.

이러한 딜레마를 피하기 위해 SLA 연구자들은 L2 학습자(L2 learner)라는 용어를 대안으로 택하기도 한다. 이 용어에는 최대 또는 최소의 정의가 지닌 함축 의미가 없다는 것이 이유이다. 하지만 L2 학습자라는 말에는 제2언어로 말하는 사람은 그 언어 학습을 아직 못 끝냈다는 의미가 내포되어 있다. 또한 이 말 속에는 우리가 평생 동안 L2

---

* 이 맥락에서 accent는 '외국인 특유의 말씨'를 의미한다.

학습자여야 하고 목표어를 완벽히 익힌 상태에 도달할 수 없다는 의미
도 있다. 모어는 스웨덴어지만 수십 년 동안 영어를 사용해 온 Björn
Ulvaeus** 같은 사람도 과연 '학습자'라고 부를 수 있을까?

이러한 이유로 이 책에서는 '모어 외의 언어를 활발히 쓰고 있
는 사람'을 뜻하는 말인 '제2언어 사용자(Second language user)'라는
용어를 쓴다. 이 용어는 제2언어의 최대나 최소 정의 중 어느 쪽으로도
치우치지 않는다. 'L2 사용자'는 '이중언어 사용자'나 '학습자'라는 말
에 담긴 함축적 의미 없이 '하나 이상의 언어를 사용할 수 있는 사람'을
중립적으로 가리키기에 적합하다. 또한 이 말은 '언어를 사용하는 것'
과 '언어를 학습하는 것'을 구별해 준다. 프랑스어를 배우는 영국 아동
들의 경우 프랑스어를 교실에서만 배우고 실생활에서는 전혀 사용하
지 않는다. 반면 토론토, 베를린, 뉴델리 같은 다언어 도시의 거주자들
은 매일 둘 이상의 언어로 타인과 소통하면서 지낸다. 물론 어떤 경우
에는 언어의 학습과 사용이 병행되기도 한다. 예를 들어 아일랜드로 이
주한 폴란드 노동자는 이주하기 전 몇 해 동안은 영어를 배우는 학생이
었겠지만, 더블린***에 도착한 순간부터는 영어 '학습'과 '사용'을 동시
에 하게 된다.

**   Björn Ulvaeus(비요른 울바이우스)는 스웨덴의 음악가로 인기 그룹 아바(ABBA)의
일원이다.
*** 더블린은 아일랜드의 최대 도시이자 수도이다. 2000년대를 전후로 하여 아일
랜드의 이민자가 급증하였으며 수도인 더블린에는 전교생 중 외국인 비율이
50%인 초등학교가 생기기도 했다고 한다.

이 책에서 L2 학습자라는 용어는 L2 사용자와 상호 보완적인 관계에 있다. 하나는 언어 습득에 초점을 맞추며 다른 하나는 언어 사용에 초점을 맞춘다. '이중언어 사용자'라는 용어는 현재 많은 연구에서 사용하고 있기 때문에 이를 완전히 피할 수는 없다. 그리고 앞서 말한 폴란드 노동자의 사례처럼 많은 사람들이 'L2 사용자'이면서 동시에 'L2 학습자'이기도 하여 둘의 구분이 모호한 것도 사실이다. 하지만 이 책에서는 가급적 두 개념을 구별하고자 한다.

L2 사용자의 특성

그러면 L2 사용자는 어떤 특성을 지닐까? 어찌 보면 이 질문은 인간이 어떤 존재인지를 묻는 것처럼 의미 없을 수도 있다. 단일 언어 사용자만큼이나 L2 사용자도 다양한 형태와 규모로 존재하기 때문이다. 그러나 어떤 일반화든지 인간의 전체 영역을 포함해야 한다.

Box 1.3의 자료에서 볼 수 있듯이 우리 주변에는 상당수의 L2 사용자가 존재한다. 온라인 자료인 에스노로그(*Ethnologue*)에서[4] 언어들에 관한 정보를 참고할 수 있는데, 여기서는 Joseph Greenberg가 고안한 LDI(linguistic diversity index, 언어 다양성 지수)를 사용하여 한 국가가 얼마나 다언어적인지 측정하여 보여 준다.[5] LDI는 그 나라 안에서 자신과 다른 언어를 사용하는 사람과 만나게 될 확률을 나타낸다. 830개의 언어가 사용되는 파푸아뉴기니에서는 다른 언어 사용자와 만나게 될 확률이 99%며, 4개의 언어가 사용되는 쿠바에서는 그 확률이 겨우 0.1%에 불과하다. 중간쯤에는 중국(296개 언어 사용)이 있는데 그 확률은 51%이며, 일본(16개 언어 사용)은 3%다.

몇몇 사실과 지표들

Box 1.3

90%: 유럽에서 영어를 제2언어로 배우는 아동의 비율
56%: 두 개의 언어로 의사소통할 수 있는 EU 시민 비율
42.6%: 캘리포니아 주민 중 영어 외의 언어를 구사할 수 있는 사람의 비율
43.5%: 토론토에 있는 사람 중 모어가 영어도, 프랑스어도 아닌 사람의 비율
420만: 2011년 기준, 영어가 모어가 아닌 영국인의 수
54만 6천: 영국의 폴란드어 화자 수
46.5%: 둘 이상의 언어를 구사했던 미국 대통령의 비율

한 나라 안에서 쓰이는 언어의 종류가 많다면 L2 사용자도 더 많을 것으로 추정할 수 있다. 그리고 이를 통해 한 나라의 다국어 사용 정도를 보여 줄 수 있다. 예를 들어 앞서 살펴본 파푸아뉴기니에는 매우 많은 L2 사용자가 있을 것이며, 반면에 쿠바에는 L2 사용자 수가 적을 것이다. 그런데 LDI는 각 언어들의 단일 언어 화자 수를 근거로 하여 그들이 어떤 제2언어를 사용하는지는 보여 주지 못한다. 따라서 지역별로 다른 언어를 사용하는 국가는 언어 사용자들이 섞여 있지 않기 때문에 LDI가 제대로 적용되지 않는다. 스위스의 LDI는 55/100으로 측정되는데 프랑스어, 독일어, 로만시어, 이탈리아어 화자들은 스위스 내에서 각각 지리적으로 다른 구역에 거주한다. 캐나다는 두 개의 공

용어, 즉 프랑스어와 영어를 사용하지만 LDI는 55/100이다. 캐나다 역시 프랑스어와 영어가 서로 다른 지역에서 구별되어 사용되기 때문에 나타난 현상이다(이중언어 사용 구역인 뉴브런즈윅 주는 제외). 이러한 지표들은 세계 대부분의 사람들이 완벽한 이중언어 사용자(maximal bilinguals)는 아니더라도 일상생활에서 둘 이상의 언어를 효과적으로 사용하고 있음을 알려준다.

한 언어만 사용하는 사람들은 이중언어 사용이 문제라고 생각한다. 하지만 이중언어 사용이 단일 언어 사용보다 더 문제가 되지는 않는다. L2 사용자들이 정신적, 사회적 문제를 지닌 것도 아니고 남들보다 교육 수준이 낮은 것도 아니기 때문이다. 이중언어 사용이 문제라는 주장은 언어 현상 그 자체에서가 아니라 이중언어를 사용하는 이민자 또는 소수자들이 겪고 있는 감정적, 사회적, 경제적 어려움에서 기인한다.

부모들은 자녀를 이중언어 환경에서 키우는 것이 바람직한 선택인지 걱정하곤 한다. 사실 이중언어 자체가 아이에게 해가 된다는 근거는 없다. 뒤에서 다룰 내용이지만 이중언어 사용은 오히려 아이의 언어 사용 능력을 향상시키며, 이치를 따지고 사람들을 이해하는 능력을 높여 준다. 예를 들어 캐나다에서는 이중언어 학교에 다니는 아이들이 시각 장애인을 대할 때 단일 언어 사용 아동들보다 의사 전달을 더 잘 한다고 한다. 이중언어를 사용하는 아이들이 의사소통 중에 상대방에게 무엇이 필요한지 더 세심하게 살피는 경향이 있기 때문이다.[6] 한

때 영국에서는 다운증후군 아동에게 두 가지 언어를 사용하면 아이들
이 혼란스러워 하니 하나의 언어로만 소통하라고 권고한 적이 있다. 하
지만 어느 인도 사람은 다운증후군이 있는 자신의 자녀가 주변 언어 네
가지를 자연스럽게 습득하여 구사한다고 했으니 그 말이 꼭 맞는 것은
아니라고 할 수 있다.

L2 사용자는 어떠한가?

그러면 다양한 집단의 L2 사용자들이 공통적으로 보이는 특징
은 무엇일까? 원어민을 불완전하게 모방하는 존재로서가 아니라 L2 사
용자 그 자체로서 생각해 보면 그들은 다음과 같은 특징을 갖는다.

L2 사용자들은 다르게 생각한다

다른 언어를 배우면 사람들은 이전과 조금 다른 방식으로 생
각하기 시작한다. 아이들에게 외국어를 가르쳤던 전통적인 이유는 외
국어 학습을 통해 아이들의 두뇌를 단련시킬 수 있다고 생각했기 때
문이다. 영국에서는 라틴어가 이런 역할을 했다. 현 런던 시장인 Boris
Johnson*은 '라틴어와 그리스어는 젊은이들이 논리적이고 분석적으로
생각하게 만드는 훌륭한 지적 훈련법'이라고 말했다. 굳이 고전 언어

---

* Boris Johnson은 2008년부터 2016년까지 런던 시장을 역임했으며, 2016년 이래
  로는 Sadiq Khan이 시장을 맡고 있다.

(classical languages)가 아니더라도 다른 언어를 학습하는 것이 사람의 사고를 어느 정도 바꾸고, 단일 언어 사용자와는 다른 관점에서 세계를 바라보게 하는 것이 사실이다. 이탈리아의 영화감독 Ferderico Fellini 가 말했듯이 언어가 다르면 삶의 관점도 달라지기 때문이다.

영어 사용자는 *blue*라는 색채어를 쓰고 하늘의 파란색이든 사파이어의 파란색이든 *blue*라고 한다. 다른 언어를 사용하는 사람들 중에는 두 가지 다른 색을 인식하기도 하는데, 영어의 *light blue*와 *dark blue*를 그리스어에서는 *ble*와 *ghalazio*, 이탈리아어에서는 *azzurro*와 *blu*, 러시아어에서는 *sinij*와 *goluboj*라 한다. 영어에서는 *blue*를 하나의 색으로 보는 반면 다른 언어에서는 두 개의 색으로 인식하는 것이다. 이처럼 색에 대한 인식은 언어의 영향을 받는다.[*]

그런데 다른 언어를 배우면 모어와 제2언어의 색 체계가 충돌하게 된다. 새로운 언어에 맞춰 색을 바라볼 것인가, 아니면 계속해서 기존의 언어를 기반으로 색을 인식해 나갈 것인가. 만약 그리스 사람들이 영어를 배운다면 두 가지 색을 하나로 합칠 필요가 있다. 이러한 변화는 그들의 색에 대한 표현뿐 아니라 색을 보는 방식에도 영향을 미친다.[7] 제2언어 사용자가 모어 *ble*와 *ghalazio*에 대해 느끼는 의미는 그리스어의 단일 언어 화자가 생각하는 의미와 미묘하게 달라진다. 이러한 현상은 외국어를 사용하는 러시아어 화자와 일본어 화자에게서도 나

---

[*] 원저에서 저자는 "도쿄의 길거리 풍경을 쿠알라룸푸르나 오슬로와 비교해 보면 색에 대한 인식이 다르다는 것을 알 수 있다"고 덧붙였다.

타난다. 즉, 다른 언어를 학습하면 단지 언어에만 변화가 생기는 것이 아니라 마음속의 여러 영역에도 그 영향이 스민다.

　　연구자들은 이중언어 사용자들의 삶에 대한 이야기를 조사하여 L2 사용자들이 겪는 사고의 변화를 조사했다. 'friend'를 예로 들어 보자. 다른 문화를 접하면 'friendship'의 개념이 달라질까, 아니면 기존의 개념이 그대로 유지될까? Mary Besemeres는 이중언어 사용자들의 이야기를 통해 Box 1.4와 같은 정보를 알아냈다.[8]

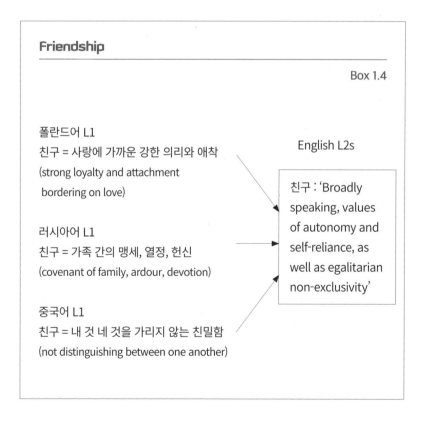

Friendship

Box 1.4

폴란드어 L1
친구 = 사랑에 가까운 강한 의리와 애착
(strong loyalty and attachment
 bordering on love)

러시아어 L1
친구 = 가족 간의 맹세, 열정, 헌신
(covenant of family, ardour, devotion)

중국어 L1
친구 = 내 것 네 것을 가리지 않는 친밀함
(not distinguishing between one another)

English L2s

친구 : 'Broadly speaking, values of autonomy and self-reliance, as well as egalitarian non-exclusivity'

영어에서 'friend'는 '평등주의적 비배타성과 함께 자율성과 자립성의 가치를 지닌 관계'를 뜻한다. 하지만 폴란드어에서 친구란 '사랑에 가까운 강한 의리와 애정'의 관계를 뜻한다. 따라서 영어권 국가에 거주하는 폴란드 사람이라면 자신이 갖고 있는 'friendship'의 의미를 조금은 약화시킬 필요가 있다. 러시아어에서도 친구는 영어보다 강한 의미를 지녀서 심지어 '가족으로 여길 만한 사람'을 뜻한다. 중국어에서도 친구는 지극히 가까운 사이로 '자신과 친구를 구별할 필요가 없다(不分彼此)'고 본다. 그들은 자기가 자기 자신에게 감사를 표하지 않는 것처럼 친구가 한 일에 대해서도 감사 표현을 하지 않는 것이 특징이다. 이런 언어를 쓰는 사회에서는 Facebook처럼 'friend'가 단순히 연락처를 나타내는 데 쓰인다는 것은 상상하기 어려울 것이다. 하지만 다른 사회에서 정상적으로 살아가기 위해서는 사고를 변화시켜야만 한다. 캐나다에 사는 폴란드 아이에게 어떤 아이가 친구로 지내고 싶다고 하자, 폴란드 아이가 '친구로 지내기에는 아직 너에 대해 잘 모른다'며 거절을 했다고 한다.[9] 'friend'에 대한 개념이 서로 달라서 충돌이 일어난 것이며 이렇게 대놓고 거절을 당한 것에 대해 캐나다 아이는 마음이 상했을 것이다.

L2 사용자는 언어 감각이 더 좋다

둘 이상의 언어를 사용하는 사람은 확실히 언어에 대한 감이 더 뛰어나다. 그 증거 중 하나는 작가 중에 이중언어 사용자가 많다는 사실이다. Vladimir Nabokov는 *Lolita*를 러시아어로 쓴 뒤에 다시 직접 영어로도 썼다. 아일랜드 작가 Samuel Beckett는 *Waiting for Godot*를 처음에는 프랑스어로 썼었다. 또한 남아프리카의 소설가 André Brink는 작품을 쓸 때 영어와 **아프리칸스어**를* 떠오르는 대로 번갈아 가며 쓰고 글이 모두 완성된 뒤에 어떤 언어로 출판할지 결정했다고 한다. 17세기의 시인 Milton과 Dryden은 종종 라틴어로 시를 썼다. Milton은 크롬웰 정부를 위해 **외무언어장관으로**** 일했을 정도였고 Dryden은 몇 년 동안 번역가로 활동하여 생계를 꾸렸다고 한다. 이렇듯 언어를 이용한 예술적 창조성은 이중언어와 깊이 관련되어 있다.

인간 언어의 중요한 특징 중 하나는 단어 의미와 소리(또는 철자) 결합의 자의성(arbitrariness)이다. '장미'는 이름이 무엇이든 간에 향기롭다. 하지만 우리 중 대다수는 모어의 영향에서 벗어나지 못하는 경향이 있다. 영어 화자에게 *méigui*(중국어 '장미')나 *triantafyllo*(그리스어 '장미')를 들려 줘도 *rose*만큼 향기롭다고 느낄까? 아마 그렇지 않을 것이다. 그런데 L2 사용자는 언어의 자의성을 더 잘 인식한다는 장점이

---

* 아프리칸스어(Afrikaans language)는 남아프리카공화국의 공용어이며 남아프리카네덜란드어(South African Dutch language)로도 불린다. 1652년 남아프리카공화국이 네덜란드 식민지가 되었을 때 함께 들어온 네덜란드어가 독자적으로 발전한 언어이다.

** 그가 외무언어장관(Secretary for Foreign Tongues)으로서 맡았던 주된 업무는 라틴어로 영국의 대외 서신을 작성하는 일과 정부를 위한 선전물을 제작하고 검열하는 일이었다고 한다.

있다. 예를 들어 보통 어린 아이들은 긴 단어는 큰 물체와 어울리고 짧은 단어는 작은 물체와 어울린다고 생각한다. 그래서 아이들은 *ant*보다 *hippopotamus*가 훨씬 더 클 것이라고 믿는다. 하지만 이중언어 아동은 *train*처럼 짧은 단어가 큰 사물을 가리킬 수도 있고 *caterpillar*같이 긴 단어가 작은 것을 가리킬 수도 있다는 것을 단일 언어 아동보다 더 빨리 알아차린다.[10] 즉, 다른 언어를 알게 되면서 이중언어 아동들은 단어의 길이와 사물의 크기 사이에 아무런 관련이 없다는 것을 깨닫게 되는 것이다.

이 밖에 이중언어를 사용하는 아이들은 언어 교체 과제를 더 잘 해결한다. 가령 *spaghetti*가 단어 *bird*를 대신한다고 가정하고 *Birds fly*를 바꿔 보라는 과제를 준다면[11] 이중언어 아동이 단일 언어 아동보다 더 쉽게 *Spaghettis fly*라는 표현을 떠올린다. 다른 언어를 배우면서 사물 이름에는 어떤 것이든 붙을 수 있다는 것, 즉 사물과 이름의 관계가 자의적이라는 것을 더 잘 알게 되기 때문이다. 그러니 이중언어 아동은 장미가 다른 이름으로 불려도 향기롭다는 것을 믿을 것이다. 하지만 단일 언어 아동은 그 사실을 쉽게 받아들이지 못한다.

L2 사용자는 모어를 조금 다르게 사용한다

L2 사용자는 모어에 대한 지식에서도 단일 언어 사용자와 차이가 난다. 많은 언어에는 *pier/beer*에서와 같이 /p/와 /b/ 같은 음운 쌍이 존재한다. 그런데 실제로는 각 언어의 소리들이 갖는 VOT(Voice

Onset Time) 즉, 자음 뒤에서 성대 울림이 나타나기까지의 시간에 따라 소리에 약간씩 차이가 난다. VOT가 서로 다른 두 언어, 예를 들어 영어 *beer/pier*와 프랑스어 *bière/pierre*를 발음할 때 각 언어에서 /p~b/ 소리를 내는 타이밍이 조금씩 다르다. 그런데 일부 L2 사용자들은 각 언어로 말할 때, 두 언어의 중간쯤 되는 지점에서 발음을 하여 그 소리가 그들의 L1과도 L2와도 달라진다.[12] 이 때문에 그들의 모어 발음이 단일 언어 화자의 발음과 약간 다르게 느껴지는 것이다.

　　모어의 문법을 처리할 때도 비슷한 현상이 나타난다. 예를 들어 프랑스어의 중간태(middle voice) 문장 *Un tricot de laine se lave à l'eau froide* (*A wool sweater washes in cold water)는 프랑스어 단일 언어 화자에게는 완벽하게 수용 가능한(acceptable) 문장이다.[13] 그러나 영어를 사용하는 프랑스어 화자는 이 문장의 문법이 잘못되었다고 반응한다. 또한 체로키어를 계승어(heritage language)로 배우는 미국의 아동 영어 화자들은 또래의 영어 단일 언어 화자에 비해 *taked* 같은 과거 시제의 과잉규칙화(over-regularisation) 형태를 더 많이 쓰는 경향이 있다.[14]

　　나아가 제2언어는 사람들의 감정적인 삶에도 영향을 미친다. L2 사용자는 단일 언어 사용자와는 다른 감정을 가지는데, 이는 사람의 성격과 정체성이 언어에 따라 다르게 느껴지기 때문이다. 언어가 L2 사용자의 감정에 미치는 복합적인 영향에 대한 연구는 Jean Marc Dewaele로부터 시작되었다. 그는 둘 이상의 언어를 사용하는 사람 1,459

명을 대상으로 연구를 진행하였고—이 중 459명은 5개 언어를 구사하였다— 이들에게 *I love you*라는 말이 언어마다 같은 힘을 갖는지, 어느 언어에서 그 의미가 가장 강하게 느껴지는지를 물었다.[15] 앞서 말했듯이 언어와 감정은 밀접하게 관련되어 있기 때문에 응답자들은 *I love you*를 어느 언어로 말하느냐에 따라 다른 감정이 일어난다고 답했다. Box 1.5와 Box 1.6에 제시된 것처럼 100명 중 45명은 모어가 감정적으로 가장 강하게 느껴졌다고 답하였으며, 100명 중 25명은 다른 언어가 그렇다고 답했다. 100명 중 30명은 둘 다라고 답했다. 같은 종류의 사랑 표현이지만 어떤 언어를 사용하느냐에 따라서 말의 힘이 다를 수도 있음을 의미한다.

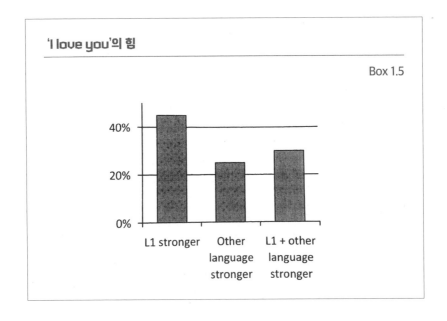

'I love you'에 대한 L2 사용자들의 생각

Box 1.6

나는 영어 표현에서 가장 강한 느낌을 받는다. 이 표현은 로맨틱하고 정열적으로 들린다. 하지만 일본어에서는 이 말이 어색하다. 일본어에서 이 말은 그저 '혼인신고를 하자'는 의미이다. 매우 현실적이고 전혀 감정적이지 않다. 홍콩의 젊은 연인들은 광동어로는 이 말을 거의 하지 않고, 대신 영어로 한다. 아마 광동어가 전혀 낭만적으로 들리지 않아서 그런 것 같다. 나는 개인적으로 영어로 사랑한다고 말할 때 강한 감정이 느껴진다고 생각한다.

Maggie(L1 중국어, L2 영어, L3 일본어)

나는 스페인어보다 영어에서 더 감정적 힘이 느껴진다고 생각한다. 스페인어로 말할 때는 영어보다 좀 더 편안하게 느껴진다.

Darragh(L1 영어, L2 프랑스어, L3 스페인어, L4 아일랜드어)

L2 사용자들은 둘 이상의 언어에 대한 지식을 이용하여 단일 언어 사용자들이 하지 못하는 것도 할 수 있다. 그 중 하나는 이중언어 모드(bilingual mode)로 두 언어를 동시에 효율적으로 사용하는 것이다. 이는 단일 언어 사용자가 한 번에 한 언어만 쓰는 단일 언어 모드(monolingual mode)로 말하는 것과 비교된다.[16] 대부분의 경우 그들이 어떤 방식(mode)을 선택했는지는 눈에 보이지 않는다. 교실에서 학생들에게 모어 사용을 금하는 교사들이 학생 개인의 내면에서 그들의 모어가 얼마나 많이 쓰이고 있는지 알면 아마 크게 놀랄 것이다.

두 언어를 동시에 사용할 수 있는 능력을 가시적으로 보여 주는 것 중 하나가 코드스위칭(codeswitching)이다. 코드스위칭은 동일한 상황 또는 대화 내에서 두 언어를 번갈아가며 사용하는 행위이다. 어느 말레이시아 교사가 교무실에서 *Jadi I tanya, how can you say that when... geram betul I* ('So I asked how can you say that when ⋯ I was so mad')라고 하였는데 이는 영어와 말레이어의 코드스위칭 사례이다. 또한 독일 기차의 옆면에는 *Eurostrand macht happy*('Eurostrand makes you happy')라는 문장이 쓰여 있어 영어와 독일어의 코드스위칭을 보여 준다. 어떤 상점은 소비자가 여러 언어들을 이해한다는 것을 이용하여 이름을 짓기도 한다. 영국의 와인상이 영어와 프랑스어를 이용하여 위트 있게 지은 *The Cellar d'or*(프랑스어의 *d'or*는 'golden'을 뜻하며 영어의 *door*와 소리가 같다)나 영어 관사에 스페인어 명사를 결합시킨 *The Garaje*(스페인어권인 칠레의 Valparaiso에 있는 패스트푸드점)와 같은 것들이 그 예다.

　　L2 사용자들은 같은 언어를 공유하는 사람들과 대화를 하면서 일상적으로 코드스위칭을 한다. Box 1.7에서는 **지브롤터의**[*] 온라인 신문인 *Panorama* 가십란에 실린 글에서 스페인어와 영어의 코드스위치 사례를 볼 수 있다.[17] 연구에 따르면 언어 전환이 이루어지기 위해서는 복잡한 조건이 있다고 한다. 그 조건은 '무엇에 대해 이야기하고 있

---

[*] 지브롤터(Gibraltar)는 스페인의 이베리아 반도 남단에서 지브롤터 해협을 향하여 뻗은 반도로 영국의 속령이다. 지브롤터에는 다양한 민족이 살고 있으며, 영어, 스페인어 외에도 여러 언어가 쓰인다. 일상생활에서는 지역 특유의 변형된 스페인어가 혼합된 야니또(Llanito)가 사용된다.

는가'(스페인어 화자들은 돈에 대해 이야기할 때 영어가 더 적합하다고 생각한다),
또한 '대화 상대의 역할이 무엇인가'(상점에서 가족을 대할 때 다른 손님과 차
별을 두지 않기 위해 제2언어를 사용한다) 등이다. 코드스위칭은 둘 이상의 문
법과 둘 이상의 어휘 집합에서 언어를 즉시 끌어다 사용하는 복합적인
행위이다. 이는 여러 언어의 문법과 심성 어휘집(mental lexicon), 그리
고 발음 체계를 단순히 아는 것만이 아니라 한 언어에서 다른 언어로 별
다른 노력 없이 순간적으로 전환하는 능력을 필요로 한다. 그리고 이러
한 전환이 가능하려면 L2 사용자가 구사하는 언어들이 모든 면에서 밀
접하게 결합되어 있어야 한다.

Correindo in the colours of Spain

Box 1.7

Bueno hija, el new Governator is going to Brussels to see al quien entrego
Hong Kong to the Chinese, que te parece?
Simply que cuando venga to our Gibraltar este James Bond and I see him
in Main Street le voy a Claro, pero ten cuidao porque he has been un tipo
Bond y ses sabe hasta los coloresde los calzoncillos de tu husband.
My dear, that is no secret. They are red, white and blue - and very proud of it.
At least he is not like the outgoing Governator, El Duro, who went
jogging dressed in the colours of Spain - what a pain!

현재 가장 잘 알려진 코드스위칭 모델은 Carol Mayers-Scotton
이 제시한 4M 모델이다.[18] 4M은 네 가지 유형의 형태소(morpheme)를

의미한다.* 이 개념은 코드스위칭이 한 언어의 전반적인 문법 구조를 모체 언어(matrix language)로 사용하고, 거기에 다른 언어를 삽입 언어(embedded language)로 하여 그 구조 안으로 끼워 넣는 것이다.

Bueno hija, el new Governator is going to Brussels to see al quien entrego Hong Kong to the Chinese, que te parse?

이 문장은 영어를 모체 언어로 한 구조

... new ... is going to Brussels to see ... Hong Kong to the Chinese ...?

에 다음과 같은 스페인어 단어와 구를 삽입 언어로 끼워 넣은 것이다.

Bueno hija, el .... Governator ... al quien entrego ... gue te parece?

단일 언어 사용자들은 코드스위칭이 화자가 어휘를 충분히 알지 못하거나 다른 사람에게 말하는 의도를 숨기고자 얼버무릴 때 사용하는 부주의하고 엉성한 화법이라고 생각한다. 실제로 Weinreich도 코

---

* 네 가지 유형의 형태소는 크게 Content Morphemes, Early System Morphemes, Bridge Late System Morphemes, Outsider Late System Morphemes로 구성된다.

드스위칭을 일탈적인 행동 패턴(deviant behaviour pattern)이라고 보았다.[1] 부모들은 아이가 코드스위칭을 하면 아이가 두 언어를 혼동한다고 생각하여 불안해한다. 하지만 코드스위칭은 L2 사용자의 언어 사용에서 한편으로는 복잡한 시스템을 따르는 매우 일상적인 부분이고, 다른 한편으로는 두 언어의 문법, 어휘, 발음 사이의 균형을 계속 지키려고 하는 줄타기 같은 현상이라 할 수 있다. 아주 어린 아이들도 제멋대로 단어를 섞어 쓰는 것이 아니라 정확한 코드스위칭의 규칙에 따라 언어를 사용한다.[19] 코드스위칭은 단일 언어 화자들은 따라할 수 없는 L2 사용자들만의 고유한 기술이다. 단일 언어 화자가 이와 비슷하게 말하는 경우라면 한 언어의 여러 방언을 번갈아 사용하는 경우뿐이다. 드라마 X-files에 나오는 Gillian Anderson의 영어가 그 예가 되는데, 그의 언어도 영국 방언과 미국 방언이 자유자재로 전환되는 정도로 국한된다.

[요약] L2 사용자의 특징

Box 1.8

- L2 사용자들은 대체로 다르게 생각한다.
- 언어에 대한 감이 더 좋다.
- 모어에 대해 조금 다른 지식을 가지고 있다.
- 다른 감정을 느낀다.
- 이중언어 모드(bilingual language mode)로 말할 수 있다.

L2 사용자들의 이러한 특징은 전반적으로 볼 때 분명히 장점이다. 영어와 중국어를 사용하는 L2 사용자들은 단일 언어 화자인 동료들보다 기하학 개념(geometric ideas)을 더 잘 이해할 수 있다고 한다.[20] 영어를 배우는 헝가리 아이들은 헝가리어 에세이도 단일 언어 사용 아동보다 더 잘 쓰며,[21] 심지어 L2 사용자들은 단일 언어 화자들보다 평균적으로 5년 정도 늦게 치매 증상이 나타나는 경향이 있다고 한다.[22] L2 사용자들이 유일하게 겪는 정신적 불이익(mental handicap)이라면 그들의 언어 체계가 확장되면서 특정 단어들에 대한 반응 시간이 조금 늦어지는 것뿐이다.[23]

한 사람이 가진 두 언어

그렇다면 두 언어는 한 사람의 정신에서 어떻게 연결되는 것일까? 지난 1950년대에 Weinreich는 이중언어 사용자에는 세 가지 유형이 있다고 하였다.[1] 그는 '책'을 예로 들어 이중언어 사용자의 정신(bilingual mind)에서 '의미'와 '모어의 단어', '제2언어의 단어'가 연결되는 방식을 설명하였다. '책'을 가리키는 영어 *book*과 프랑스어 *livre*를 예로 들어 보자. 두 단어는 모두 개념 📖과 연결되어 있다(그러나 앞서 말한 것처럼 언어마다 개념 자체는 📖과 ⬜으로 다를 수 있다). 그가 세 유형에 붙인 이름은 이후의 연구자들에 의해 약간 수정되었는데, 이 책에서는 최근의 명칭을 따르겠다.

영어와 프랑스어 L2 사용자 중 일부는 두 언어를 별개로 생각한다. 그들은 *book*이 의미하는 것과 *livre*가 의미하는 것을 잘 알고 있지만 그 둘을 연결시키지는 못한다. 따라서 이들은 두 언어를 사용하기는 해도 한 언어를 다른 언어로 번역하지는 못한다. 그림 1.1에서 볼 수 있는 이러한 유형을 등위 이중언어 사용자(coordinate bilinguals)라 한다.

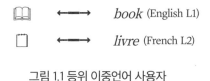

그림 1.1 등위 이중언어 사용자

　이 유형은 언어 교육에서 흔히 말하는, '모어는 L2학습에 방해가 될 뿐'이라는 생각과 부합된다. 그들의 주장에 따르면 제2언어를 배우고자 한다면 '모어는 교실 문밖에 두고 와야(should park your first language at the door)' 한다. 즉, 모어에 대한 생각은 잊어야 한다는 것이다. 19세기의 직접 교수법(Direct Method)으로부터 21세기의 과제 중심 학습(task-based learning)에 이르기까지 언어 교육에서는 이러한 등위 이중언어 사용자들을 우선시했다.

　다른 유형의 L2 사용자들은 책에 대해 단일한 개념 📖을 가지고 있고, 이를 두 언어의 단어(*book*과 *livre*)에 연결한다. 이 경우에는 두 언어가 개념을 공유함으로써 연결된다. 그림 1.2에서 볼 수 있는 유형을 복합 이중언어 사용자(compound bilinguals)라고 한다.

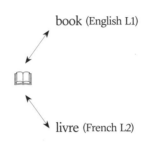

book (English L1)

livre (French L2)

그림 1.2 복합 이중언어 사용자

현재 그 어떤 주류 교수법에서도 이 유형의 L2 사용자에게 초점을 맞추지는 않는다. 그러나 몇몇 비주류(fringe) 교수법에서는 이러한 연결을 장려하였다. Dodson의 이중언어 교수법(Bilingual Method)에서는[24] 학습 과정에서 L2 문장의 의미를 L1으로 제공하였으며, 동시접근법(Concurrent Language Teaching)에서는 교사가 미리 세심하게 정한 규칙에 따라 한 언어를 다른 언어로 변환함으로써 두 언어를 결합시켜 주고자 하였다.[25]

세 번째 부류에 속하는 L2 화자는 L2 단어 *livre*를 개념에 직접 연결시키지 않고 L1 단어인 *book*에 연결시킨다. 즉, 프랑스어 *livre*가 의미하는 것을 영어 *book*에 연결하고 그것을 통해 개념 📖이 떠오르게 하는 것이다. 그들의 제2언어는 번역 등가어(translation equivalents)을 통해 모어와 결부된다. 그림 1.3과 같은 유형을 종속 이중언어 사용자(subordinate bilinguals)라고 부른다.

📖 ⟵⟶ *book* (English L1) ⟵⟶ *livre* (French L2)

그림 1.3 종속 이중언어 사용자

현재 많은 연구자들은 이 세 유형 중에서 종속 이중언어 사용자를 등위 이중언어 사용자에 포함시켜 이중언어 사용자를 크게 두 부류로만 나누고 있다. 그럼에도 불구하고 종속 이중언어는 번역을 활용한 언어 교육으로서, 영국에서 오랫동안 라틴어와 프랑스어를 교육하는 데 기반이 되어 왔고 지금도 대학에서 현대 외국어를 가르치는 방법으로 자주 이용되고 있다. 나 역시 프랑스어를 배울 때 *le jubé: roodloft* 같이 어휘 목록을 학습하며 공부했다. 그런데 정작 영어에서 roodloft가 무엇인지를 여러 해 동안 알지 못했다.

[요약] Weinreich의 이중언어 사용자 분류

Box 1.9

등위 이중언어 사용자는 두 언어를 분리하여 지니고 있다.
복합 이중언어 사용자는 두 언어를 하나로 통합하여 지니고 있다.
종속 이중언어 사용자는 제2언어를 모어와 연결시킨다.

더 최근에는 언어 간의 관계를 통합적 연속체(integration continnum)로 파악했는데, 이는 그림 1.4처럼 시각화되었다.[26]

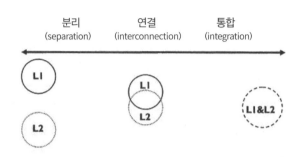

그림 1.4 마음속 두 언어의 통합 연속체

그림 1.4에서 L2 사용자 머릿속의 두 언어는 완전히 분리된 상태에서 완전히 통합된 상태까지 연속선상에 있다. 분리된 쪽은 두 언어를 완전히 별개로 지니고 있는 등위 이중언어 사용자들이며, 통합된 쪽은 두 언어를 완전히 합친 복합 이중언어 사용자들이다. 물론 어느 누구도 두 언어를 완벽히 분리할 수도 없고 또 그것들을 구분할 수도 없다. 따라서 완전한 분리 또는 통합은 이상적으로만 존재하는 것이며 L2 사용자의 상태는 모두 통합 연속체 위의 어딘가에 있을 것이다. 언어 간의 관계를 양자택일보다는 점진적 연속체로 표현한 것은, 사람들이 Weinreich가 나눈 두세 개의 범주 속에 나뉘어 있는 것이 아니라 더 넓은 범위로 퍼져 있다는 것을 뜻한다.

그러나 이는 사람들이 연속체의 어느 한 끝에서 다른 쪽으로 이동한다는 것을 의미하지는 않는다. 또한 이 연속체에 어떤 방향성이 존재하는 것도 아니다. 개인은 시간의 지나면서 언어를 통합시켜 나갈 수도 있고 더욱 분리시켜 나갈 수도 있다. 예를 들어 분리를 강조하는 교수법으로 배운 사람이 다국어 상황에서 코드스위칭 방법을 익히게 된다든지, 이중언어 가정에서 자란 아동이 학교에서는 두 언어를 별개로 배우는 경험을 하는 경우가 그러하다.

통합 연속체는 언어 사용의 특정한 면에도 적용된다. 어떤 사람은 쓰기보다 말하기에서 통합적일 수 있다. 또는 모어와 제2언어의 발음 체계는 분리되어 있으면서 어휘는 하나의 큰 저장소에 통합되어 있을 수도 있다. 통합 개념은 언어 대 언어에만 적용되는 것은 아니며, 언어의 개별 요소들 사이에도 적용된다.

실제로 많은 사람들이 모어와 제2언어의 어휘들이 하나의 전체를 이룬다고 생각한다. 만약 L2 사용자들에게 어떤 물체 사진을 보여 주고 그들이 사용하는 언어들 중 한 언어로 이름을 붙여 주면, 그들의 눈은 다른 언어에 비슷한 이름을 가진 물체로 끌리게 된다. 이는 L2 사용자들이 어느 한쪽 언어를 완전히 차단하지 않는다는 것을 뜻한다.[27] 어느 고전적 연구에서 영어와 프랑스어를 이용하는 L2 사용자에게 *coin*이라는 단어를 보여 줬더니 그들이 당시에 어떤 언어를 쓰고 있었든지 간에 프랑스어의 뜻인 '모퉁이'와 영어의 뜻인 '동전'을 함께 떠올렸다고 한다.[28] 한편 L2 사용자의 단어 결합은 단일 언어 사용자의 단어 결합과 다르게 나타난다.[29] 새로운 언어를 배우면 두 언어가 그저 병합되는 것이 아니라, 마치 수소가 산소를 만나 물이 되듯이 완전히 새로운 것으로 탄생할 수도 있다. 모어도 아니고 제2언어도 아닌 새로운 언어로 말이다.

사고의 측면에서 통합(integration)이란 마음속에서 두 가지 개념을 하나로 합치는 것이다. 즉, L2 사용자가 두 가지 *blue* 개념을 갖고 있는 것이 아니라 하나의 개념을 새롭게 갖는 것이다. 그런데 이 개념은 두 언어의 단일 언어 사용자들이 지닌 개념과는 또 다르다. 한편 분리 (separation)란 마음속에서 두 개념이 구별되는 것을 의미한다. 즉, L2 사용자가 두 가지 *blue* 개념을 가지고 있다가 영어와 그리스어 중 어느 언어로 말하느냐에 따라서 한 가지 개념으로 전환(switching)하는 것이다.

그러므로 통합 연속체 개념은 머릿속 언어들 사이에 다양한 관계가 존재할 수 있다는 것을 인정한다. 인간은 L2 사용자가 되어도 다양성을 잃지 않는다. L2 사용자가 지닌 언어 지식의 범위가 단일 언어 사용자보다 훨씬 더 넓어질 뿐이다.

덧붙임

Box 1.10

이번 장을 마치며 이중언어 사용에 대해 다시 생각해 보자.
- 생각했던 것보다 더 많은 이중언어 사용자가 있다고 생각하는가?
- Box 1.1의 (2)번 질문에 대한 답변을 바꿀 의향이 있는가?
- 제2언어로 *I love you*를 말할 때 더(혹은 덜) 주의를 기울일 것인가?
- 제2언어가 자신의 모어에 미친 영향을 발견했는가?
- 여러분이 알고 있는 언어가 여러분의 마음과 어떻게 관련된다고 생각하는가?

Further Readings

- 제1장의 주제에 대해 이 책과 비슷한 방식으로 규모 있게 다룬 책들은 다음과
  같다.

Cook, V.J. (2008) *Second Language Learning and Language Teaching*, 4th edition. London: Hodder Education.

Grosjean, F. (2010) *Bilingual: Life and Reality*. Boston, MA: Harvard U. P.

Ortega, L. (2009) *Understanding Second Language Acquisition*. London: Hodder Education.

Rich, K. (2010) *Dreaming in Hindi: Life in Translation*. London: Portobello Books.

References

1   Weinreich, U. (1953) *Languages in Contact*. The Hague: Mouton.

2   Bloomfield, L. (1933) *Language*. New York: Holt Rinehart Winston.

3   Haugen, E. (1953) *The Norwegian Language in America*. Philadelphia: University of Pennsylvania Press.

4   Lewis, M.P., Simons, G.F., and Fennig, C.D. (eds) (2013) *Ethnologue: Languages of the World*, 17th edition. Dallas, Texas: SIL International Online at: http://www.ethnologue.com

5   Greengerg, J.H. (1956) The measurement of linguistic diversity. *Language* 32 (1), 109-115.

6   Genesee, F., Tucker, R. and Lambert, W.E. (1975) Communication skills of bilingual children. *Child Development* 46, 1010-1014.

7   Athanasopoulos, P. (2009) Cognitive representation of colour in bilinguals: The case of Greek blues. Bilingualism: *Language and Cognition* 12, 83-95.

8   Besemeres, M. (2011) Personal narratives by bilinguals as a form of inquiry into bilingualism. In V.J. Cook and B. Bassetti (eds) *Language and Bilingual Cognition*. New York: Psychology Press, 479-506.

9   Hoffman, E. (1989) *Lost in Translation: A Life in a New Language*. London: Minerva.

10 Bialystok, E. (1991) Metalinguistic dimensions of bilingual language proficiency. In E. Bialystok (ed.) *Language Processing in Bilingual Children*, Cambridge: Cambridge University Press, 113-140.

11 Ben-Zeev, S. (1977) The influence of bilingualism on cognitive strategy and cognitive development. *Child Development* 48, 1009-1018.

12 Wrembel, M. (2011) Cross-linguistic influence in third language acquisition of Voice Onset Time. *ICphS* X V II , 2157-2160.

13 Balcom, P. (2003) Cross-linguistic influence of L2 English on middle

constructions in L1 French. In V.J. Cook (ed.) *L2 Effects on the L1*. Clevedon: Multilingual Matters, 168-192.

14   Hirata-Edds, T. (2011) Influence of second language Cherokee immersion on children's development of past tense in their first language, English. *Language Learning* 61 (3), 700-733.

15   Dewaele, J-M. (2008) The emotional weight of 'I love you' in multilinguals' languages. *Journal of Pragmatics* 40 (10), 1753-1780.

16   Grosjean, F. (1998) Studying bilinguals: Methodological and conceptual issues. *Bilingualism: Language and Cognition* 1 (2), 131-149.

17   *Panorama* (no date) Online at: http://www.panorama.gi/. Accessed 15/01/2014

18   Myers-Scotton, C. (2006) *Multiple Voices: An Introduction to Bilingualism*. Oxford: Wiley-Blackwell.

19   Genesee, F. (2003) Portrait of the bilingual child. In V. Cook (ed.) *Portraits of the L2 User*. Clevedon: Multilingual Matters, 161-179.

20   Han, A.Y. and Ginsburg, H.P. (2001) Chinese and English mathematics language: The relation between linguistic clarity and mathematics performance. *Mathematical Thinking and Learning* 3, 201-220.

21   Kecskes, I. and Papp, T. (2000) *Foreign Language and Mother Tongue*. Hillsdale, NJ: Laurence Erlbaum.

22   Bialystok, E., Craik, F.I.M. and Freedman, M. (2007) Bilingualism as a protection against the onset of symptoms of dementia. *Neuropsychologia* 45, 459-464.

23   Mafiste, E. (1986) Selected issue in second and third language learning. In. J. Vaid (ed.) *Language Processing in Bilinguals: Psycholinguistic and Neurolinguistic Perspectives*. Hillsdale, NJ: Laurence Erlbaum.

24   Dodson, C.J. (1967) *Language Teaching and The Bilingual Method*. London:

Pitman.

25 Faltis, C.J. (1989) Codeswitching and bilingual schooling: An examination of Jacobson's new concurrent approach. *Journal of Multilingual and Multicultural Development* 10 (2), 117-127.

26 Cook, V.J. (2003) Introduction: The changing L1 in the L2 user's mind. In V.J. Cook (ed.) *Effects of the Second Language on the First*. Clevedon: Multilingual Matters, 1-18.

27 Spivey, M.J. and Marian, V. (1999) Cross talk between native and second languages: Partial activation of an irrelevant lexicon. *Psychological Science* 10, 181-184.

28 Beauvillain, C. and Grainger, J. (1987) Accessing interlexical homographs: Some limitations of a language-selective access. *Journal of Memory and Language* 26, 658-672.

29 Zareva, A. (2010) Multicompetence and L2 users' associative links: Being unlike nativelike. *International Journal of Applied Linguistics* 20 (1), 2-22.

2. 제2언어를 배우기에 최적인 나이가 있을까?

_ David Singleton

[시작하기]

Box 2.1

다음 활동을 시작하기에 가장 적절한 나이는?

컴퓨터 사용	☐ 10세 미만	☐ 10-20세	☐ 21-35세	☐ 36-60세	☐ 60세 이상
연애	☐ 10세 미만	☐ 10-20세	☐ 21-35세	☐ 36-60세	☐ 60세 이상
노래 공부	☐ 10세 미만	☐ 10-20세	☐ 21-35세	☐ 36-60세	☐ 60세 이상
운전	☐ 10세 미만	☐ 10-20세	☐ 21-35세	☐ 36-60세	☐ 60세 이상
새로운 언어 학습	☐ 10세 미만	☐ 10-20세	☐ 21-35세	☐ 36-60세	☐ 60세 이상

나이와 제2언어 학습에 관한 통념

제2언어를 배우기에 가장 좋은 나이가 있을까? 이 질문에 대해 대부분의 사람들은 당연히 그렇다고 답할 것이다. 언어 학습에 있어 나이는 매우 중요한 요소이다. 사람들은 일반적으로 새로운 언어를 배우기에 가장 좋은 시기를 아동기라고 생각하는데 이것이 새삼스러운 일도 아니다. 모어 발달이 아동기에 이루어지기 때문에 어린 아이들이 청소년이나 성인보다 언어 습득 준비가 더 잘 되어 있으리라고 짐작하기 때문이다. 일반적인 경험에 비추어 보아도 바이올린, 체스, 골프 등 무엇이든지 일찍 시작하는 것이 극적으로 유리해 보이기는 한다.

최정상 골퍼들이 골프를 시작한 나이

Box 2.2

Arnold Palmer	4세
Jack Nicklaus	10세
Seve Ballesteros	7세
Tiger Woods	3세
Rory Mcllroy	18개월

성인과 아이들이 새로운 언어를 배울 때 보이는 차이점을 관찰하면 추가 언어(additional language)* 학습은 어릴 때 하는 것이 좋다는 생각이 더욱 확고해진다. 이민자 가정의 어린 아이가 그 사회의 언어를 완벽히 구사하면서 부모와 조부모를 위한 통역까지 해 주는 일은 흔한

---

* 추가 언어(additional language)는 모어가 아닌 언어 중 제2언어 외에 학습 또는 습득하는 언어를 말한다.

일이다. 1925년에 영국의 심리학자 J.S. Tomb은, 영국 통치기에 인도로 건너간 영국인 가정에서도 이와 비슷한 현상을 관찰하여 기술했다.[1]

> 벵갈 지역에서는 3~4세 가량의 영국 아이가 그들의 부모와는 영어로 그들의 유모(ayahs)들과는 벵갈어로 정원사와는 산탈어로 하인들과는 힌두스탄어로 자유롭게 바꿔가며 말하는 것을 쉽게 볼 수 있다. 반면에 아이의 부모는 교사(munshi)의 도움을 받으며 많은 노력을 기울여야만 하인들의 말을 겨우 이해할 수 있었다. 그리고 하인들에게 간단한 지시를 내릴 수 있을 정도의 힌두스탄어를 배울 수 있었다.

이 사례에서 부모보다 아이들이 훨씬 더 많은 인도인 하인들과 접촉하였다는 점에 주목할 만하다. 가정 언어 외의 언어가 지배적인 사회에서, 아이들이 그 부모보다 거주 사회에 더 빨리 그리고 깊이 녹아드는 이유가 바로 이것 때문이다. 그렇다고 해서 나이 요인(age factor)이 중요하지 않다고 말하려는 것은 아니다. 하지만 우리는 어릴 때 지녔던 능력이 꽤 이른 시기부터 감소하기 시작한다는 것을 알고 있다. 따라서 전적으로 '성숙' 요인만 고려할 것이 아니라 다양한 **'나이 관련 요인'**들로** 생각의 범위를 넓힐 필요가 있다.

어린 나이에 받는 제2언어 '수업'의 효과에 대해서는 나중에 다

** 이 책에서는 나이 요인(age factor) 중 성숙 요인(maturational factor) 외에 다양한 나이 관련 요인(age-related factor)들에 주목하고 있다. 여기서는 나이 관련 요인들로 '언어문화 정체성', '대인관계', '학교 교육' 등을 살피고 있다.

시 이야기하겠지만, 여기서는 그러한 교육의 결과가 늘 긍정적이지만은 않다는 사실을 짚고 넘어가려고 한다. 어떤 나라에서는 기업들이 2~4세의 아주 어린 아이들을 대상으로 한 영어 교육 상품을 광고한다. 그들은 영어같이 중요한 국제어를 일찍 배우면 훗날 아이들의 교육이나 직업에서의 경력에 강점이 될 것이라고 홍보한다. Joanna Rokita는 이런 회사들 중 하나를 조사하였고[2] 그 결과를 통해 이러한 행태를 통렬히 비판하였다. 결론을 간단히 말하면 연구 대상이었던 어린 L2 학습자들(the young instructed L2 learners)은 영어 성취도가 매우 낮았다. 그들의 영어 구사력은 대부분 판에 박힌 표현을 따라하는 수준이었으며 언어의 자발적 사용이나 의사소통적 차원 같은 것들은 거의 찾아볼 수 없었다고 한다.

영어와 관련된 Ola의 경험

Box 2.3

저는 폴란드 사람 Ola(가명)입니다. 열여덟 살 때 학교에서 처음으로 영어를 접했습니다. 그때까지 제가 아는 외국어는 러시아어뿐이었습니다. 20대에 두 차례 영어권 국가에 잠시 다녀왔고, 28세에는 더블린으로 이사하여 지금까지 7년째 살고 있습니다. 제 영어 능력은 완벽하다고 할 수는 없습니다. 하지만 저와 대화를 나누는 영어 화자들은 제가 아일랜드 사람인 줄 압니다.

성인기, 그것도 심지어 아주 늦은 나이인 노년기에라도 제2언어를 배우려고만 한다면 그것은 매우 가치 있는 일이다. 그리고 늦었으니 무조건 실패할 거라고 단정할 수도 없다. 사람들이 '이 나이에 새로운 언

어를 배우기엔 늦었어'라고 할 때마다 나는 항상 똑같은 말을 해 준다. 나이는 그저 핑계일 뿐이다! 노년 학습자에게 새로운 언어를 가르친 경험이 많은 교사들은 그들이 어떤 영역에서는 탁월한 능력을 보인다는 사실을 잘 알고 있을 것이다. 예를 들어 성인 대상 교육자 Max Brändle은 외국어를 배우는 나이 많은 성인들이 '독해력은 항상 최고 수준으로 목표를 세울 수 있고', '문법 규칙이나 어휘 항목들을 기억하는 데 전혀 문제없다'고 하였다.[3] Brändle은 노년 학습자들이 '듣고 따라 하기(auditory imitation) 와 암기', 그리고 '말로 답하기(oral response)'에 문제를 겪고 있다는 점은 인정했으나 그것들이 극복하기 어려운 장애라고 여기지는 않았다.

    젊은 성인들의 경우에는 제2언어 숙달도 수준이 매우 높아질 수도 있다. 고(故) Robert Maxwell은* 이와 관련하여 극적인 사례를 보여 준다. Maxwell은 여러모로 뛰어난 삶을 살았지만 1991년 금융 스캔들 속에서 비극적 결말을 맞았다. 그는 영국 하원 소속이었고 다수의 신문사와 출판사를 소유했다. 그와 동시에 그는 옥스포드 유나이티드 축구단의 단장이기도 해서 영국 라디오나 텔레비전 방송에 자주 출연했다. 나는 어릴 때, 그가 다른 사람들과 마찬가지로 영국에서 태어나고 자랐으며 영어 원어민일 거라고 생각했었다. 그런데 그가 2차 세계 대전 이전 체코슬로바키아에서 이디시어를 사용하는 유대인 가정에서 태어났으며 Ján Ludvík Hoch라는 이름으로 불렸었다는 사실을 나중에

---

* Robert Maxwell(1923-1991)은 영국의 언론·출판 재벌로 유럽 언론과 정치계의 거물이었다.

야 알게 되었다. 그가 처음 영어를 전면적으로 접한 것은 나치를 피해 영국으로 탈출한 1940년이었고, 당시에 그는 17세였다. 우리는 L2 학습의 배경이나 성과가 Robert Maxwell과 유사한 사람들을 많이 알고 있다. 그리고 그들이 스스로 영어 비원어민이라는 사실을 밝히기 전까지는 대부분 그들의 모어가 영어일 거라고 단순하게 생각한다.

언어는 어릴 때 배우는 것이 늦게 시작하는 것보다 낫다는 주장에는 근거가 확실히 있다. 이민자들을 관찰한 연구에서도 이러한 관점을 지지하는 많은 증거들이 확인된다. 하지만 이 문제에 대한 진실은 그렇게 단순하지 않다. 예를 들어 어린 나이에 공식적인 교실 수업을 통해 새 언어를 배우는 아이들은 사람들이 기대한 만큼 탁월한 결과를 보여 주지는 않는다. 반면에 성인기에 제2, 제3의 언어를 배우더라도—경우에 따라서는 노년기라도— 때때로 매우 확실한 성과를 거두기도 한다. 그리고 젊은 성인들의 경우에는 원어민 수준의 언어 수행을 보이기도 한다.

[요약]

Box 2.4

- 연령 문제는 학습자가 제2언어를 사용하는 사람들과 얼마나 자주 말할 기회를 갖는지와도 관련된다. 이러한 기회는 이민자 아동이나 해외 거주 아동에게 더 많이 주어진다.
- 성인기에 학습을 시작한 많은 사람들이 실제로 제2언어를 높은 수준으로 습득한다.
- 어린 아이에게 제2언어를 '가르치는' 일은 종종 실패하기도 한다.

나이에 대한 관점

Box 2.5

(1) Robert Maxwell처럼 15세 이후에 제2언어를 시작한, 눈에 띄지 않는 이중
언어 사용자(invisible bilingual)를 실제로 몇 명이나 만났는가?

0명   1-5명   6-10명   10명 이상

(2) 15세 이후에 제2언어를 학습한 사람 중에 원어민이 분명 아닌데도 높은 언
어 능력을 가진 사람을 실제로 몇 명 만났는가?

0명   1-5명   6-10명   10명 이상

(3) 어릴 때 외국어를 배우는 것이 유리하다는 통념에 경험적으로 동의하는가?

이민자들의 경험: 연구 배경

거주국의 언어를 사용하는 이민자들의 사례와 그 특성에 대해
서는 도입부에서 이미 다루었다. 또한 L2 학습에서 나이가 갖는 장점에
대해서는 나이 어린 이민자들과 나이 든 이민자들을 비교함으로써 확
인하였다. 이제 이민자들의 경험과 제2언어 성취에 대해 좀 더 자세히
살펴보고자 한다.

20세기 중반부터 지금까지는, 모어가 아닌 언어가 지배적인 지
역으로 이주했을 때 나이 어린 사람들이 나이 많은 사람들보다 원어민
수준에 근접할 가능성이 높다는 것을 증명하려는 연구가 주를 이루었
다. 이러한 연구 중 일부를 Box 2.6에서 확인할 수 있는데 이 목록에 있

는 연구들은 모두 '어릴수록 유리하다'는 생각을 지지하고 있다.

나이 요인(age factor)에 관한 고전적 연구들

Box 2.6

Asher & Gracia(1969): 1~5세 사이에 미국에 들어온 어린이들이 그 이후에 들어온 사람들보다 영어 발음을 더 잘 하는 경향이 있다.[4]

Seliger et al.(1975): 9세 이전에 이민한 사람들 대부분이 현지어를 원어민 수준으로 구사하였으며 16세 이후에 들어온 사람들은 대부분 자신이 외국인 말씨를 지니고 있다고 느꼈다.[5]

Patkowski(1980): 15세 이전에 미국으로 이주한 사람들의 영어 문법 능력이 그 이후에 온 사람들보다 평균적으로 더 높았다.[6]

Hyltenstam(1992): 7세 이후에 스웨덴으로 이주한 사람들이 6세 이전에 이주한 사람들보다 어휘적, 문법적 오류를 더 자주 범했다.[7]

Piske et al.(2002): 캐나다에 이주한 이탈리아 사람 중 아동에게서는 청소년이나 성인보다 외국인 말씨가 덜 나타났다.[8]

여기서 주목할 것은 어릴 때 이주를 하면 나이 들어서 이주한 사람보다 제2언어 습득에 유리하다고 한 연구들이 대부분 이주 후 상당한 시간, 즉 5년 혹은 그 이상 거주한 사람들을 대상으로 했다는 점이다. 이는 아동이 지닌 장점이 발현되기 위해서는 일정한 시간이 필요하다는 것을 말해준다. 이와 관련하여 Catherine Snow와 Marianne Hoefnagel-Höhle

의 저명한 연구에서는 네덜란드로 이주한 다양한 연령대의 영어 원어민 이민자들을 대상으로 조사하였는데, 네덜란드에 거주한 지 4~5개월 뒤에는 발음을 제외한 모든 영역에서 청소년과 성인이 아동보다 네덜란드어 구사 능력이 뛰어났다. 그러나 몇 달이 더 지나자 이들이 지녔던 장점은 눈에 띄게 약화된 것으로 관찰되었다.[9]

이민자들 대상의 연구에서 나이가 어리면 유리한 경향이 있다고 하는 것은 말 그대로 경향(tendency)이라는 점을 간과해서는 안 된다. 어릴 때 이민한 모든 사람이 결국 현지어를 완벽히 구사하게 되는 것도 아니고, 반대로 나이 들어 이민한 사람들이 어린 이민자들의 언어 수준보다 항상 뒤떨어지는 것도 아니기 때문이다.

게다가 새로운 언어를 배우는 이민자에 대한 연구는 대부분 제2언어 숙달도 성취에만 초점이 맞추어져 있으며, 그들이 현지어에 익숙해져 가는 동안 그들의 모어 능력이 어떻게 되어 가는지는 관심 밖이었다. 이 주제는 특히 언어 우세(language dominance) 즉, 이민자의 내면에서 어떤 언어가 우위를 차지하는지와 관련된다. 어떤 연구에서는 10세 미만의 이민자에게서는 우세 언어가 모어에서 현지어로 쉽게 바뀌지만 10세 이후에서는 모어를 계속해서 우위에 두는 경향이 있다고 밝힌 바 있다.[10]

이민자와 새로운 언어의 관계는 본질적으로 나이와 관련되지만 이를 단순히 '성숙'의 관점에서만 설명할 수는 없다. Box 2.7에서는 어린 이민자들과 나이 든 이민자들이 거주국으로 올 때의 상태나 새 국가에서의 경험하는 삶이 어떻게 다른지를 보여 준다. 이를 통해 이민자들의 현지어 숙달 정도나, 서로 다른 나이대의 이민자에게 현지어가 어떤 역할을 하는지 확인할 수 있다.

이민국 도착 상황 및 경험의 전형적 특징

Box 2.7

이주 연령	전형적 특징
6세	언어문화적 정체성(linguistico-cultural identity)이 아직 완성되지 않음. 다른 언어문화 공동체에 소속된 아이들과 학교에서 빈번히 접촉함. 교우 관계에 있어서 언어문화적 소속의 영향을 거의 받지 않음. 현지어로 학교 교육을 받으며 특히 문식력(literacy)을 높이기 위한 언어 교육을 제공받음.
12세	언어문화적 정체성이 완성되어 감. 다른 언어공동체에 소속된 아이들과 학교에서 빈번히 접촉함. 언어문화적 소속의 영향으로 선택적 교우관계를 유지함. 현지어로 학교 교육을 받으며, 특별히 교사의 지원이 제공되지 않는 한 언어 교육을 따로 받지는 않음.
24세	언어문화적 정체성이 완전히 형성됨. 직업 특성에 따라 다른 언어공동체의 사람들과 교류함(경우에 따라 대부분의 동료들이 같은 언어공동체의 사람들일 수도 있음). 친분 관계는 완전히 선택적이며 전형적으로 언어문화적 소속의 영향을 받음. 야간/주말반 등의 수업을 스스로 선택하지 않는 한 현지어 관련 교육을 받지 않음.

Bialystok(1997)[11], Jia, Aaronson(1999)[10]

이러한 현상은 특히 언어문화적 정체성의 개념과 연관되어 있다. 아동은 성장해 가면서 자신을 특정 언어 혹은 문화 정체와 동일시하기 시작한다. 다언어 유치원의 아이들은 자신들의 배경이 서로 다르다는 것을 잘 인식하지 못한다. 그러나 아이들은 성장하면서 서로의 배경이 다르다는 것을 알게 되고 시간이 더 지나 인간관계의 유형에 변화를 겪으면서 더욱 언어문화적으로 제한된 관계를 갖는다.

따라서 우리는 12세 이후에야 확립되는 언어정체성이 결정적인 요인임을 알 수 있다. 두 번째 요인은 학습자가 누구와 교류하느냐이다. 6세 아동은 거의 모든 아이들과 접촉하고 12세 아동은 어느 정도 제한된 아이들과 교류한다. 그리고 성인이 되면 매우 제한된 사람들하고만 접촉한다. 세 번째 요인은 학교다. 학령기 아이들은 학교에서 현지어로 수업을 받는다. 그러나 그 이후에는 자발적으로 특별 수업을 듣지 않는 한 교육적 상황에서 현지어를 접할 일은 없다.

이러한 점에서 다른 공동체의 친구와 사귀는 것이 무엇보다 중요하다. 최근 Lorna Carson과 Guus Extra가 더블린의 초등학교에서 실시한 이민자 대상의 연구에서는 같은 이민자 친구를 사귀는 것이 현지의 제2언어 원어민 친구를 사귀는 것보다 언어 습득에 더 큰 효과가 있다고 밝혔다. Carson과 Extra는 '가장 친한 친구(best friend)' 요인이 아이들이 집 밖에서 다른 공동체의 이민자 친구들과 영어를 공통어(lingua franca)로 대화하게 하는 좋은 도구가 된다는 것을 발견하였다. 그리고 이는 결국 같은 언어 집단에 속한 친구하고도 영어를 사용하게 만든다고 하였다.

> ### '가장 친한 친구'와의 언어 사용
>
> Box 2.8
>
> 연구 결과 아이들은 가장 친한 친구와 대화할 때 영어를 선택하는 경우가 많았
> 다. … 아이들은 자신과 다른 언어 배경을 지닌 친구와 소통할 때 공통어로서 영
> 어를 이용하며, 사실상 같은 언어 배경을 가진 친구하고 소통을 할 때도 영어를
> 선택한다. … 아동의 언어를 영어로 전환시키는 요인은 가족 관계가 아니라 교우
> 관계인 것으로 보인다. …
>
> Carson & Extra(2010, p.49)[12]

더블린에 관한 또 다른 연구인 Svetlana Eriksson(2011)의 최근
연구에서는 아일랜드에 거주하는 러시아어 사용 가족들에게서 러시아
어와 문화가 어떻게 세대간에 전수되는지를 살폈다. 그리고 그는 아동
및 이른 시기의 청소년들이 러시아어 공동체 외의 친구들과의 맺는 교
우 관계가 그들의 영어 사용에 큰 영향을 미친다는 사실을 밝혔다(Box
2.9).[13] 앞서 말했듯이 이러한 교우 관계는 나이가 어릴수록 쉽게 형성되
는 것이 사실이다. 그러나 생물학적 성장 요인보다 더 중요한 것은 그들
의 언어문화적 정체성이 얼마나 유연한지(변화 가능한지), 그리고 그들이
현지 사회의 구성원과 얼마나 자주 필연적으로 접촉을 해야 하는지 등
이다.

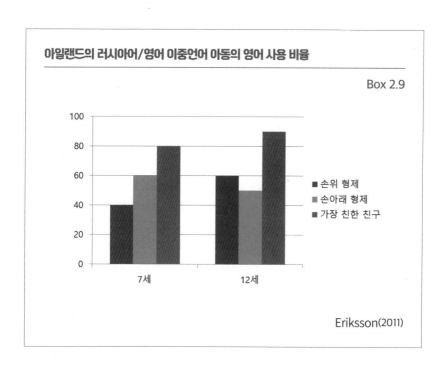

아일랜드의 러시아어/영어 이중언어 아동의 영어 사용 비율

Box 2.9

- 손위 형제
- 손아래 형제
- 가장 친한 친구

7세   12세

Eriksson(2011)

아이들이 현지 사회의 언어를 선호하고 우세 언어를 바꾸는 이유를 설명할 수 있는 다른 요인들도 있다. Sandra Kouritzin이 연구한 Lara의 사례를 통해 이를 살펴보자. Lara는 두 살 때 가족과 함께 핀란드에서 캐나다로 이민하였고 이후 4년 동안 작은 마을에 있는 결집력 강한 핀란드 공동체에서 생활을 하였다.[14] Lara는 6세까지 핀란드어를 사용했고 영어는 거의 못했다. 하지만 그녀의 부모가 이제는 영어를 사용하는 곳에서 통합되어 살아야 한다고 판단하였고 가족이 모두 대도시로 이사했다. 이후 Lara의 핀란드어는 발달을 멈췄고 영어가 점차 주 언어로 자리 잡았다. Lara는 자신이 핀란드어 사용을 마지막으로 시도

한 것(비록 소통에는 실패했지만)이 18살 때였다고 밝혔다. 그녀는 그 상황을 자신이 모어를 잃은 때라고 인식했다. 여기서 우리는 한 가족이 하나의 언어를 택하고 다른 언어를 포기한 사례를 살펴볼 수 있다. 이 경우에도 나이와 관련된 부분은 '성숙'과는 관계가 없다. 오히려 이 경우는 부모가 자신의 자녀를 위해서 이러한 선택을 했다는 점이 중요하다. 즉, 나이가 많은 이민자들은 어떤 일을 스스로 선택할 권한이 있다. 그러나 나이 어린 이민자에게는 그러한 권한이 없다.

[요약] 이민자 아동과 제2언어 학습

Box 2.10

- 어릴수록 더 잘 배우는 경향이 있음(younger = better).
- 제2언어로 대화할 수 있는 관계를 형성하는 것이 중요함.
- 언어와 언어정체성의 발달 사이에 연관이 있음.

언어 선택

Box 2.11

아이가 가정에서 사용할 언어는 누가 선택해야 하는가?
☐ 아이　　☐ 부모　　☐ 국가　　☐ 다른 사람

아이가 학교에서 사용할 언어는 누가 선택해야 하는가?
☐ 아이　　☐ 부모　　☐ 국가　　☐ 다른 사람

아이가 지역 사회에서 사용할 언어는 누가 선택해야 하는가?
☐ 아이　　☐ 부모　　☐ 국가　　☐ 다른 사람

'결정적 시기'의 개념

결정적 시기(critical period)라는 용어는 주로 생물학에서 사용되며 개체의 발달 단계상 어떤 능력이나 행동을 습득할 수 있는 엄격히 제한된 시기를 말한다. 이 시기를 놓치면 그 능력이나 행동을 영원히 습득할 수 없다고 한다. 이와 관련하여 잘 알려진 예는 새끼 오리나 새끼 거위들이 보이는 각인(imprinting)이다. 오리나 거위는 부화한 뒤 짧은 시간 동안 첫 번째로 인지한 움직이는 물체—대개는 그들의 어미지만 때로는 사람이기도 함—에 돌이킬 수 없는 애착을 갖는다. 이후에는 낯선 물체에 대한 공포심이 생기면서 다른 물체들은 따라가지 않고 도망친다. 인간의 언어 습득이 이와 같이 결정적 시기의 제약을 받는다면, 결정적 시기 내에 언어 습득을 시작하지 못한 사람은 영원히 언어를 사용할 수 없다는 뜻이 된다. 또한 결정적 시기 내에 언어 습득이 시작되더라도 그 기간이 끝나면 습득도 중단된다는 것을 암시한다.

모어 습득에 결정적 시기가 존재한다는 일부 근거는, 언어와 격리된 환경에 있다가 결정적 시기가 끝나는 시점에 이르러서야 언어를 처음 접하게 된 아동들의 사례를 통해 제시되었다. 이러한 아동은 18세기 후반 프랑스 아베롱(Aveyron)의 숲에서 야생 생활을 하다 발견된 빅토르(Victor)와, 20세기 후반 캘리포니아에서 부모에 의해 강제로 고립되어 양육되다가 구조된 지니(Genie)를 예로 들 수 있다. 이처럼 사춘기를 전후로 하여 보살핌을 받기 시작한 아이들은 특이한 언어 발달을 잠시 보이지만, 그나마도 매우 제한적이다. 이러한 현상에 대해서는 다양한 해석이 있어 왔다. 언어 습득에서 결정적 시기의 개념과 결정적 시기 가설 (Critical Period Hypothesis)을 정립한 Eric Lenneberg는, 이러한 증거들 이 자신의 이론을 뒷받침한다고 주장하지는 않았다. 그는 이러한 사례들 은 개인에게 가해진 고립과 잔혹성에 의한 피해 외에 아무것도 아니라고 하였다.[15]

> 어두운 옷장, 늑대 굴, 숲속 그리고 가학적인 부모 곁에서의 생 활은 양호한 신체와 정상적인 발달에 도움이 되지 않는다.
>
> Eric Lenneberg(1967, p.142)[15]

결정적 시기 가설을 뒷받침하는 또 다른 증거는 늦은 나이에 수 화를 습득하는 사람들의 특징인 복합적 성공(mixed success)이다. 어릴 때 언어 입력을 받지 못하고 늦은 나이에 수화를 모어로 배우는 청각 장 애인들에게서도 이러한 증거를 찾을 수 있다. 늦게 수화를 배우기 시작 하면 언어 습득에 완전히 실패하는 것은 아니지만 그들의 수화에 약간 의 결함이 관찰된다고 한다. 이 모든 증거는 인지 발달이 가장 왕성한 아동기에 언어 입력이 결핍되면 심리적, 인지적 발달에 전반적으로 영 향을 미치고 이러한 결과는 훗날 그들의 언어에 반영될 수도 있음을 뜻 한다.

제2언어 영역에서의 결정적 시기 가설에 대한 해석은 다음과 같이 요약된다. 즉 L2 학습자가 성장기의 특정 시기가 지난 후에 제2언 어를 접하면 다음과 같은 현상을 보인다.

(1) 제2언어를 원어민 수준의 숙달도로 구사하는 것이 불가능해
   진다.

(2) (그리고/또는) 더 일찍 제2언어를 습득하는 아이들보다 더 많
   은 의식적 노력을 기울여야 한다.

(3) (그리고/또는) 아동기의 제2언어 습득에 활용된 기제와는 다
   른 것을 동원해야 한다.

이 모든 해석은 성장 단계의 어느 시기 이후에 제2언어를 배우
면, 더 어린 학습자들에 비해 학습 잠재력이 급격히 감소한다는 결론으
로 귀결된다.

(1)과 관련하여, L2 학습자에게 원어민 기준(native-speaker cri-
terion)을 적용하는 것이 과연 적절한지에 대해서는 Topic 8에서 다시
논할 것이다. 원어민 기준은 결정적 시기 가설 연구에 오랫동안 적용되
어 왔고 지금도 적용되고 있다. 어떤 경우라도 제2언어 학습자의 언어
능력이 원어민 수준에 도달할 수 없다는 주장은 Ciara Kinsella를 비롯
한 여러 연구에서 반박되었다.[16] Ciara Kinsella는 영어 단일 언어 사용
자로 자라 온 20명을 대상으로 연구하였다. 이들은 11세 이전에 프랑스
어를 배운 적이 없으며 평균적으로 28.6세에 처음 프랑스에 이주하여
프랑스어에 본격적으로 노출되기 시작하였다. 연구 대상자들은 모두 프
랑스에 거주 중이었으며 종종 프랑스어 원어민으로 통했다고 보고되었
다. 연구에서는 실험 참가자들과 프랑스어 원어민 통제집단에게 프랑스

특정 지역의 사투리를 구별하고 문장의 어휘와 문법 요소를 채워 넣는 시험을 보게 하였다. 20명 중 세 명은 모든 과제에서 원어민 수준의 성적을 받았고 그들의 억양 인지 능력은 원어민보다도 뛰어난 것으로 드러났다. 이러한 결과에도 불구하고, 사춘기 이후에 제2언어를 시작한 사람들 중에는 모든 면에서 원어민과 동일한 행동 양상을 보이는 이가 없다는 주장이 여전히 제기되기도 한다. 왜 아니겠는가. 이 주장은 당연히 맞을 수밖에 없다. 사실 더 어린 나이에 제2언어에 노출된 사람들이라 하더라도 그들의 제2언어 사용을 면밀히 살펴보면 단일 언어 화자인 원어민들과 언어학적으로 매우 다르기 때문이다.

사춘기와 언어

Box 2.12

언어 학습 장벽(language learning block)의 발생 빈도는 사춘기 이후에 급증한다. 또한 이 시기 이후에는 언어에 단순히 노출되는 것만으로 언어 습득이 자동으로 일어나지 않으며, 의식적이고 힘든 노력을 통해 외국어를 배우고 학습해야만 한다.

Eric Lenneberg(1967)[15]

늦은 나이에 언어를 학습하면 노력이 더 필요하다는 주장은 결정적 시기 가설의 초창기까지 거슬러 올라간다. 그리고 이 분야의 최근 논의에서도 이 주장은 반복되고 있다. 하지만 늦은 나이에 높은 수준의 L2 성취도를 얻으려면 의식적인 노력이 반드시 필요하다는 주장에 대

해서는 회의적이다. Georgette Ioup는 이집트 아랍어에 매우 능통한 성인 화자 두 명을 조사했는데[17] 이 중 한 명은 언어 교육을 받은 적이 없었다. 그런데 교육을 받지 않은 이 성인 학습자는 심지어 자신이 잘 모르는 분야, 통사나 발음의 미묘한 측면까지도 원어민과 똑같이 아랍어를 구사하고 있었다. 따라서 제2언어를 늦은 나이에 학습하면 '의식적으로 노력을 기울여야' 하는 것은 맞지만 그렇다고 해서 언어에 관한 결정적 시기가 완전히 끝나는 것은 아니라고 할 수도 있다. 무엇보다도 인지 발달이 진행되면서 의식적, 의도적 측면은 제2언어뿐 아니라 학습의 모든 영역에서 증가하는 경향이 있다는 데 주목해야 한다.

성인 학습자의 보편문법 접근성에 관한 다양한 관점

Box 2.13

(1) **비접근 가설(No access hypothesis)**: 보편문법은 성인의 L2 습득과는 관련이 없다. 따라서 성인 학습자들은 언어 습득을 일반적인 문제 해결 능력에 의존해야 한다.

(2) **완전 접근 가설(Full access hypothesis)**: 보편문법은 아동 및 성인 모두 직접 접근할 수 있다. L1과 L2 습득은 기본적으로 비슷한 과정이며 둘의 차이는 학습자의 요구나 인지적 성숙도에서 기인한다.

(3) **간접 접근 가설(Indirect access hypothesis)**: 보편문법은 성인의 L2 습득에 직접 관여하지는 않지만 학습자는 L1을 통해 간접적으로 접근할 수 있다. 따라서 L2 학습자는 L1 환경에서 확정된 매개변수와 그 사례에만 접근할 수 있다.

(4) **부분 접근 가설(partial access hypothesis)**: 보편문법의 일부에만 접근 가능하며 나머지는 접근 불가능하다. 이 관점은 보편문법과 그 다양한 하위 요소들을 설정하는 데서 출발한다. 보편문법의 하위 모듈 중 일부는 L2 학습자에게 접근 가능성이 더 높거나 낮다고 가정한다.

Mitchell & Myles(2004),[18] Cook(1985)[19]

아동과 성인이 질적으로 다른 언어 학습 기제를 갖고 있을 것이라는 주장은 촘스키 이론을 지지하는 학자들에 의해 특별한 방식으로 해석되어 왔다. 그들은 사춘기 이후에 제2언어를 학습하면 보편문법(Universal Grammar, UG)로부터 제공되는 생득적, 생물학적 프로그램의 도움을 받지 못한다고 하였다. 보편문법 모델에서는 언어의 핵심적인 부분은 습득되는 것이 아니라 인간 정신에 이미 내재된 것이라고 보며, 이러한 주장은 언어의 생득성에 관한 찬반 논쟁에 불을 지폈다.

성인 L2 학습자는 보편문법에서 허용되지 않은 문법은 구사하지 못하며, 사춘기 이후의 L2 학습자는 보편문법 기반의 언어학적 특질들을 L1 화자들과 동일한 방식으로 처리한다고 주장되어 왔다. 예를 들어 L2 사용자들은 구조 의존성의 원리(principle of structure-dependency)를 잘 이해하는 것으로 보인다. 즉, L2 사용자들은 L1 아동과 마찬가지로 *Is Sam is the cat that black?* 같은 문장이 틀렸다는 것을 잘 알고 있다. 하지만 L1 아동들은 이 문법 규칙 즉, 주절의 is만이 이동할 수 있다는 규칙을 배우지도 않았고 예시를 접하지도 않았다는 점에서 둘 사이에 차이가 있다.[20]

　　Robert DeKeyser는 성숙에 따른 내재적 언어 학습 기제의 변화에 대해 또 다른 접근법을 취하였다.[21] 무의식적이고 자동적으로 학습하는 암시적 학습(implicit learning)은 의식적이고 의도적인 주의 집중을 요하는 명시적 학습(explicit learning)과 대조된다. DeKeyser는 아동기와 성인기에 각각 제2언어를 시작한 집단들을 관찰하였다. 그는 성인 학습자들 가운데 아동기에 시작한 이들과 비슷한 수준의 점수를 얻은 사람들은 '언어 분석 능력(verbal analytical ability)'이 뛰어날 것이라고 주장했다. 이 언어 분석 능력은 아동의 제2언어 학습에서는 그다지 중요한 역할을 하지는 않는다. 그는 이 연구를 통해 성숙에 의한 제약은 오직 암시적 학습에 한정되므로 성인에게는 명시적 학습 방법을 적용하는 것이 바람직하다고 보았다. 다른 연구자들은 유사한 연구를 통해 이러한 차이가 초등 교육(primary-level instruction)과 중등 교육(secondary-level instruction)의 교수 방식 차이에서 비롯된 것일 수도 있다고 지적하였다. 또한 이러한 결과는 언어뿐 아니라 다른 분야의 발달에까지 영향을 미치는 전반적인 인지 능력의 변화가 반영된 것일 수도 있다고 보았다.

0	←	출생 직후 Hyltenstam & Abrahamsson(2003) 일반[24] [25] 1세 Molrese(1977)[26], Ruben(1997) 음운론[27]
	←	4세 Ruben(1997) 통사론[27]
5	←	6-8세 Diller(1981) 음성학[28] 7세 Johson & Newport(1989) (하향세 시작)[29]
10	←	Lenneberg(1967) 사춘기,[15] Seliger(1978) 음성학,[30] Johnson & Newport(1989) 일반[29] 12세 Scovel(1988);[31] Long(1990) 음운론[32]
15	←	15세 Long(1990) 형태통사론,[32] Ruben(1997) 의미론[27]

그림 2.1 결정적 시기의 종료 시점(endpoint)에 대한 연구자별 견해

이제 성장 단계 중 제2언어 학습 능력이 급격히 감소하는 지점이 존재하는지에 대해 알아보자. 지금까지 우리가 살펴본 '자연적(naturalistic)' L2 습득에 관한 연구에서는 학습 초기에는 청소년과 성인이 L2 학습에 유리할지 모르지만 장기적으로는 어릴 때 학습을 시작한 사람들이 더 높은 숙달도에 도달한다는 것을 확인할 수 있었다. 그러나 다음 절에

서 살펴볼, 초등 수준의 L2 학교 프로그램에 관한 연구에서는 사뭇 다른 결과를 보여 준다. 연구에서 제시된 증거들은, 일부 조기 교육 지지자의 단순화된 논리인 '언제 어느 상황이라도 어릴수록 좋다'는 생각이 다 들어맞지는 않는다는 것을 보여 준다. '자연적' 상황에서조차도 L2를 처음 접한 나이는 궁극적인 숙달도를 결정짓는 여러 요인 중 하나일 뿐이다. 또한 결정적 시기의 영향이라고밖에 볼 수 없는 이른바 '엘보(elbow)'형 또는 '7자형' 감소기 같은 것이 실재하는지도 의문이다. 최근에 발표된 새로운 연구와 기존 연구에 대한 재분석 결과에서는 언어 능력의 점진적 감소가 일반적인 학습 능력의 감소와 유사한 특성을 보인다고 주장한다. Ellen Bialystok이 최근 연구 결과들을 정리한 데 따르면, 나이가 들면서 숙달도가 계속해서 감소하는 경향은 성인기에도 그대로 나타나며 이것이 사춘기 무렵의 학습 잠재력의 특정한 변화를 의미하는 것은 아니다.[22] David Birdsong은 이러한 맥락에서 나이와 관련된 능력 저하는 **선형 함수**(linear function)의* 모습으로 나타난다고 했다.[23]

종합하면 제2언어 학습 능력에서 나이 관련 감소 현상은 개인마다 다르고 언어 영역마다도 다르게 나타난다. 그런데 만약 이러한 변화의 기저 원인이 인간의 발달에 필연적으로 존재하는 결정적 시기에 있다면 이 같은 결과는 예측할 수 없다는 것이다.

---

* 종속변수 y가 독립변수 x의 일차항만으로 표시되어 일직선으로 나타나는 함수를 말한다.

인간의 언어와 관련하여 결정적 시기의 끝이 언제인지를 찾는 것은 어렵다고 밝혀졌다. 대략 1세에서부터 청소년기에 걸친 것으로 추정된다(p. 285).[33]

연령에 따른 제2언어 학습 능력의 감소는 지속적, 선형적인 것으로 나타나는데 이 역시 결정적 시기의 일반적인 개념에서는 어긋난다.

마지막으로, 지금까지 결정적 시기 가설이 단일한 주장인 것처럼 다루어졌지만 이는 사실과 다르다. 이 가설과 관련하여 매우 다양한 의견이 있으며 우리가 결정적 시기 가설을 논할 때는 이러한 주장들도 모두 다루어야만 한다. 예를 들어 결정적 시기의 상쇄 또는 종결 지점이 어디냐에 대해서는 대부분 Lenneberg의 주장대로 사춘기를 주로 거론하지만 그림 2.1에서 보았듯이 실제로는 나이 효과에 대해 다양한 제안이 있어 왔다. 이러한 불확실성은 두 방향의 결과를 도출하였다.

첫째, 이는 '언어 습득의 결정적 시기'라는 개념 전체의 타당성을 저해한다. 둘째, L2 학습에서 이른(early)과 늦은(late)의 확실한 참조점이 없으므로 이 용어들의 의미 역시 정할 수 없다.

먼저 개념의 타당성에 대해 생각해 보자. 만약 언어 습득을 위한 기회의 창이* 사라지는 시점에 대한 명확한 증거가 있다면 연구자들이 그것이 존재하는 지점에 대해 동의할 수 있어야 한다.

나이와 교실 언어 학습에 대한 두 가지 관점

Box 2.14

외국어 학습/교수의 목표가 제2언어를 가장 높은 수준으로 구사하도록 하는 데 있다면 ... '어릴수록 좋다'라는 주장은 설득력이 있다. 결정적 시기 가설과 관련된 문헌에 나타난 이러한 생각은 생물학적 요인과 성숙 요인에 의해 특정 연령 이후에는 언어 학습이 제한된다는 주장에 바탕을 둔다.[34]

공식적인 언어 교실에서 학습하는 것은 환경에 몰입한 상태에서 언어를 배우는 것과 다를 수 있다. 따라서 이른 시기에 몰입(early immersion)하여 얻을 수 있는 효과를 조기 수업(early instruction)을 통해서도 얻을 수 있다고 기대해서는 안 된다(p. 81).[29]

이 문제에 대해 이렇듯 의견이 어긋나면서 언어의 결정적 시기라는 개념 자체에 대해 심각하게 의문이 제기되고 있다. 또한 기준점의 확실성에 관한 문제도 제기된다. 가령 12세가 결정적 나이(critical age)라면 4세에 언어를 배우는 것은 이른 학습(early learning)이 되고, 만약 12개월이 결정적 나이라면 4세에 배우는 것은 늦은 학습(late learning)

---

* 기회의 창(window of opportunity)이란 특정 활동이 가능한 짧은 시기, 최적의 시기를 말한다.

이 되어 버리는 것이다. 이 밖에도 결정적 시기의 가변성 문제는 단지 그것이 끝나는 시점만이 아니라, 결정적 시기가 미치는 효력의 범위와도 관련된다. 이에 대해 Eric Lenneberg는 성장에 따른 제약이 언어 전반에 영향을 미친다고 보았지만 Tom Scovel은 그것이 오직 음성학적 또는 음운론적 영역하고만 관련된다고 보았다.

제2언어 조기 교육의 효과

자연적 상황의 L2 학습자에게서 확인되는 '어릴수록 좋다'는 경향성이 공식적인 수업 환경(formal instructional setting), 즉 학교에서의 제2언어 교육에도 적용된다고 보는 생각이 널리 퍼져 있는 것 같다. 또한 공식적인 수업 환경에서 제2언어가 성공하는 데는 성숙 요인만 중요하고 다른 요인들은 중요하지 않다는 생각도 퍼져 있는 것 같다.

첫 번째 생각과 관련된 연구 결과, 공식적인 교육 환경에서 제2언어를 배운 사람들은 자연적 환경에서 언어를 습득한 사람들과 다른 양상을 보이는 것으로 나타났다. 이러한 연구에서는 성인 학습자(older starter)가 더 빨리 배운다는 사실은 확인했지만 어린 학습자와 나이 든 학습자가 같은 시간 동안 수업을 들었을 때 장기적으로 어느 쪽이 유리한지는 밝히지 못했다.[35][36]

Carmen Muñoz는 제2언어를 그저 하나의 교과목으로 다루는 전형적인 교육 환경에서는 같은 시간을 교육 받더라도 아동 학습자가 성인 학습자보다 나은 수행을 보일 거라고 장담할 수 없다고 하였다.[37][39]

Muñoz는 이러한 결과에 대해 아동은 성인보다 암시적 학습에 뛰어나며, 암시적 학습을 위해서는 방대한 양의 언어 입력이 필요하지만 전형적인 외국어 교육 환경에서는 그러한 입력을 충분히 제공할 수 없기 때문이라고 분석하였다. 반면에 성인 학습자의 경우 아동보다 명시적 학습에 뛰어난데 교실 환경은 그러한 학습 기회를 더 많이 제공한다는 것이다.

결정적 시기 가설을 지지하는 일부 SLA 연구자들은 이 가설이 제2언어 조기 교육의 근거가 된다고 망설임 없이 주장한다. 그러나 결정적 시기 가설을 옹호하는 또 다른 연구자들은 이와 다른 주장을 한다. Jacqueline Johnson과 Elissa Newport는 그들의 연구에서, 공식적으로 제2언어 '교육을 받기' 시작한 나이가 아니라 제2언어 '환경에서 살기' 시작한 나이가 중요하다고 지적하였다.[29] Robert Dekeyser도 이에 동의했는데[21] 그는 학교 중심의 L2 학습은 전형적으로 명시적 학습의 속성을 지니기 때문에 성숙에 따른 제약에 크게 영향을 받지 않는다고 보았다.

결정적 시기 가설을 지지하면서도 제2언어 조기 교육이 꼭 필요하지는 않다고 하는 사람들이 있는 것처럼, 결정적 시기 가설에는 회의적이면서도 초등 교육과정에 제2언어 교육이 도입되어야 한다고 주장하는 사람들도 있다는 점은 매우 흥미롭다. Evelyn Hatch나[40] Fred Genesee[41] 같은 연구자들은 제2언어 조기 교육에 찬성하였는데, 그들이 이러한 주장을 한 이유는 성숙에 의한 제약 때문이 아니었다. 그들은 사람들이 가능한 한 오랫동안 제2언어 환경에 노출되기를 원하는 욕구가 있다는 점과 L2 학습의 토대는 일찍 다져 놓지 않으면 나중에 소홀해질 수 있다는 점을 이유로 들었다.

　여러 논의들과 상관없이 1990년대 이래 유럽 전역, 아니 사실상 전 세계에 걸쳐 초등 교육 과정에 추가 언어 과목을 도입하는 변화가 가속화되었다(그림 2.2). 이러한 추세는 제2언어 교육은 '일찍 시작하는 것'이 다른 모든 요인들을 뛰어넘는 '만병통치약'이라고 여기는 부모들의 믿음이 정부의 정책 결정에 개입된 결과로 보인다.

그림 2.2 여러 나라에서 제2언어 교육을 시작하는 연령(2013년 기준)

　여기에서 우리는 John T. Bruer가 한 통찰력 있는 말을 기억해야 한다. 즉, 학습을 논할 때 지나치게 연령 문제에만 초점을 맞추면 '언제' 학습이 일어나는지에만 집중하게 되고 '어떤 조건에서' 학습이 일어나는지에 대해서는 간과할 수 있다는 것이다.[42]

이러한 관계에 대해 명확한 사례가 되는 아일랜드의 아일랜드어 교육에 대해 자세히 살펴보겠다. 아일랜드어는 아일랜드 초등 교육 과정의 필수 과목이다. 따라서 아일랜드 사람들은 누구나 유아기 때부터 아일랜드어를 배운다. 이러한 정책은 아일랜드 국가 수립 직후의 상황에서 비롯되었는데, 아일랜드 정부는 아일랜드어의 복원과 부흥을 통해 국가 정체성을 찾고자 하여 아일랜드어를 초등 교육 과정에 포함한 것이다.* 정확한 수치는 알 수 없지만 아일랜드 사람들 중에서 극히 일부만이 아일랜드어 원어민이기 때문에 대부분의 아일랜드 학생들에게 아일랜드어는 추가 언어인 셈이다. 한 세기 가량 진행된 아일랜드어 조기 교육 실험의 결과는 어땠을까? 한마디로 실망스러웠다. 2011년 10월 3일, Kevin Myers는 *The Irish Independent*에서 다음과 같이 언급했다.

아일랜드어 '복원' 사업은 경제, 문화 분야의 단일 프로젝트로서 우리 역사상 가장 규모가 크다. 그런데 이 사업은 단순히 크나큰 국가적 실패일 뿐만 아니라 국가적 혼란 상태를 노출시켰다. 즉, 인구 조사 양

---

* 아일랜드는 영국의 지배에서 벗어나 1939년에 아일랜드 공화국을 선포하였다. 아일랜드의 인구 350만 명 중 자국어인 아일랜드어를 사용하는 인구는 2%인 7만 5,000명에 불과하다고 한다(두산백과 https://terms.naver.com/entry.nhn?do-cId=1121651&cid=40942&categoryId=32984)

식의 사적 공개(intimate disclosure)에서부터 국가 정책의 공적 수립까지 모든 면에서 사회 전반에 걸쳐 합의된 허위를 수용한 것이 드러났다.

Kevin Meyers와 같은 비판적 입장의 기자들만이 이러한 견해를 가졌던 것은 아니다. 아일랜드 언어 위원(Language Commissioners)들도 계속해서 이러한 비판을 제기해 왔고 현 아일랜드 교육부 장관 역시 같은 생각을 표명했다.

아일랜드어 교육이 이루어진 조건이 이상적이지 않았다는 점도 인정되어야 한다. 수업에 사용된 교재, 교수법, 교사의 동기와 숙달도, 그들의 사회적 태도(societal attitudes) 등 여러 방면에 문제가 있었다. 여기서 핵심은, 아무리 조기에 언어 교육을 시작하더라도 열악한 교육 조건은 극복할 수 없다는 것이다. 아일랜드의 사례를 통해 제2언어 교육을 아무리 빨리 시작하더라도 교수 학습 환경을 최적화하려는 노력을 게을리해서는 안 된다는 교훈을 얻을 수 있다. 교수 학습의 환경이 부적합하다면 '나이' 요인으로도 그 상황을 구제할 수 없다. 그러한 교육의 결과는 별 볼 일 없거나 심지어 처참할 수도 있다.

[요약] 결정적 시기 가설

Box 2.15

- 정상적인 L1 습득은 10대 초반에 끝난다는 Eric Lenneberg의 주장을 중심으로 한다.
- '늑대 아이'나 수화에 노출되지 않은 청각 장애 아동처럼 언어가 결핍된 아이들(language-deprived children)이 10대 때 구조되어도 언어를 정상적으로 습득하지 못한다는 것이 이 가설의 근거가 된다.
- 제2언어의 결정적 시기 가설에서는 특정한 나이를 지난 L2 학습자들은 '원어민 같은(native-like)' 언어 능력은 얻을 수 없다고 본다. 따라서 학습자들이 더 많이 노력해야 하며 다른 유형의 학습 방법을 택해야 한다고 주장한다.
- 이러한 주장이 사실일 수도 있지만, L2 학습의 성취가 L1 습득과 반드시 같아야 할 이유는 없다.
- L2 습득에서 결정적 시기의 종료 시점과 영역별 언어 습득이 가능한 시기에 대해 다양한 나이대가 가정되었다.
- 많은 국가의 교육 체계에서 제2언어 교육을 더 일찍 시작하는 것이 일반적인 추세이다.

마무리

　다른 학습 영역과 마찬가지로 제2언어 학습에서도 나이는 분명히 중요한 요인이다. 여기에 더하여 제2언어 학습에는 엄밀히 말해 성숙과 관계없는 나이 요인들, 예를 들어 제2언어 환경에 진입했을 때 학습자에게 주어지는 언어 교육의 유형 같은 것도 중요하다. 이러한 주장에서는 적어도 '자연적인' 습득 상황이라면 아동기에 제2언어에 노출되는 것이 가장 좋다고 말한다.

그러나 제2언어 '수업'과 관련해서는 상황이 조금 복잡해진다. 이러한 맥락에서는 조기 교육이 학습자들에게 그다지 이득이 되지 않는다. 따라서 제2언어 조기 교육을 계획하고 있다면 나이 문제를 떠나 여러 관련 요소들을 폭넓게 고려하는 것이 현명할 것이다. 이와 관련하여 잘못된 교육적 판단이 가져오게 될 불행한 결과는 나이 요인만으로 극복할 수 없을 것이다.

일반적 사항으로서 강조하고 싶은 것은 동기 부여와 인내가 수반된다면 어떤 나이에 제2언어를 학습하든 좋은 결과를 얻을 수 있다는 점이다.

덧붙임

Box 2.16

이제 여러분은 새로운 언어를 언제 배우기 시작하는 것이 좋다고 추천하겠는가?

☐ 10세 미만 　　☐ 10-15세 　　☐ 15세 이후 　　☐ 아무 때나

학습자의 상황이나, 관련된 언어 요소에 관한 정보가 없다면 이 질문에 답하는 것이 무의미하다고 할 수도 있겠는가?

Further Reading

- 다음 두 책은 제2언어 학습의 나이 요인에 관해 매우 다른 관점을 가지고 있어 비교해 볼 만하다.

  Herschensohn, J. (2007) *Language Development and Age*. Cambridge: Cambridge University Press.

  Singleton, D. and Ryan, L. (2004) *Language Acquisition: The Age Factor*, 2nd edition. Clevedon: Multilingual Matters.

- 언어학습과 관련된 이민자의 다양한 경험에 대해서는 다음의 흥미로운 자료들을 참고할 수 있다.

  Kondo-Brown, K. (2006) *Heritage Language Development: Focus on East Asian Immigrants*. Amsterdam: John Benjamins.

- 이중언어와 다중언어 발달 요인에 대해 나이 관련 요인을 포함하여 광범위하게 살핀 연구로는 다음 자료를 참고할 수 있다.

  Auer, P. and Li Wei (eds) (2007) *Handbook of Multilingualism and Multilingual Communication*. Berlin: Mouton de Gruyter.

- 제2언어 조기 학습의 교육적 차원에 대해서는 다음 연구에서 포괄적으로 다루고 있다.

  Nikolov, M. (2009) *The Age Factor and Early Language Learning*. Berlin: Walter de Gruyter.

References

1   Tomb, J.W. (1925) On the institute capacity of children to understand spoken languages. *British Journal of Psychology* 16, 53-54.

2   Rokita, J. (2006) Comparing early L2 Lexical development in naturalistic and instructional settings. In J. Leśniewksa and E. Witalisz (eds) (2006) *Language and Identity: English and American Studies in the Age of Globalization*. Krakow: Jagiellonian University Press, 70-82.

3   Brändle, M. (1986) Language teaching for the 'young-old'. *Babel* 21 (1), 17-21.

4   Asher, J. and Garcia, R. (1969) The optimal age to learn a foreign language. *Modern Language Journal* 53 (5), 334-341.

5   Seliger, H., Krashen, S. and Ladeforged, P. (1975) Maturational constraints in the acquisition of second accent. *Language Sciences* 36, 20-22.

6   Patkowksi, M. S. (1980) The sensitive period for the acquisition of syntax in a second language. *Language Learning* 30 (2), 449-472.

7   Hultenstam, K. (1992) Non-native features of non-native speakers: On the ultimate attainment of childhood L2 learners. In R.J. Harris (ed.) (1992) *Cognitive Pressing in Bilinguals*. New York: Elsevier, 351-368.

8   Piske, T., Flege, J.E., Mackay, IRA. and Meador, D. (2002) The production of English vowels by fluent early and late Italian-English bilinguals. *Phonetica* 59 (1), 49-71.

9   Snow, C. and Hoefnagel-Högle, M. (1978) The critical period for language acquisition: Evidence from second language learning. *Child Development* 49 (4), 1114-1128.

10   Jia, G. and Aaronson, D. (1999) Age differences in second language acquisition. The dominant language switch and maintenance hypothesis. *Proceedings of the 23rd Annual Boston University Conference on Language Development*, 301-312. Sommerville MA: Cascailla.

11   Bialystok, E. (1997) The structure of age: In search of barriers to second
        language acquisition. *Second Language Research* 13 (2), 116-137.

12   Carson, L. and Extra, G. (2010) Multilingualism in Dublin: Home Language
        Use Among Primary School Children. Report on a Pilot Survey. Dublin:
        Trinity College, Centre for Language and Communication Studies.

13   Eriksson, S. (2011) Family and Migration: The Intergenreational
        Transmission of Culture, Language and Ethnic Identification in Russia-
        Speaking Families in the Republid of Ireland. PhD thesis. Trinity College
        Dublin.

14   Kouritzin, S.G. (1999) *Face(t)s of First Language Loss.* Mahwah, NJ:
        Laurence Erlbaum.

15   Lenneberg, E.H. (1967) *Biological Foundations of Language.* New York:
        Wiley.

16   Kinsella, C. (2009) An Investigation into the Proficiency of Successful Late
        Learners of French. PhD thesis. Trinity College Dublin.

17   Ioup, G. (1995) Evaluating the need for input enhancement in post-critical period
        language acquisition. In D. Singleton and Z. Lengyel (eds) (1995) *The age Factor
        in Second Language Acquisition.* Clevedon: Multilingual Matters, 95-123.

18   Mitchell, R. and Myles, F. (2004) *Second Language Learning Theories,* 2nd
        edition. London: Arnold.

19   Cook, V.J. (1985) Chomsky's Universal Grammar and second language
        learning. *Applied Linguistics* 6, 1-8.

20   Cook, V.J. (2003) The poverty-of-the-stimulus argument and structure-
        dependency in L2 users of English. *International review of Applied
        Linguistics* 41, 201-221.

21   DeKeyser, R. (2000) The robustness of critical period effects in second
        language acquisition. *Studies in Second Language Acquisition* 22 (4), 499-

533.

22   Bialystok, E. and Hakuta, K. (1999) Confounded age: Linguistic and
      Cognitive factors in age. In D. Birdsong (ed.) (1999) *Second Language
      Acquisition and the Critical Period Hypothesis.* Manhwah, NJ: Erlbaum,
      161-181.

23   Birdsong, D. (2006) Age and second language acquisition and processing: A
      selective overview. *Language Learning* 56 (1), 9-49.

24   Hyltenstam, K. and Abrahamsson, N. (2003) Maturational constraints in
      SLA. In C. Doughty and M.H. Long (eds) (2003) *The Handbook of Second
      Language Acquisition.* Malden, MA: Blackwell, 539-588.

25   Hyltenstam, K. and Abrahamsson, N. (2003) Age de l'exposition initiale et
      niveau terminal chez les locuteurs du suédois L2. *Acquisition et Interaction
      en Langue Étrangère* 18, 99-127.

26   Molfese, D. (1977) Infant cerebral asymmetry. In S.J. Segalowitz and F.A.
      Gruber (eds) (1977) *Language Development and Neurological Theory.* New
      York: Academic Press, 22-37.

27   Ruben, R.J. (1997) A time frame of critical/sensitive periods of language
      development. *Acta Otolaryngologica* 117 (2), 202-205.

28   Diller, K.C. (ed.) (1981) *Individual Differences and Universals in Language
      Learning.* Rowley, MA: Newbury House.

29   Johnson, J.S. and Newport, E.L. (1989) Critical period effects in second
      language learning: The influence of maturational state on the acquisition of
      ESL. *Cognitive Psychology* 21 (1), 60-99.

30   Seliger, H.W. (1978) Implications of a multiple critical periods hypothesis
      for second language learning. In W.C. Ritchie (ed.) (1978) *SLA Research:
      Issues and Implications.* New York: Academic Press, 11-19.

31   Scovel, T. (1988) *A Time to Speak: A Psycholinguistic Inquiry into the*

Critical Period for Human Language. Rowley, MA: Newbury House.

32   Long, M.H. (1990) Maturational constraints on language development.
      Studies in Second Language Acquisition 12 (3), 251-285.

33   Aram, D., Bates, E., Eisele, J., Fenson, J., Nass, R., Thal, D. and Trauner,
      D. (1997) From first words to grammar in children with forcal brain injury.
      Development Neuropsychology 13 (3), 275-343.

34   Spada, N. (2004) Imterview. *ReVEL - Revista Virtual de Estudos de
      Linguagem* 2 (2). http://planeta.terra.com.br/educacao/revel/edicoes/
      num_2/interview_l2.htm.

35   Singleton, D. and Muñoz, C. (2011) Around and beyond the Critical Period
      Hyphothesis. In E. Hinkel (ed.) (2011) *Handbook of Research in Second
      Language Teaching and Learning: Volume II,* 407-425. London: Routledge.

36   Muñoz, C. and Singleton, D. (2011) A Critical review of age-related research
      of L2 ultimate attainment: State of the Art article. *Language Teaching* 44 (1),
      1-35.

37   Muñoz, C. (2006) The effects of age on foreign language learning: The BAF
      Project. In C. Muñoz (ed.) (2006) *Age and the Rate of Foreign Language
      Learning.* Clevedon: Multilingual Matters, 1-40.

38   Muñoz, C. (2008a) Symmetries and asymmetries of age effects in
      naturalistic and instructed L2. *Applied Linguistics* 24 (4), 578-596.

39   Muñoz, C. (2008b) Age-related differences in foreign language learning.
      Revisiting the empirical evidence. *International Review of Applied
      Linguistics in Language Teaching* 46 (3), 197-220.

40   Hatch, E. (1983) *Psycholinguistics: A Second Language Perspective.* Rowley,
      MA: Newbury House.

41   Genesee, F. (1978) Is there an optimal age for starting second language
      instruction? *McGill Journal of Education* 13, 145-154.

42   Bruner, J.T. (1999) *The Myth of The First Three Years: A New Understanding of Early Brain Development and Lifelong Learning.* New York: Free Press.

3. 제2언어의 어휘는 어떻게 습득되는가?

_ David Singleton

[시작하기] 단어란 무엇인가?

Box 3.1

단어란 그저 '공백 없이 이어진 글자의 연속체'인가(Hurford)?[1] 혹시 더 나은 정의가 있는가?

언어에서 단어는 얼마나 중요한가?

만약 여러분이 *bug*라는 단어를 안다면, 그 단어에 대해 무엇을 아는 것인가?

단어, 그리고 그 이상

언어에서 단어는 분명히 중요한 요소이다. 그래서인지 단어 개념이 언어 개념과 강하게 연관되어 있는 경우가 많다. 어떤 언어에서는 단어(word)를 지칭하는 용어 자체가 말(speech) 또는 대화(talk)라는 뜻을 갖기도 한다. 이런 맥락에서 영어의 *to have a word with someone*

이라는 표현은 누군가와 대화를 한다는 뜻이지 그저 한 단어를 내뱉는다는 의미가 아니다. 또한 단어에 대한 인식은 **읽고 쓸 줄 아는 사회나 개인**에게만[*] 있는 것은 아니다. Edward Sapir가 1920년대에 미국 원주민 언어에 대한 현장 연구를 진행할 때, 그가 만난 원주민들은 문맹이었기에 글이라는 개념에는 익숙하지 않았지만 그의 말을 한 단어씩 듣고 받아쓰는 데는 전혀 문제가 없었다고 한다. 또한 원주민들이 특정 단어를 따로 떼어 내어 그것을 단위로 삼아 반복 사용하는 능력을 갖고 있다는 것도 확인하였다.[2] 또한 Eve Clark와 Elaine Andersen은 아이들이 아주 일찍부터 단어를 인식한다는 것을 알아냈다. 이 연구에서는 아이들이 문장 구조의 오류를 수정하는 능력보다 단어 오류를 수정하는 능력을 먼저 갖춘다는 것을 확인하였다.[4]

단어(word), 말(speech)/대화(talk)를 동시에 지칭하는 단어들

Box 3.2

| 중국어 *yàn* | 이탈리아어 *parola* | 일본어 *kotoba* | 터키어 *laf* |
| 프랑스어 *parole* | 스페인어 *palabra* | 현대 그리스어 *léxi* | |

'단어' 개념은 중요하지만 정의를 내리기는 결코 쉽지 않다. 단어는 특별하게 인식되는 소리 양식(sound-shapes)이나 기록 형태(writ-

---

[*] literate society and individuals의 번역이다. 문자가 존재하는 사회와 문식력 있는 개인을 뜻한다.

ten forms)라고 여겨지기도 하는데, 예를 들어 '셰익스피어는 60,000
개의 단어를 알고 있다'에 쓰인 '단어'가 그런 의미이다. 또한 단어는
이러한 형태들이 개별적으로 출현한 것을 뜻하기도 한다. '셰익스피어
가 쓴 『햄릿』은 33,500개 단어 규모이다'에 사용된 '단어'가 그러한 의
미이다. 단어는 엄격하게 형식적인 관점에서 생각할 수도 있고 그보다
추상적인 관점에서 살펴볼 수도 있다. 또는 철자법, 음운론, 의미론, 문
법론과 같이 서로 다른 언어학적 차원에서 특징지어질 수도 있다. 그런
데 언어에서 단어가 속한 영역—일반적으로 어휘집(lexicon)이라 일컬
어지는 것—을 규정하는 것은 훨씬 더 어렵다. 모든 실용 사전의 표제
어 아래에는 형태와 의미 정보 외의 것도 함께 제공된다. Box 3.3에는
단어 *kettle*의 사전 수록 정보가 요약되어 있다. 먼저 *kettle*은 명사이므
로 'n.(noun)'으로 표시되어 있으며 발음 정보도 /ket(ə)l/로 기재되어
있다. 그뿐 아니라 다른 많은 단어들처럼 사용 지역에 관한 정보—예를
들면 *solicitor*는 영국 영어에서는 변호사의 한 종류(사무변호사)를 가리
키지만 미국 영어에서는 잡상인을 뜻하는 것처럼—도 포함되어 있다.
문체(stylistic) 정보도 있는데, *kettle*의 여러 의미 중 '범죄자(criminal)'
에는 속어(slang)라고 표시되어 있다. 이와 같이 우리가 어떤 언어의 어
휘집을 머릿속에 떠올릴 수 있을 때 이를 심성 어휘집(mental lexicon)
이라고 한다. 그리고 심성 어휘집에는 단어의 형태와 의미를 단순히 저
장한 것 이상이 들어 있다. 그렇게 생각하는 이유는 한 단어의 사용은
주어진 환경에서 우리가 쓰고 있는 언어의 광범위한 측면을 고려해야

가능하기 때문이다.

사전의 어휘 항목 예시(Oxford English Dictionary에서 요약)[3]

Box 3.3

kettle, n.
발음: /ket(ə)l/
어원: 공통 게르만어, 고대 영어의 cẹtel
1.
    a. A vessel, commonly of metal, for boiling water or other liquids over a fire; a pot or caldron ...; now *esp.* a covered metal vessel with a spout, used to boil water for domestic purposes, a tea-kettle n.
    b. A bowl- or saucer-shaped vessel in which operations are carried out on low-melting metals, glass, plastic, etc., in the liquid state ...

이처럼 단어 개념이 중요하기는 하지만 어휘집의 항목들 중 일부는 동사-전치사 결합형인 look up/look out/look in/look out for/look up to 등으로 이루어져서 단어 차원을 넘기도 한다. 따라서 심성 어휘집의 내용은 학술적으로는 '어휘 항목(lexical items)' 또는 '어휘 표제항(lexical entries)'이라고 불리며 이는 '단어'와 완전히 같은 것은 아니다.

'단어를 안다'는 것은 무엇을 의미하는가?

Box 3.4

단어를 안다는 것은 그 소리나 생김새를 안다는 것일까? 혹은 그 단어의 사전적 정의를 말할 수 있어야 하는 것일까? 연구에 의하면 … 정답이 아니다. 단어의 소리와 생김새를 알고 사전적 정의를 아는 것은 그 단어를 사용할 줄 아는 것 …. 혹은 다양한 맥락에서 그 단어를 듣거나 보고 이해할 수 있는 것과는 별개의 이야기다.

Lehr, Osborn and Hiebert(2004)[5]

언어 사용자는 단어의 발음을 알아야 하고, 글을 읽고 쓰는 상황에서라면 단어가 글로 쓰인 형태도 알아야 한다. 그러나 이것만으로는 부족하다. 단어가 전할 수 있거나 혹은 전할 수 없는 다양한 종류의 의미들, 그 단어가 다른 단어와 어떻게 관련되어 있으며 어떻게 조합되어 쓰이는지, 다양한 맥락에서 그 단어를 사용했을 때 어떤 효과가 생기는지, 사용의 범위(국제-국내-지방-지역-개인), 단어의 수준(교양 있는-일반적인-교양 없는), 그리고 그 단어의 전형적인 사용역(격식적-비격식적-사적) 등도 알아야 한다. 따라서 어떤 단어 지식을 면밀히 살필 때는 더 광범위한 문제들까지 함께 고려해야 한다.

*bug*라는 평범한 단어를 떠올려 보자. 우리가 이 단어에 좀 더 집중하면 이 단어가 여러 차원의 특성을 지녔다는 것을 쉽게 알 수 있다.

- 동사와 명사로 모두 사용된다. *a bug/to bug*
- 'insect'라는 의미뿐 아니라 비유적 확장을 통해 다양한 의미를 지닌다. '귀찮게 하다'(*She really bugs me*), '전염병'(*Jane is down with a stomach bug*), '오류'(*This software is full of bugs*). '열렬한 관심'(*My son really has the golf bug*), '도청 마이크'(*The journalist had planted a bug in his telephone*)
- 빈번히 사용되는 표현의 한 부분으로 쓰인다. *litter bug, snug a bug in a rug*
- 의미 중 일부는 격식적 맥락보다 비격식적인 맥락에 더 적절하다. *you're bugging me*
- 특정 지역에서만 통용되는 의미도 있다. 미국과 캐나다의 *fire-bug*

이렇듯 심성 어휘집은 머릿속에 단순히 나열된 단어 목록 이상이기에 흥미롭다. 연구에 따르면 사람들이 일반 사전을* 다소 보수적인 방식으로 이용한다고 한다. 즉 사전 항목에 담긴 문법이나 문체와 관련된 풍부한 정보들은 무시하고, 철자나 의미를 파악하는 정도로만 사용한다는 것이다. 그러나 심성 어휘집이라면 우리는 그 안에 담긴 모든 정보에 접근하고 사용할 수 있어야 한다. 생활 속에서 접하는 언어 소통에서 그 내용을 정확히 이해하고 적절히 반응하기 위해서는 많은 지식이 필수적이기 때문이다. 이렇듯 어휘 지식과 그 사용 절차에 관해

---

* 원문에는 '책꽂이에 꽂힌 사전'으로 표현되어 있으며 이는 종이로 된 문서 형식의 사전을 뜻한다.

풍부하고 복잡한 체계를 갖추는 일은 모어에서든 제2언어에서든 분명히 어려운 일이다. 그러면 지금부터 그 습득 과정에 대해 알아보자.

단어와 개념

Box 3.5

마음속에서 개념과 단어를 분리할 수 있는가? 단어 없이 떠오르는 개념이 있는가? 아니면 반대로 개념이 없는 단어가 있는가?

'책상'이나 '움직임'과 같은 개념은 인류 전체에 공통된 것인가? 만약 그렇다면 이는 그들의 심리가 작동하는 방법 때문이거나 주변 세상에 대한 공통된 경험이 있기 때문인가?

[요약]

Box 3.6

- 단어는 사람들 마음속에 존재하는 거대한 심성 어휘집의 어휘 항목들(lexical entries)들을 이룬다.
- 어휘 항목은 각 단어의 다양한 측면, 즉, 발음, 철자, 문법적 용법, 지시적 의미, 문맥적 의미, 그리고 사용의 적절성 같은 것들을 포함한다.

유아기 어휘 습득의 어려움

촘스키는 유아기의 어휘 습득 속도가 너무 빠르고 정확하다는 것을 근거로 인간은 모두 어떤 개념들을 미리 가지고 태어나고 거기에 이름만 붙이면 되는 것이라고 주장했다. 그는 '... 이러한 개념들은 이미 이용 가능한 상태에 있고 ... 아이들이 할 일은 개념에 이름을 할당하는 것이다(p. 61)'[6]라고 하였다. 하지만 이런 관점에는 몇 가지 오류가 있는데 가장 주된 오류는 이것이다. 아이들은 서로 다른 언어와 문화에서 그들이 사용하는 각 단어의 개념들을 매우 빠르고 확산적인 방식으로 형성해 나간다. 따라서 어휘 발달을 보편적 개념에 이름을 할당하는 것으로 이해한다면 이는 기껏해야 단순화(simplification)에 지나지 않게 된다. 또 다른 비판은 어린 아이들의 단어 습득은 촘스키가 암시한 만큼 빠르지도 쉽지도 않다는 것이다. 실상 아이들은 힘겹게 단어를 습득하며 초기에는 어휘 습득이 눈에 띄게 부진하다.

아이는 단어의 관습적인 뜻을 익히기까지 수많은 난관을 거친다. 그들이 초기에 파악하는 단어의 의미는 모호하고 유동적일 수 있으며, 성인의 의미 사용과 비교할 때 의미 확대(over-extended) 또는 의미 축소(under-extended)가 일어나기도 한다. 예를 들어 어떤 아이는 *pussy-cat*(야옹이)이라는 단어를 모든 종의 동물을 지칭하는 데 쓰기도 하고(의미 확대), 또 어떤 아이는 자기 고양이만 *pussy-cat*이고 옆집 고양이는 *pussy-cat*이 아니라고 생각하기도 한다(의미 축소). 그러다가 아이들이 일단 30개 정도의 어휘 항목을 내재화하면 16개월경부터 전형적으로 '어휘 폭발기(vocabulary explosion)'를 경험하며 그때부터 어휘 습득 속도가 빨라지는 경향을 보인다(Box 3.7). 이 시기에는 특히 사물(object)에 이름을 붙이는 현상이 많은데 이에 대해 몇몇 연구에서는 다른 것보다 이미지로 떠올리기 쉽기 때문일 것이라고 주장하였다. 이후 오랜 기간에 걸쳐 아동의 어휘 지식에 수정과 재구조화, 통합이 일어나는데 이러한 변화는 취학 전에 이미 시작되지만 어떤 부분들은 학교 교육을 통해서도 계속되는 것으로 관찰된다.

미국의 영어 화자 아동이 배우는 단어의 순서

Box 3.7

개월 수　단어

12	daddy, mommy
13	bye
14	dog, hi
15	baby, ball, no
16	banana, eye, nose, bottle, juice, bird, duck, cookie, woof, moo, ouch, baabaaa, night, book, balloon, boat
17	cracker, apple, cheese, ear, keys, bath, peekaboo, vroom, up, down
18	grandma, grandpa, sock, hat, truck, boat, thank you, cat

　　　　* '개월 수'는 아동의 50%가 해당 단어를 말할 수 있는 시기를 나타냄.

"아동의 첫 50개 단어는 '사람, 음식, 신체 부위, 의복, 동물, 교통수단, 장난감, 살림살이, 일상 등과 활동 및 상태' 등 매우 적은 범주에 속하는 것들이다."

Clark(2009, p.76)[7]

어휘 숙달이 생득적이냐는 문제와 별개로 성인과 아동이 의사소통하는 방식이 아동의 어휘 습득을 촉진할 수도 있다. 그 중 하나는 아동-성인 간 대화가 주로 '여기-지금(here and now)' 즉, 대화 현장의 사물, 사람, 사건 등에 초점을 맞춘다는 점이다. 실제로 어린 아이들이 습득하는 초기 어휘들은 대부분 일상적인 환경이나 행동에 관련된 것이다. Box 3.7에서 볼 수 있듯이 아이들은 '바나나'나 '할머니'에 대해 말하지 '소득세'나 '가지(aubergine)'에 대해 이야기하지는 않는다. 또 다른 특징은 성인이 아동과 대화할 때 사물 지시적 정의(ostensive definition)를 시도한다는 점이다. 즉, 성인이 아이에게 단어 뜻을 알려 줄 때는 그 단어와 관련된 사물이나 행동을 직접 가리키며 정의한다. 아동 대상 의사소통(child-directed communication)에 나타나는 이러한 방식은 기본적으로 아동의 이해를 도우려는 데서 비롯된다. "저것 좀 봐. 하마야!" 같은 말에서 볼 수 있듯이 양육자는 사물 지시를 통해 '보이지 않는 교육'을 하고 있는 셈이다.

지금까지 언급한 특성들은 수화를 사용하는 농문화(deaf culture)를 포함하여 세계 여러 문화권의 성인-아동 간 대화에 보편적으로 나타난다. 하지만 모든 문화가 다 똑같지는 않다. 예를 들어 잉글랜드의 중산층 부모 중 일부는 아기 말(babytalk)처럼 단순화된 언어로 자녀들과 대화하는 것을 거부하기도 했다. Noam Chomsky나[6] Stephen Pinker[8] 같은 연구자들은 앞서 언급한 조건들이 모든 아이들에게 똑같이 주어지지

---

* aubergine은 eggplant와 같은 말이다.

는 않기 때문에 이것이 언어 발달에 절대적으로 필요한 요소라고 보기는 어렵다고 주장해 왔다. 물론 아동 대상 발화의 '여기-지금' 중심성이나 사물 지시적 정의가 어휘 발달에 필수 조건은 아닐 수 있다. 하지만 이런 조건이 어휘 발달을 촉진한다는 데 대해서는 이견이 거의 없다.

일정한 수의 단어가 일단 습득되면 아동은 새롭게 접하는 단어 형태를 그것의 실체(entities)와 속성(attributes), 그리고 적용되는 과정과 연관시킨다. 그뿐 아니라 이미 내재화된 단어 중에서 새 항목과 형태적으로 유사한 것들을 떠올리면서 의미적으로 연관 지으려고 시도한다. 이런 현상은 우리집 아이들 중 하나의 초기 어휘 습득에서도 관찰되었다. 아이에게 읽어 주던 그림책에서 *porcupine*(고슴도치)이라는 단어가 처음 나오자 아이는 자기가 알고 있던 단어인 *prick*(찌르다)과 *porcupine*의 앞부분을 그럴싸하게 연결시켜서(비록 잘못된 연결이긴 했지만) *prickypine*으로 인식했다. 그리고 한동안 그렇게 사용했었다.

그러면 모어의 어휘 발달은 제2언어의 어휘 발달과 어떻게 관련될까? 모어 학습자와 L2 학습자는 최소한 두 가지 면에서 중요한 차이를 가진다. 우선 L2 학습자들은 인지적 관점에서 발달이 더 진행되어 있다. 게다가 L2 학습자는 이미 언어 습득 과정을 경험한 상태이다. L2 학습자는 모어 발달에 나타나는 쿠잉(cooing)이나 옹알이(babbling) 단계를 다시 겪을 리 없으며,** 그들의 제2언어 발화는 대부분 처음부터 의

** 쿠잉(cooing)은 구잉(gooing)이라고도 불리며 초기 옹알이(생후 2-3개월)에 해당된다. 비둘기 소리와 비슷하다고 하여 이러한 이름이 붙여졌다. 옹알이(babbling)

미 있는 요소들의 조합으로 이루어진다. 또한 L2 학습자는 이미 어느 정도는 단어가 '이름 붙이기' 기능을 한다는 것과 단어들이 서로 연관되는 방식에 대해서도 잘 알고 있다.

유아기의 어휘 발달이 타고난 개념(innate concepts)에 의존한다고 주장한 일부 이론가들에 대해 이야기한 바 있다. 그런데 그러한 선천적 개념이 만약 실재한다고 해도 특정한 나이가 지난 L2 학습자도 그 개념에 접근할 수 있는지 여부는 아직 밝혀지지 않았다. 앞 장의 주제2에서 나이 요인과 관련된 내용을 다룰 때 언어 습득의 생득성을 주장하는 이른바 결정적 시기 가설의 지지자들은 이러한 생물학적 자질과 기제가 아동기 이후의 L2 학습자들에게는 허용되지 않는다고 주장한 내용도 살펴보았다. 아동 대상 대화가 아동의 언어 습득을 돕는다는 사실은 잘 알려져 있다. 그런데 L2 학습자들도 목표어 원어민으로부터 이와 유사한 방식으로 도움을 받는다.

지금까지 많은 연구에서 '외국인 말(foreigner talk)' 혹은 '외국인 말투(foreigner register)'를 관찰해 왔다. 그 결과 이 말투는 원어민끼리의 대화보다 더 제한된 어휘를 사용하며 사물 지시적 몸짓(ostensive gestures)이나 다양한 방식의 정의를 포함한다고 밝혀졌다. 이와 유사한 방식의 입력 조정(input tuning)은 제2언어 수업의 '교사말(teacher talk)'에서도 찾을 수 있다. 어휘를 단순화하거나 '맞아요',

---

은 유아가 단어와 문장을 말하기 직전까지 내는 소리로, 다양한 음절을 반복하여 내는 소리이다. 한국에서는 이 두 개념을 모두 '옹알이'라고 지칭한다.

'아!', '괜찮아요' 등을 빈번하게 사용하는 것이 바로 교사 말의 전형적
인 특징이다.

외국인 말(foreigner talk)의 특징

Box 3.8

고빈도 어휘
- 속어를 덜 사용함.
- 관용어 사용이 매우 적음.

대명사 사용이 적음.

정의하는 방식
- 명시적으로 표현함. 예) 이것은 ~을 뜻해요.
- 의미 특질 정보를 제공함. 예) 성당(cathedral)은 교회를 뜻해요. 아주 높은 천장
  이 있어요.
- 맥락 정보를 제공함. 예) 공장에 일하러 가면, 급여 수준(wage scale)에 대해 말해요.
- 몸짓이나 그림으로 설명함.

Gass and Selinker(2008, p. 306)[10]

L2 학습자가 모어의 어휘 지식을 자유롭게 사용할 수 있다는 것
은 그들이 어휘 항목들 간의 의미를 연결할 수도 있고 나아가 제2언어
와 모어 단어들 사이로 연결 범위를 확장할 수도 있다는 것을 뜻한다.
L2 학습자는 자신의 모어와 제2언어가 완전히 서로 다른 경우라도 이러
한 연결을 시도한다. 예를 들어 영어를 배우는 히브리어 화자들은 두 언
어가 전혀 관련 없지만 Box 3.9처럼 히브리어의 단어들과 영어의 단어들
을 연결 지으려 한다. 이런 과정에서 학습자들은 목표어 원어민들이 언어

라고 인식하지 못하는 형태까지 만들어 낸다. 예를 들어 프랑스어를 배우는 영어 화자가 프랑스어 *actif, impulsif, intensif*와 영어 *active, impulsive, intensive*가 형태, 의미 면에서 대응을 이루는 것을 보고 일종의 '전환 규칙'이 존재한다고 생각할 수 있다. 이후에 이 학습자는 영어 *expensive*를 프랑스어로 말해야 할 때 이 전환 규칙을 적용하여, 프랑스어에는 존재하지 않는 ❖*expensif*라는 형태를 만들어 낼 가능성이 높다.[13]

연상 연결(mnemonic connection)의 예[12]

Box 3.9

L2 목표:	히브리어	*hardama* '마취'
		↓
L1 연상:	프랑스어	*dormir* '자다'
L2 목표:	히브리어	*mudaut* '의식'
		↓
L3 연상:	영어	*awareness via beware of the moody wolf (!)*[*]
L2 목표:	히브리어	*tipel* '돌보았다'
		↓
L2 연상:	히브리어	*tipax* '키우다'

언어 습득 과제를 처음 직면하는 유아들에 비해 L2 학습자는 확실히 더 진전된 단계에서 의미 탐색을 시작한다. 제2언어 사용에 필요한 여러 의미들과 의미의 계층 구조는 이미 모어 맥락에서 내재화되었을 것이며, 제2언어에서는 이를 최소한으로 조정하여 재사용할 것이다.

---

[*] mudaut의 발음과, awareness via beware of the moody wolf의 발음과 의미를 연상시킴으로써 mudaut와 awareness의 의미를 연결한 것으로 보인다.

한편 두 언어 공동체 사이에 '문화적 공통 부분(cultural overlap)'이 아무리 많아도 서로 대응하지 않는 의미 영역이나 항목은 있기 마련이다. 그래서 어떤 경우에는 L2 학습자로서 접하는 개념이 자기 모어에는 단어로 존재하지 않을 수도 있다. 더 많은 경우에는 제2언어와 모어의 의미가 서로 다르게 구조화되고 분포하기도 한다. 상황이 이렇다 보니 제2언어 발달에서도 모어에서처럼 어휘적 유동성, 의미 확대와 의미 축소 등의 현상이 일어난다. 다만 제2언어의 경우에는 새로운 단어의 의미를 파악하는 과정에서 단어 자체나 관련 단어들, 그리고 연관된 개념 영역에 대해 L2 학습자가 가진 경험을 가지고 의미를 제한하거나 조정하는 것이 특징이다.

L2 학습에서도 모어와 마찬가지로 이미지가 쉽게 떠오르는 단어들이 머릿속으로 생각만 할 수 있는 단어들보다 배우기 쉽다. '일반화하다(generalise)'보다 '말(horse)'이 쉬운 것이 그 예다. 1990년도에 Nick Ellis는 제2언어 어휘 연구의 많은 결과들을 이런 관점에서 해석

했으며,[14] Brian Tomlinson은 제2언어 어휘 학습에서 시각화(visualisation)의 중요성에 대해 논하였다.[15] Tomlinson은 그의 연구를 통해 시각화에 능한 제2언어 독자들이 그렇지 않은 이들보다 개별 어휘를 포함한 텍스트 내용을 더 많이 기억한다는 것을 밝혔다.

새 단어 학습

Box 3.11

*Italian Now*라는 초급 교재에 나온 다음 단어 10개를 기억해 보자.[16]

antipatico	'dissagreeable',	fermasi	'to stop'
pigro	'lazy',	anello	'ring',
ogni	'every',	faccia	'face',
bancarella	'stall',	pesante	'tiresome',
aprirsi	'to open',	scontrino	'receipt'

여러분은 이 단어들을 어떻게 익혔는가? 단어의 유형에 따라 방법이 달랐는가?

[요약]

Box 3.12

- L1 아동의 어휘 발달 중 일부는 부모나 주변 환경과의 특별한 상호작용이 가져온 결과이며, 일부는 타고난 정신적 기질이 가져온 결과이다.
- L2 학습자들도 특화된 언어(외국인 말)를 접하게 되며, 구체적인 의미를 지닌 단어를 더 빨리 습득한다.
- 여기에 더하여 L2 학습자는 L1과 L2 단어 사이의 연결을 만들어 낼 수도 있다.

한번에 한 단어씩 배우기

제2언어 연구자들은 다음 두 가지 관점에서 대립되는 인상을 준다. 첫 번째는 L2 학습자가 개별 어휘 표현을 암기하는 데 중점을 두어야 한다는 이른바 '독립적 접근(atomistic approach)'이며, 다른 하나는 새 어휘는 의도적인 암기를 통해서가 아니라 목표어 대화나 읽기 지문 등 문맥을 통해 습득(pick up)되어야 한다는 이른바 '우연적(incidentally)' 학습을 지지하는 관점이다. 그러나 사실 제2언어를 배우거나 가르쳐 본 사람이라면 맥락 중심의 학습과 독립적 학습이 모두 중요하다는 것을 잘 알 것이다. 연구자들 사이에도 이에 대해서는 대체로 합의가 이루어져 있다.

암기 학습(Rote-learning)

Box 3.13

... 학습 초기에는 암기를 통해 많은 어휘를 빠르고 효율적으로 익힐 수 있다. ... 이 방식은 그다지 좋은 평가를 받지 못한다. 하지만 이런 능력을 과소평가하는 것은 위험할 수도 있다.

Carter(1998, p.193)[17]

'차'가 무엇일까?(What's a car?)

Box 3.14

… 아이에게는 이미 '차'에 대한 원초적(primitive) 개념이 있고 그 개념이 가족의 차나 장난감 자동차, 또는 길거리의 자동차를 본 경험과 연결되었을 수도 있다. 어느 순간 아이는 아빠가 "차에 타고 싶니?"라고 말하는 것을 듣고 그것이 자기가 갖고 있는 개념을 가리킨다고 생각할 수 있다. '차'라는 단어를 특별히 배우지 않았지만 말이다.

Nelson(1981, p.150)[18]

　　교실에서 외국어를 배웠다면 암기 학습(rote-learning)으로 어휘를 익힌 사람이 많을 것이다. 학생들은 암기해야 할 단어 목록을 부여받고 모어의 대응 표현과 함께 단어들을 외웠다. 그리고 그 다음 시간에는 자신이 공부한 내용을 확인받는 시험을 보았다. 이러한 접근법에 대해, 이론적으로도 의심스럽고 교육학적 관점에서도 나쁜 관행이라는 비판이 있어 왔다. 하지만 어휘 학습에서 어떤 형태를 반복하는 것은 분명히 정상적이고 자연스러운 부분이다. 사람들이 어떤 언어에서든 어휘를 새로 접하면 속으로 되뇌면서 그 단어를 연습하는 과정을 거친다는 증거가 있기 때문이다(p. 151).[19] 다시 말하면 사람들은 소리를 내든 내지 않든 어휘를 스스로 반복하는 경향이 있다. 좀 더 일반적으

로, 언어 기억에* 관한 연구에서는 이러한 연습 기간이 길어질수록 암기한 항목을 더 잘 떠올릴 수 있으며, 외운 항목을 확장시켜 처리함으로써 관련된 기억 부호를** 더 오래 유지한다는 것을 밝혔다. Nick Ellis는 특히 제2언어 어휘 학습에서 반복(repetition)이 학습 효과를 크게 높인다는 것을 발견하였다.[20][21]

L2 학습자가 새로 접한 단어가 기존에 알고 있던 단어와 유사할 때 그들이 새 단어를 기존 단어의 형태, 의미와 어떻게 연결짓는가에 대해서는 앞서 살펴보았다. 그리고 이러한 연결은 새 어휘를 습득하는 과정에서 자연스러운 부분이라 하였다. 또 다른 방법은 학습자가 새 단어를 모어 혹은 다른 외국어에서 기존에 알고 있던 단어와 의도적으로 연결시켜서 기억을 오래 유지하려고 하는 노력이다. 이러한 방법을 '기억(mnemonic) 전략'이라고 하는데, 우리 일상생활의 모든 영역에서 이러한 현상을 볼 수 있다. 예를 들어 신용카드의 비밀번호가 4079(실제로는 아니지만!)라면 이를 기억하기 위해 내 연구실 번호(4079호)와 그것을 연결시키는 것처럼 말이다.

또 다른 기억 전략은 이른바 '키워드 기법(Keyword Technique)'

---

* 언어 기억(verbal memory): 인지심리학의 용어로 단어와 추상적 개념에 대한 기억을 말한다. 이와 달리 비언어적 기억(non-verbal memory)은 말로 되어 있지 않은 정보, 예를 들면 소리, 냄새, 이미지 등과 관련된 기억을 복구, 저장, 부호화하는 능력을 말한다.

** 기억 부호(memory codes): 정신적 표상을 함으로써 기억 속에 대상, 사건, 소리와 같은 여러 정보를 저장하는 것을 말한다.

인데 학습자가 이미 알고 있는 단어와 새 단어를 연결하여 정신적 이미지(mental image)를 구축하는 방법이다. 이는 언어를 기억하는 데 이미지나 시각화가 효과적이라고 했던 이전 언급과 비교할 수 있다. Paul Nation은 인도네시아인 영어 학습자가 영어 단어 *parrot*의 학습을 시도한 방법을 키워드 기법의 예로 들었다.[22]

> 먼저 학습자는 인도네시아어 단어 중 앵무새 *parrot*과 소리가 비슷하거나 형태의 일부가 비슷한 단어를 생각한다. 예를 들어 인도네시아어에서 *parit*은 '도랑'을 뜻하는데, 이 단어가 키워드가 된다. 다음은 학습자가 앵무새가 도랑에 누워 있는 것(a parrot lying in a ditch)을 떠올린다! 이때 떠올리는 이미지는 인상이 강하거나 특이할수록 효과적이다(p. 166).[22]

정말 이상하게 들리지만 이 방법은 실제로 효과가 있다고 한다. 이 기법이 많은 사람들에게, 다양한 어휘 항목에 걸쳐 효과가 있다는 것이 연구자들 사이에서 공감을 얻고 있으며[23][24] 다양한 유형의 검사에서 좋은 성적을 거두고 있다.

개별적인 단어에 집중하는 이러한 방식에 대해 '자연스럽지' 못하다는 비판이 있을 수 있다. 단어를 문맥과 떼어서 다루는 것은 생태적 근거가 없다(ecologically invalid)는 것이 그 이유이다. 또한 이 방법은 학습자들이 단어를 담화나 텍스트와 연관 지어 다룰 기회를 주지 않는다는 점에서도 지적을 받는다. 그러나 앞서 살핀 것처럼 많은 문화에서 양육자는 아이들과 대화할 때 사물 지시적 정의를 제공하며 언어 학습자는 새로운 개별 어휘 항목들을 반복 연습한다. 이는 언어 학습에서 자연스러운 현상이며, 그러한 방법들은 실제로 도움이 된다. 독립적 학습이 새로운 어휘를 기억하는 데 유용하다는 점을 감안할 때, 위와 같은 비판은 '오로지 독립적 기법만으로' 어휘 수업을 하는 경우로 국한되어야 할 것이다.

이미지 떠올리기

Box 3.15

앞에서 제시된 10개의 이탈리아 단어들을 다시 살펴보자. 그리고 각 단어들에 대해 Nation의 제안대로 이미지를 떠올릴 수 있는지 확인해 보자.
이미지를 떠올리기 쉬웠는가?
대화에 사용되는 어휘에도 이런 방식을 쓰는 것이 도움이 된다고 생각하는가?

[요약]

Box 3.16

- 연구자들은 어휘 습득의 방법을 단어 대 단어로 배우는 독립적 방식과 맥락을 통해 학습하는 방식으로 양분하기도 한다.
- 어휘 학습 방법 중 하나는 단어를 귀로 익히는 암기 학습(rote-learning)이다.
- 다른 하나는 단어와 정신적, 언어적 연관성을 만들면서 외우는 기억 전략(nemonic strategies)이다.

맥락 속의 단어

Box 3.17

밑줄 친 단어의 의미를 문맥으로 파악해 보자.

(답은 Box 3.21에)

- Imported Zebra mussels clog Northeastern waterways, the Korean hantavirus invades Baltimore, and Asian mudfish waddle down Florida's roads.
- The year started with the unexpected collapse of a wichert cottage in Harwell.
- Stepovers are often planted at the front of a border to form an attractive low edging.
- Sages ... come from the holy fire, perne in a gyre, and be the singing masters of my soul.
- It was peels at 8-to-8 in 10th head as the skip stepped up to the crampit to deliver his iron.

여러분도 외국어 단어들을 이런 방법으로 학습하는가?

맥락에서 단어 배우기

단어 학습은 한 항목씩 진행되지 않는다. 또한 의식적으로 암기를 해야만 하는 것도 절대 아니다. 단어는 '학습을 위해서가 아니라 언어를 사용하기 위해 주의를 집중하면서 그 단어에 노출될 때' 학습된다(p. 116).[25] 그리고 이러한 학습은 맥락이 있기 때문에 가능하다. 연구에 따르면 학습자들은 제2언어의 낯선 단어를 다룰 때 문맥을 매우 능

숙하게 활용한다고 한다. 또한 어휘를 처리하는 모든 차원에서 맥락이
중요하게 작용한다는 것도 밝혀졌다. 그런데 쟁점은, 맥락을 통해 알아
낸 단어의 의미와 기능이 어휘를 기억하는 데 얼마나 도움이 되느냐에
있다.

Evelyn Hatch, Ceryl Brown,[26] William Nagy[27] 등에서는 우리
가 제2언어의 어휘 학습에 특별히 노력을 기울이거나 개별 항목에 대
해 별도의 교육을 받지 않더라도 어휘를 습득할 수 있다고 주장하였다.
이는 Katherine Nelson이 모어 어휘 습득과 관련하여 펼친 주장과 기
본적으로 같다. 즉, 우리가 흡수하는(assimilation) 어휘 양은 특별한 학
습이나 교육을 통해 얻을 수 있다고 가늠되는 양을 훨씬 초월한다는 것
이다. Nelson은 학습자가 주어진 상황 속에서 의미 있는 상호작용을 하
면서 기존의 개념을 단어 형태에 대응(mapping)시키는 것이 어휘 학습
이나 교육 같은 특별한 노력보다 중요하다고 보았다.[18] 이러한 학습은
다른 학습 활동을 하는 중에 발생하므로 우연적 어휘 학습(incidental
vocabulary learning)이라고 부른다.

학습 확인

Box 3.18

앞서 살펴본 Box 3.11의 이탈리아어 단어 10개 중 몇 개나 기억하는가? *pigro* 의 의미가 무엇이었는가? *ring*(반지)은 이탈리아어로 무엇이었는가?

Box 3.17의 새로운 영어 단어 다섯 개 중에 몇 개를 기억하는가? *stepover*가 무엇인가? 컬링을 할 때 어디에 서서 스톤을 던지는가?

이러한 예를 통해 여러분이 단어를 배울 때 의도적 학습을 하는 편인지, 설명 없이 문맥을 통해 배우는 편인지 확인할 수 있었는가?

Stephen Krashen은 어휘의 우연적 학습에 대해 특별한 관점을 수립했다. 그는 글을 읽고 주어진 글의 주제와 의미에 완전히 집중하는 것만으로도 새로운 단어들을 자연스럽게 획득할(picked up) 수 있다고 주장하였다.[28] Krashen과 동료들의 연구에서는 학습자들이 제2언어 텍스트를 이런 방식으로 단순히 읽기만 해도 실제로 어휘 습득이 일어났다는 것을 증명했다(예고 없이 본 시험을 통해).[29] [30] 그러나 이 연구에 대해서는 다음과 같은 비판이 있다. 우선 이 방식으로 학습자가 습득할 수 있는 어휘의 수가 매우 적다는 점, 그리고 사후 테스트가 없었기 때문에 학습자가 얻은 어휘 지식이 얼마나 오래 지속되었는지 확인할 수 없었다는 점이 그것이다.

SLA 연구에서 우연적 어휘 학습에 대한 연구는, 학습자가 우연히 접한 단어들에 노력을 기울이지 않고 단순히 '획득'한다고 본 Krashen의 해석에 기반을 두고 있다. 그러나 실험심리학에서는 우연적 학습의 정의에 근접한 또 다른 해석을 내놓았다. 심리학에서 우연적 학습과 의도적 학습의 구분은, 학습한 내용을 얼마나 기억하고 있는지 시험을 보겠다는 정보를 피험자들에게 제공했는지 여부가 중요하다. 어떤 종류의 경험과 조작에 초점을 맞춘 실험 과제라도 학습자에게 배운 것을 외우라는 말을 명확히 하지 않았다면 학습자가 습득한 내용은 우연적으로 습득된 것이라 간주해야 한다는 것이다.

독일 연구자 Caroline Schouten-van Parreren과 Jan Hulstijn은 우연적 어휘 학습을 좀 더 '심리학적' 관점에서 해석하였다. Schouten-van Parreren은 L2 읽기에서 맥락을 이용하여 의미를 추론하는 것이 고립적인 방식으로 단어 의미를 제공받는 것보다 어휘를 기억하는 데 효과적이었다고 주장하였다.[31][32] 예를 들어 어떤 사람은 이야기 속에 나왔던 *dusk*라는 단어를 기억하고 있었는데, '소금 평원에 황혼(dusk)이 진다'는 맥락과 함께 이 단어를 떠올렸기 때문이라고 한다. Schouten-van Parreren은 주어진 항목을 주변 자료나 기존 지식과 연관 짓는 데 학습자가 정신적인 노력을 기울일 때 새로운 단어를 더 많이 기억할 수 있다고 강조한다. 그녀는 어휘 학습의 활동 순서 세 단계를 다음과 같이 제안하였다.

(1) 모르는 단어의 의미를 추측한다.
(2) (사전 확인 등을 통해) 추측한 의미가 맞는지 확인한다.
(3) 단어의 형태에 초점을 맞추고 기존에 알고 있던 단어들과 관련지으며 분석한다.

이러한 활동에는 학습자가 목표 단어를 암기하도록 하는 절차는
없다. 그 대신 학습자가 단어에 충분히 주의를 기울이도록 만든다.

Schouten-van Parreren은 L2 학습자들이 텍스트의 낯선 단어
들을 다루는 과정을 상세하고 면밀하게 조사하였다. Hulstijn은 양적
연구를 통해 Schouten-van Parreren의 입장을 폭넓게 지지하였는데,
그의 연구에서는 다음과 같은 결론을 이끌어 냈다.[33][34]

> (1) 단어는 일반적인 읽기 과정에서 맥락을 통해 습득된다. 그
> 러나 주어진 맥락이나 상황에서 습득되는 단어의 수는 다소
> 제한적이다.
> (2) 모르는 단어에 대해 학습자가 얼마나 많은 정보를 필요로
> 하는가는 학습자가 그 단어에 주의 집중하는 정도를 결정하
> 는 매우 중요한 요인이다.
> (3) 모르는 단어의 의미를 문맥과 형식적 단서로부터 도출하려
> 노력할 때 학습자가 그 단어에 대한 기억을 유지할 가능성
> 이 높아진다.

위에서 살펴본 연구들은 모두 읽기를 통한 어휘 학습에 관한
것이며, 실제로 우연적 어휘 학습 연구는 읽기 교육을 중심으로 진행되
어 왔다. 그러나 일부 연구에서는 구두-청각적 입력(oral-aural input)
을 기반으로 한 우연적 학습을 다루기도 하였다. 그 중 하나는 Lise
Duquette의 연구이다. 이 연구에서는 시각적, 청각적 입력을 중심으로

한 L2 학습자들의 맥락 기반 상호작용을 조사하였는데 두 방식의 입력에서 모두 의미 있는 어휘 습득 결과를 보였다고 밝혔다. Rod Ellis와 동료들의 연구 역시 이러한 논의에 기여하였는데, 이 연구에서는 교실 수업에서 이루어지는 구두 상호작용을 통해서도 우연적 어휘 학습이 일어나는 것을 확인하였다.[36][37] 이 밖에 멀티미디어를 통한 듣기 이해 과정에서, 학생들이 텍스트를 읽을 때 필요로 하는 시각적, 청각적 자료들이 그들의 어휘 습득을 돕는다는 것을 밝힌 연구도 있었다.[38]

제2언어 어휘 발달에 관한 연구에서는 맥락 기반 어휘 습득 방식이 학습자의 모어의 어휘 능력에 대한 의존도를 낮추는 데 효과적이라는 흥미로운 주장을 하였다. 이러한 논의에서는 학습자가 제2언어 단어들을 처음 접하면 그 단어들이 모어의 형태와 연결되기 시작하고, 그 다음은 모어의 의미와 연결되며 결국 제2언어의 독자적인 형태-의미(form-meaning)로 연결되며 진화한다고 주장하였다. 이 세 유형은 앞서 Topic 1에서 다룬 Weinreich의[39] 세 범주, 즉 종속적(subordinate), 복합적(compound), 등위적(co-ordinate) 이중언어 사용의 개념과도 유사하다. Nan Jiang은 L2-L1 연결을 강화하는 키워드 기법 같은 독립적 어휘 학습 기법은 L2 어휘집의 독자적 발달을 지연시킬 가능성이 있는 반면, 맥락 중심 접근법에서는 L2의 고유한 의미를 추론하도록 독려한다고 하였다.[40][41] 그러나 한편으로 Jiang은 우연적 어휘 학습에 관한 많은 질문에 대한 답을 아직 찾지 못하였으며, 다양한 조건 속에서 단어들이 어떻게 조직되고 표상되는지 그 심리언어학적 과정 및 결과에 대한 연구가 더 많이 필요하다고 인정하였다.

맥락 활용

Box 3.19

첫 번째('독립적') 접근법은 맥락화된 입력(contextualized input)을 제공할 것을 강조하지 않았으며 … 학습자가 L1에 의존하는 경향을 갖게 만들 가능성이 높다. 두 번째 접근법은 의미 추론을 장려하고 L1에 대한 의존을 최소화도록 하였다. 이 관계로 볼 때 … 입력과 L1에 대한 의존이 한편에, 그리고 어휘 표상과 발달이 다른 한편에 있다는 것을 알 수 있는데, 두 번째(맥락 중심) 접근법이 어휘 능력의 발달에 더 나은 조건을 제공하는 것으로 보인다.

Jiang(2000, p. 70)[40]

　　그러나 낯선 단어에 관한 정보가 모든 문맥에서 똑같이 충분하게 주어지는 것도 아니고 맥락에서 얻는 정보가 항상 구체적인 것도 아니다. 그리고 우리는 맥락 속의 단서가 제공하는 정보만으로 단어의 의미를 정확히 파악하기는 어렵다. 예를 들어 만약 프랑스에서 프랑스어를 배우고 있는데, 프랑스 친구 하나가 아파서 절뚝거리며 내게 다가오는 것을 본다고 상상해 보자. 나는 *Qu'est-ce qu'il y a?*(무슨 일이야?)라고 친구에게 물을 것이고, 나에게 돌아오는 답은 *J'ai un problem avec ma cheville*이다. 이때 내가 *cheville*라는 단어를 모른다면, 'I have a problem with my …'라는 언어적 문맥(linguistic context)이나, 일반 문맥(general context)에서 *cheville*가 '발목'이라는 것을 알아내기 어렵다. 아마 이 문맥에는 '무릎', '엉덩이', 심지어는 '다리'도 다 똑같이 잘

들어맞을 것이다.

마무리

모어든 혹은 그 후에 배운 언어든 심성 어휘집에는 개별 단어들의 형태나 그 기본 의미 외에도 훨씬 많은 것이 들어 있다. 또한 지금까지 살펴보았듯이 어휘 학습은 전통적으로 생각해 온 것보다 더 풍부하고 다각적이며 흥미로운 활동이라고 보아야 할 것이다.

어휘 습득 과정에서 특정 부분은 생물학적으로 타고난 기제에 의해 습득이 촉진될 수도 있다. 하지만 그렇다고 해도 보편적이고 생득적인 언어 습득 능력만으로는 한계가 있다. 특히 모어나 제2언어에서 언어를 익히면서 특정 형태와 특정 개념을 연결하는 단계에서는 실제로 '학습(learning)'을 해야만 한다.

모어와 제2언어의 어휘 습득은 다양한 유형의 입력 조정(input tuning) 속에서 진행된다. 또한 학습자는 대화 상대(interlocutor)—학습자가 자기 생각을 이해시키기 위해 끊임없이 주의를 기울이는 사람, 또한 학습자를 지지해 주고 명시적 설명을 계속해서 제공해 주는 사람—의 직관이 반영된 사물 지시적 정의의 형태로 '특별 교육'을 받는다. '이미지'의 중요성에 관한 연구에서는 학습자가 새 어휘 항목을 파악할 때 이미지 기술을 사용하도록 권장되면 어휘 습득에 도움이 된다고 주장하였다. 유의미한 환경이나 자신의 요구에 맞는 상황에서 학습자가 새 단어를 접할 때 습득 결과가 좋다는 것은, 어휘 학습에서 가능한 한 풍부하고 흥미로운 입력과 함께 상호작용이 제공되어야 함을 시사한다.

　　제2언어 어휘 습득은 학습자가 언제나 기존의 모어 어휘 지식과 영향을 주고받는다는 점에서 아동의 어휘 습득과는 큰 차이가 있다. 여러 관점에서 이러한 상호작용은 학습자에게 실질적으로 도움이 될 수도 있다. 그리고 어떤 상황에서든 제2언어 숙달도가 향상되면서 학습자의 모어 지식 의존도는 감소하고 제2언어 어휘 지식의 독자성은 점차 증가한다.

　　마지막으로, 새로운 언어의 어휘 학습은 독립적인 차원과 문맥 의존적인 차원에서 모두 이루어지며 이 두 차원은 어휘 습득 과정에서 모두 중요한 역할을 한다. 이론적 기반이 각기 다른 다양한 교수법에서 교육과정 설계자들이 이 두 접근법의 가치를 암묵적으로 고려해 왔다는 점은 이러한 사실을 입증한다.

덧붙임

Box 3.20

폴로니어스: 뭘 읽고 계십니까, 저하?
햄릿: 말, 말, 말일세.

Shakespeare, *Hamlet*, 2막 2장

태초에 말씀이 계시니라 이 말씀이 하나님과 함께 계셨으니 이 말씀은 곧 하나님이시니라

흠정 영역 성서, 요한복음 제1장 제1절

말은 대지의 딸이고 사물은 하늘의 아들이다.

Dr Johnson[*]

이 장에서 살펴본 어휘의 복잡성(complexity of vocabulary)에 비추어 볼 때 이렇게 정리하는 것이 적절하다고 보는가?

---

[*] Samuel Johnson(1709~1784), 영국의 시인 겸 평론가이다. 1747년에 시작한 영어사전(A Dictionary of the English Language)을 7년 만에 혼자 힘으로 완성하는 업적을 세웠다.

'맥락 속 단어들'의 답(Box 3.17, p. 111)

Box 3.21

A *hantavirus* is a type of single-stranded RNA virus.

Wichert is chalk mud mixed with straw.

Stepovers are low apple trees.

A *gyre* is a circling turn.

A *crampit* is a footboard for a curling player.

Further Readings

- 제2언어 어휘 학습의 일반론을 담고 있는 유용한 저서는 다음과 같다.

Nation, I.S.P. (2001) *Learning Vocabulary in Another Language*. Cambridge: Cambridge University Press.

Pavičić Takač, V. (2008) *Vocabulary Learning Strategies and Foreign Language Acquisition*. Clevedon: Multilingual Matters.

Qing Ma (2009) *Second Language Vocabulary Acquisition*. Bern: Peter Lang.

- 다음 저서들은 주로 교실 수업 또는 어휘 평가를 다루고 있다.

Kerste, S. (2010) *The Mental Lexicon and Vocabulary Learning: Implications for the Foreign Language Classroom*. Tûbingen: Narr Francke Attempto.

Meara, P. (2009) *Connected Words: Word Associations and Second Language Vocabulary Acquisition*. Amsterdam: John Benjamins.

Milton, J. (2009) *Measuring Second Language Vocabulary Acquisition*. Bristol: Multilingual Matters.

- 폭넓은 어휘 주제를 다룬 자료집들로 다음 저서들을 살펴볼 만하다.

Bogaards, P. and Laufer, B. (eds) (2004) *Vocabulary in a Second Language: Selection, Acquisition, and Testing*. Amsterdam: John Benjamins.

Chacón-Beltrán, R., Abello-Contesse, C. and Torreblanca-López, M. (eds) (2010) *Insights into Non-native Vocabulary Teaching and Learning*. Bristol: Multilingual Matters.

Lengyel, Z. and Navracsics. J. (eds) (2007) *Second Language Lexical Processes: Applied Linguistic and Psycholinguistic Processes*. Clevedon: Multilingual Matters.

- 우연적 어휘 학습과 의도적 어휘 학습을 둘러싼 문제에 관심이 있는 독자에게
필요한 권위 있는 리뷰.

Hulstijn, J.H. (2003) Incidental and intentional learning. In C.J. Doughty and
M.H. Long (eds) (2003) *The Handbook of Second Language Acquisition*. Oxford:
Blackwell, 349-381.

- 출판된 지는 오래 되었지만 이 주제와 관련하여 읽어볼 만한 가치가 있는 논문.

Drum, P.A. and Konopak, B.C. (1987) Learning word meanings from written
context. In M.G. McKeown and M.E. Curtis (eds) (1987) *The Nature of
Vocabulary Acquisition*. Hillsdale, NJ: Lawrence Erlbaum, 73-87.

References

1 Hurford, J. (1994) *Grammar: A Student's Guide*. Cambridge: Cambridge University Press.

2 Sapir, E. (1921) *Language: An Introduction to the Study of Speech*. New York: Harcourt Brace & World.

3 *Oxford English Dictionary* (2009) Oxford: Oxford University Press. Online at: http://www.oed.com/

4 Clark, E.V. and Andersen, E.S. (1979) Spontaneous repairs: Awareness in the process of acquiring language. *Papers and Reports on Child Language Development* 16 (distributed by ERIC Clearinghouse).

5 Lehr, F., Osborn, O.J. and Hiebert, E.H. (2004) *A Focus on Vocabulary*. Honolulu: Pacific Resources for Education and Learning.

6 Chomsky, N. (2000) *New Horizons in the Study of Language and Mind*. Cambridge: Cambridge University Press.

7 Clark, E.V. (2009) *First Language Acquisition*, 2nd edition. Cambridge: Cambridge University Press.

8 Pinker, S. (1994) *The Language Instinct: How the Mind Creates Language*. New York, NY: Harper.

9 Swan, M. (1997) The influence of the mother tongue on second language vocabulary acquisition and use. In N. Schmitt and M. McCarthy (eds) (1997) *Vocabulary: Description, Acquisition and Pedagogy*. Cambridge: Cambridge University Press, 156-180.

10 Gass, S.M. and Selinker, L. (2008) *Second Language Acquisition: An Introductory Course*, 2nd edition. London: Routledge.

11 Cohen, A. and Aphek, E. (1980) Retention of second-language vocabulary over time: Investigating the role of mnemonic associations. *System* 8 (3), 221-235.

12   Singleton, D. and Ó Laoire, M. (2006) Psychotypology and the 'L2 factor'
in cross-lexical interaction: An analysis of English and Irish influence in
learner French. In M. Bendtsen, M. Bjöklund, C. Fant and L. Forsman (eds)
(2006) Språk, Lärande och Utbildning i Sikte. Vasa: Faculty of Education,
Abo Akademi, 191-205.

13   Ellis, N.C. (1995) Vocabulary acquisition: Psychological perspectives. The
Language Teacher 19 (2), 12-16.

14   Tomlinson, B. (1996) Helping L2 readers to see. In T. Hickey and J. Williams
(eds) (1996) Language, Education and Society in a Changing World.
Clevedon: IRAAL/Multilingual Matters, 253-262.

15   Danesi, M. (2012) Italian Now! 2nd edition. New York: Barrons.

16   Carter, R. (1998) Vocabulary: Applied Linguistic Perspectives. London:
Routledge.

17   Nelson, K. (1981) Acquisition of words by first-language learners. In H.
Winitz (ed.) (1981) Native Language and Foreign Language Acquisition. New
York: The New York Academy of Sciences, 148-159.

18   Byrne, J.H. (2008) Concise Learning and Memory: The Editor's Selection.
New York: Academic Press.

19   Ellis, N.C. and Beaton, A. (1993) Factors affecting the learning of foreign
language vocabulary: Imagery keyword mediators and phonological short-
term memory. Quarterly Journal of Experimental Psychology: Human
Experimental Psychology 46A (3), 533-558.

20   Ellis, N.C. and Beaton, A. (1995) Psycholinguistic determinants of foreign
language vocabulary learning. In B. Harley (ed.) (1995) Lexical Issues in
Language Learning. Amsterdam: Language Learning/John Benjamins, 107-
165.

21   Nation, P. (1990) Teaching and Learning Vocabulary. Boston, MA: Heinle &

Heinle.

22 Pressley, M., Levin, J.R. and McDaniel, M.A. (1987) Remembering versus inferring what a word means: Mnemonic and contextual approaches. In M.G. McKeown and M.E. Curtis (eds) (1987) *The Nature of Vocabulary Acquisition*. Hillsdale, NJ: Lawrence Erlbaum, 107-128.

23 Rodriguez, M. and Sadoski, M. (2000) Effects of rote, context, keyword and context/keyword methods of retention of vocabulary in EFL classrooms. *Language Learning* 50 (2), 385-412.

24 Schmitt, N. (2000) *Vocabulary in Language Teaching*. Cambridge: Cambridge University Press.

25 Hatch, E. and Brown, C. (1995) *Vocabulary, Semantics and Language Education*. Cambridge: Cambridge University Press.

26 Nagy, W. (1997) On the role of context in first- and second-language vocabulary learning. In N. Schmitt and M. McCarthy (eds) (1997) *Vocabulary: Description, Acquisition and Pedagogy*. Cambridge: Cambridge University Press, 64-83.

27 Krashen, S. (1989) We acquire vocabulary and spelling by reading: Additional evidence for the input hypothesis. *Modern Language Journal* 73 (4), 440-464.

28 Pitts, M., White, H. and Krashen, S. (1989) Acquiring second language vocabulary through reading: A replication of the Clockwork Orange study using second language acquirers. *Reading in a Foreign Language* 5 (2), 271-275.

29 Dupuy, B. and Krashen, S. (1993) Incidental vocabulary acquisition in French as a second language. *Applied Language Learning* 4 (1), 55-63.

30 Schouten-van Parreren, C. (1989) Vocabulary learning through reading: Which conditions should be met when presenting words in texts? *AILA*

Review 6, 75-85.

31 Schouten-van Parreren, C. (1992) Individual differences in vocabulary acquisition: A qualitative experiment in the first phase of secondary education. In P. Arnaud and H. Béjoint (eds) (1992) *Vocabulary and Applied Linguistics*. Houndmills: Macmillan, 94-101.

32 Hulstijn, J. (1992) Retention of inferred and given word meanings: Experiments in incidental vocabulary learning. In P. Arnaud and H. Béjoint (eds) (1992) Vocabulary and Applied Linguistics. Houndmills: Macmillan, 113-125.

33 Hulstijn, J. (1993-1994) L'acquisition incidente du lexique en cours de la lecture: ses avantages et ses limites. *Acquisition et interaction en Langue Étrangére* 3, 77-96.

34 Duquette, L. (1993) L'étude de l'apprentissage du vocabulaire en contexte par l'écoute d'un dialogue scénariséen français langue seconde. Quebec: UniversitéLaval, Centre International de Recherche en Aménagemant Linguistique.

35 Ellis, R., Tanaka, Y. and Yamazaki, A. (1994) Classroom interaction, comprehension, and the acquisition of L2 word meanings. *Language Learning* 44 (3), 449-491.

36 Ellis, R. and Fotos, S. (1999) *Learning a Second Language through Interaction*. Amsterdam: John Benjamins.

37 Jones, L.C. (2003) Supporting listening comprehension and vocabulary acquisition with multimedia annotations: The students' voice. *CALICO Journal* 21 (1), 41-65.

38 Weinreich, U. (1953) *Languages in Contact*. The Hague: Mouton.

39 Jiang, N. (2000) Lexical development and representation in a second language. *Applied Linguistics* 21 (1), 47-77.

40   Jiang, N. (2004) Semantic transfer and its implications for vocabulary teaching in a second language. *The Modern Language Journal* 88 (3), 416-432.

4.　제2언어 습득과 사용에서 문법은 얼마나 중요한가?

_　Vivian Cook

영어 조건절의 세 가지 유형이나 *must*와 *have to*의 차이에 대한 수업을 들어본 사람이라면 문법에 관한 내용은 무조건 이해하기 어렵고 지루하다고 생각할 수 있다. 그러나 문법은 우리가 무의식적으로 사용하고 있는 일상적 도구이며 말하고자 하는 바를 전달하기 위해 문장을 조합해 내는 방식이다. 우리에게 문법은 숨 쉬는 것만큼이나 중요하지만 마치 공기가 그러하듯이 정작 우리 눈에 특별해 보이지는 않는다.

[시작하기] 문법이란 무엇인가?

Box 4.1

문법이 실제로 무엇이라고 생각하는가?
• 어겨서는 안 되는 행동 규칙
• 언어를 구성하는 정신적 과정
• 문장 내에서 단어를 배열하는 방식의 집합체

문법 규칙의 예를 하나 제시할 수 있는가? 그 규칙은 잘 들어맞는가?
제2언어의 교수 학습에서 문법이 얼마나 중요하다고 생각하는가?

　　문법의 여러 차원 중 하나는 문법서에서 볼 수 있는 상세하고 전문적인 기술(description)이다. 영어의 예를 들면 *Longman Grammar of Spoken and Written English*의 1,204 페이지에 걸쳐 있는 내용이 그것이다.[1] 이러한 대규모 문법은 언어 전체의 이상적인 모습을 기술하고 있으며 영어로 발화될 가능성이 있는 모든 것을 보여 준다는 점에서 가치가 있다. 문법의 또 다른 차원은 어떤 언어의 개별 화자들이 그들의 정신에 가지고 있는 문법적 자원(resources)들을 말한다. 여기에는 의미를 전달하기 위해 문장을 결합하는 능력과 그러한 문장으로부터 의미를 뽑아 내는 능력이 모두 포함된다. 언어의 문법 구조를 파악하지 못하면 문장을 완벽하게 이해하거나 말할 수 없다. 문법은 어떤 언어로 소통하기 위해 실질적으로 필요한 것이며 우리가 이해하거나 말하는 모든 것의 바탕이 된다.

Box 4.2에서는 영어 문장 *The plumber mended the broken pipes*에서부터 시작하여 각 언어에 존재하는 기본 문법의 차이를 보여 주고 있다. 어떤 '언어를 안다'거나 '언어를 사용한다'는 것은 이러한 문법에 맞게 문장을 조합할 수 있다는 것을 의미한다.

언어 간 기본 문법의 차이

Box 4.2

영어   The plumber mended the broken pipes.

이탈리아어   L'idraulico   aggiustò i tubi rotti.

(the plumber   mended the pipes broken)

아랍어   Aslaha   alsabbaku alanabeeba almaksorata.

(mended   the plumber the pipes   broken)

아랍 문자(오른쪽에서 왼쪽으로): أصلح السباك الأنابيب المكسورة

중국어   Shuinuangong ba duanlie guandao xiuhao le.

(plumber   broken   pipes   mend past)

중국 문자: 水暖工把断裂管道修好了

문법을 살필 수 있는 중요한 자료 중 하나는 어순(word order)이다. 단어는 문장 내에 차례로 배열되면서 그 순서 자체가 문법적 의미를 지닌다. 물론 헝가리어나 터키어같이 어순이 매우 자유로운 언어들도 있다. 그러나 영어 같은 언어에서는 어순이 문장 내 단어들 간의 기본 관계, 즉 누가 누구에게 무엇을 하고 있는지를 알려 주기 때문에 어

순이 매우 중요하다. 이런 언어에서는 문장에서 순서가 뜻하는 바를 알지 못하면 주어진 문장의 의미를 전혀 파악할 수 없게 된다.

영어에서 주어는 동사의 앞에 오고, 동사는 목적어의 앞에 온다. 예를 들면 The plumber(주어) mended(동사) the broken pipes(목적어) 순이다. 그러나 아랍어에서는 동사 Aslaha('mended')가 주어 al-sabbaku('the plumber')의 앞에 놓인다. 중국어에서는 주어 shuinuan-gong('Plumber')와 목적어 duanlie guandao('broken pipes')가 동사 xiuhao('mend')의 앞에 온다(첨사 ba와 함께 쓰이는 경우에 한하여). 같은 의미를 전달하지만 영어, 중국어, 아랍어가 완전히 다른 어순으로 단어들을 배열한다. 구(phrase) 안에서의 순서 역시 중요하다. 영어와 중국어에서는 broken pipes, duanlie guandao처럼 형용사가 명사 앞에 놓인다. 그러나 이탈리아어나 아랍어에서는 tubi rotti, alanabeeba almak-sorata('pipes broken')와 같이 형용사가 명사 뒤에 쓰인다.

문법을 살필 수 있는 두 번째 주요 자료는 어형 변화(changing the form of words)이다. 어형 변화는 단어의 끝을 굴절(inflection)시키는 방법인데, 과거 시제를 나타낼 때 영어에서는 굴절어미 -ed를 붙여 mended로, 이탈리아어에서는 -ò를 붙여 aggiustò로 쓰는 것이 그 예가 된다. 경우에 따라서는 아랍어의 aslaha처럼 동사 내부의 모음을 교체하여 굴절시키기도 한다. 이와 비슷한 모음 교체는 영어의 몇몇 불규칙 동사 bite/bit나 fly/flew 등에서도 확인할 수 있다. 이러한 어형 변화는 mends/mended와 같이 시제(tense)나 시간(time)의 개념을 표현하기도 하고, *he/him*처럼 문장의 주어와 목적어 역할을 표시하기도 하며 등 여러 개념을 나타낸다.

　　많은 언어에서 강력한 문법 현상의 하나는 문장의 서로 다른 부분을 연계시키는 '일치(agreement)'이다. 명사, 형용사, 관사를 성, 수, 또는 다른 문법적 자질과 서로 맞추는 것이 그 예다. 이탈리아어와 아랍어에서는 주어가 단수인지 복수인지에 따라 동사의 어미를 구별하여 쓴다. 이탈리아어의 동사 *aggiustò*('mend')는 단수 주어인 *L'idraulic*('the plumber')에 일치시킨 것이다. 중국어는 단어의 형태를 변화시키지 않으므로 일치 현상이 없다. 영어는 주로 현재 시제일 때 *they like/he likes*로 활용하여 주어와 동사가 일치하는 현상을 부분적으로 보인다.

　　세 번째 자료는 문법 체계(grammatical system)이다. Michael Halliday는 '문법은 상호 관련된 유의미한 선택들의 망으로 볼 수 있다'고 하였다.[2] 한정사로도 불리는 관사는 이러한 체계를 형성하고 있다. 영어는 *the man/a man/Ø man/Ø men*에서처럼 세 개의 관사, *the/a(n)/Ø*(무관사, 즉 아무 관사도 없는 것)를 사용한다. 이탈리아어의 관사는 명사의 수와 성에 일치시켜서 *i tubi*('the pipes', 남성 복수), *le mani*('the hands', 여성 복수)로 쓴다. 아랍어는 정관사 *al*이 명사와 함께 쓰여 *alsab-baku*('the plumber')로, 형용사와 함께 쓰여 *almaksorata*('broken')가 된다. 중국어를 비롯한 많은 언어에는 관사가 존재하지 않는다. 관사는 *the/a teacher*처럼 특정한 대상을 나타내기도 하고 *Ø truth*와 같이 일반적인 대상을 나타내기도 한다. 혹은 *the elephant*처럼 이미 언급되었음을 표현해 주기도 하고 *an elephant*처럼 처음 언급된다는 것을 나타내기도 한다. 문법 체계는 유의미한 문법적 선택지 중에서 선별된 것들로 구성된다. 다음에 기술하겠지만, 영어의 관사 체계는 단수에는 *the/a/Ø* 세 개 중 하나를 선택하고 복수에는 *the/Ø* 두 개 중 하나를 선택하여 특정한 의미를 나타낸다.

[요약] 문법의 몇 가지 양상

Box 4.3

- **어순**: 특히 주어(S), 동사(V), 목적어(O)의 배열 순서를 중심으로 한다. 영어는 SVO, 독일어는 SOV, 아랍어는 VSO 어순을 가진다.
- **굴절**: 소유의 *'s*, 과거 시제 *-ed*처럼 주로 수나 성을 표시하기 위해 문장 내의 단어들끼리 일치시키는 현상을 보인다. 예) the boy is here/the boys are here.
- **문법 체계**: 관사 체계 *a/the/Ø*처럼 특정한 의미를 나타내기 위해 여러 항목 중 하나를 선택하여 사용하는 것을 말한다. 자세한 것은 Box 4.12 참조.

제2언어 문법 배우기

어순, 굴절, 문법 체계의 기초는 언어 사용의 토대가 된다. 아이들이 배우는 다른 모든 것과 마찬가지로 모어의 문법도 여러 해에 걸쳐 습득된다. 우리는 우리가 쓰고 있는 문법 규칙들을 당연하게 여기고, 언어란 원래 모두 그럴 거라고 생각한다. Box 4.2에서 보았던 언어 간 차이를 마주하기 전까지는 말이다.

문법은 제2언어에서도 매우 중요하다. 제2언어의 기본적인 어순, 일반적인 굴절(혹은 굴절이 없는 것), 그리고 관사 체계 등을 알지 못한다면 대화를 잘 해 낼 수 없기 때문이다. 중국어를 배우는 영어 화자는 과거 시제를 나타낼 때 *-ed* 대신에 조사 *le*를 사용하는 법을 배워야 한다. 그리고 이탈리아어를 배우는 중국어 화자라면 *tubi rotti*처럼 형용사를 명사 뒤에 놓는 법을 배워야 할 것이다. 학습자들은 그 외에도 언어 간에 존재하는 무수히 많은 문법적 차이에 대해 알아야 한다. 우리가 모어에서 당연하게 여겼던 모든 문장 조합 방식이 제2언어에서는 잘못된 것일 수도 있다. 새 언어(목표어)가 이전 언어(모어)하고 같은 문법 자질을 공유하는 운 좋은 경우가 아니라면 말이다.

L2 학습자가 습득하는 문법은 L2 단일어 화자의 문법과 같을 수 없다. 일부는 이미 내재해 있는 모어 문법 때문이기도 하고, 일부는 제2언어를 습득하고 사용하는 방법과 상황이 다르기 때문이기도 하다. 따라서 단일어 화자의 문법과 L2 사용자가 지닌 문법을 비교하여 측정하는 것은 불가능하다. 두 문법은 매우 다를 것이다. 하지만 그러한 차이가 문제는 아니다. L2 문법은 L1 문법과 다른 역할을 하며 더 큰 언어 체계의 일부를 형성하기 때문이다.

다른 언어를 학습할 때는 목표어 문법의 부분들을 배운 뒤 그것들을 전체 체계로 합치면서 진행해 나간다고 알려져 있다. 예를 들면 학습자가 현재 시제를 습득하고 그 뒤에 현재 진행을 습득하면서 점진적 진행을 해 나가다가 영어의 시제 체계를 완전히 숙달하는 식과 같다. 이 이야기는 마치 전체 그림을 만들어 가며 조각들을 맞추다가 마지막 조각을 제자리에 놓았을 때야 끝나는 퍼즐 맞추기처럼 들린다. 하지만 문법은 그렇게 습득되지 않는다. 문법은 하나의 전체로서 모두 연결되어 있는데, 여기에는 각 문장의 어순, 굴절, 문법 체계가 모두 관여한다. 즉, 문법이라는 퍼즐 맞추기에서 퍼즐 조각이 더해질수록 전체의 모양은 달라진다. 그리고 각 단계마다 퍼즐 그림을 하나씩 완성하면서 진행한다.

L2 학습자는 그들이 지닌 전반적인 문법 체계 내에서 현재 시제를 나타낼 때 *She laugh*와 같은 문장을 쓰기도 한다. 이 단순한 문장은 학습자가 당시에 가지고 있는 문법 체계 내에서 제한적으로 의미를 갖는다. 그 다음에 그들은 현재 진행형을 습득하면서 시제 체계를 확장해 나간다. 현재 시제 *She laughs*가 현재 진행형 *She's laughing*과 어떻게 구별되는지를 알 때 현재 시제의 의미를 제대로 알게 된다. 또한 학습자들은 이후에 과거 시제 *She laughed*와 현재 완료 시제 *She has laughed*, 그리고 영어에 나타날 수 있는 모든 가능한 시제들로 범위를 확장한다. 학습자가 다른 시제들과 현재 시제를 대비시킬 수 있을 뿐 아니라, 같은 현재형이라도 '미래' *My train leaves at six*, '불변의 진리' *The sun sets in the west* 등과 '상태 동사에는 반드시 현재형이 쓰인다'—표준 영국 영어에서는 *I am knowing this*나 *I am believing this* 같은 문장이 성립하지 않음—는 미묘한 정보까지 알게 될 때 현재 시제라는 퍼즐 조각의 의미가 발달하는 것이다.

1960년대 초, 아동의 언어 습득을 연구한 이들은 아동이 언어 발달의 각 단계마다 자기만의 정신문법을 지니고 있음을 알게 되었다. 그리고 이러한 생각이 바로 독립 문법 가설로 이어졌다.*[3] 아동은 자신의 문법 체계를 만들 때 어른들의 문법을 그다지 많이 사용하지 않는다. 그래서 아이들이 흔히 쓰는 *More up, Slug coming, Help jelly* 같은 두 단어 문장이 아이들한테는 자연스러워도 어른들에게는 이상하게 느껴지는 것이다. Jerome Bruner는 언어 습득의 특별한 점은, 아이들이 얼마나 쉽게 언어를 습득하느냐가 아니라 성인이 아이들의 언어에 얼마나 잘 대처하느냐에 있다고 주장하였다.[4]

학습자의 독립 문법에 관한 이러한 생각은 SLA 연구자들에 의해 '중간언어(interlanguage)'라는 이름으로 받아들여졌다. 이 명칭은 학습자 언어를 결함 있는 목표어 버전이라고 여기기보다는 그 자체를 나름의 문법 체계라고 인정하는 태도를 반영한다.[5]

그림 4.1에서는 학습자가 이미 알고 있는 모어와, 새롭게 접하는 제2언어의 부분들, 그리고 수업이나 사회적 관계 등 여타 경험들을 통해 그들이 어떻게 중간언어 문법을 창조해 나가는지를 보여 준다. L2 학습자는 그들의 정신에 이미 모어가 존재한다는 점에서 L1 아동과 필연적

---

* 독립 문법 가설(independent grammar assumption)은 Chomsky의 주장으로부터 발전된 생각이다. McNeil(1966)은 이와 관련하여 '어린 아이는 성인 언어 규칙을 제대로 습득하지 못하여 불완전한 언어를 사용하는 것이 아니라 자신만의 언어를 구사하는 것으로 보아야 한다.'고 주장하였다(이종복 외, 2016: 17).

으로 다를 수밖에 없다. 제2언어에 대한 노출이나 다른 영향 요인들 역시 아동에게 주어진 것들과 상당히 다를 수 있다. 그러나 Topic 7에서 볼 수 있듯이 많은 언어 교수법에서는 학습 환경을 아동의 언어 습득 환경과 최대한 유사하게 설계하려고 노력해 왔다. 예를 들면 그림과 단어 사이의 시각적 연관성을 강조하는 시청각 교수법이나, 교실의 학습자들이 서로 대화를 통해 상호작용하게 하는 의사소통적 교수가 그러하다.

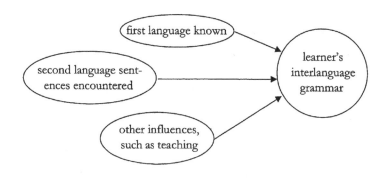

그림 4.1 중간언어 문법

중간언어 문법은 Wolfgang Klein과 Clive Perdue가 발견한 기본 L2 문법(basic L2 grammar)을 통해 명확히 파악된다(Box 4.4). 핀란드어, 펀자브어 등을 포함한 여섯 개 언어의 성인 원어민의 문장과 네덜란드어, 스웨덴어를 포함한 다섯 개 언어의 제2언어 문장을 비교한 결과, L2 사용자의 문장들은 모어 화자의 문장들과 별로 비슷하지 않았다고 한다. L2 사용자의 독일어 문장 *Mädchen nehme Brot*에는 독일어의 관사와 굴절이 결여되어 있다. 또한 *pinching its*에는 주어도 없고

문장에 *its*가 쓰인 것이 매우 어색하다. 그러나 모든 L2 사용자의 문장
들은 Box 4.4에 제시된 기본 L2 문법의 간단한 규칙으로 설명된다. 즉,
문장은 명사로 시작하고 동사나 be동사가 그 뒤를 잇거나, 명사와 동사
에 다른 명사나 형용사가 뒤따르거나, 문장이 동사로 이루어져 있고 가
끔 명사가 따라 나온다. 문법은 사실 이것으로 충분하다. 1,204페이지
나 되는 문법서는 필요 없다.

중간언어 기본 문법

Box 4.4

문장은 다음 중 하나를 가질 수 있다.

(1) 동사에 선행하는 명사(혹은 다른 명사가 따르기도 함): *Mädchen nehme Brot*
('girl take bread')
(2) *be* 동사와 명사 또는 be 동사와 형용사 앞에 오는 명사: *it's bread.*
(3) 명사구에 선행하는 동사: *pinching its.*[6]

서로 다른 모어, 서로 다른 배경을 지닌 L2 화자들도 모두 이 기
본 문법은 공유하고 있다. 모어나 제2언어가 지닌 특성은 이 기본 문법
에 큰 차이를 가져오지 않는다. 학습자 대부분은 동일한 규칙을 만들어
냈는데, 이러한 규칙 중에는 원어민 화자의 문법과 유사한 것도 있었지
만 그렇지 않은 것도 있었다. L1 아동과 같은 방법으로 L2 학습자들도
그들만의 정신적 중간언어 문법을 만들고 있는 것이다.

그러면 L2 학습자의 모어 지식은 이 과정에서 얼마나 중요할까? Box 4.5에 제시된 학습자 문장들을 보고 각 문장을 쓴 학습자의 모어가 무엇인지 추측해 보자.

L2 학생들의 문장

Box 4.5

(1) ... we have many book about him.
(2) ... one of the most important things in the American social relationship is a punctuality.
(3) I have experienced myself many culture shocks.
(4) They proud of it very much.
(5) Other problem not commun now is the tenant, who wants finish with the problem shoot him or going to the war and is ×××× his own gun;
(6) I just eight months before here.
(7) ... Because then have you to speak in every situation (in this language,).
(8) The government try to bring the most advantage things to develop the nation.

정답은 163쪽 Box 4.17에

아마 학습자의 모어가 무엇인지 말하기 어려웠을 것이다. 그 주된 이유는 L2 학습자가 스스로 만들어 낸 문법들이 굴절 결여(book, 1번), 잘못된 관사(a punctuality, 2번), 동사 누락(I just eight months before here, 6번), 잘못된 어순(They proud of it very much, 4번) 등에서 서로 비슷했기 때문이다. 이러한 오류는 많은 L2 학습자의 영어에 나타

났으며 그들의 모어가 같지 않아도 결과는 유사했다. 아마도 (3) *I have experienced myself many culture shocks*의 어순은 프랑스어 같다는 느낌이 있고, (7) *Because then have you to speak*은 독일어 같다는 생각이 들 것이다. 제2언어가 모어의 영향을 받는다는 것을 어느 누구도 부인할 수 없다. 그럼에도 불구하고 연구자들은 학습자의 모어가 서로 다른데도 그들의 중간언어는 상당히 비슷하다는 점에 놀라기도 한다.

　모어는 학습자의 정신에 존재하는 언어 체계 전체 중 일부이며 그 문법은 학습자가 제2언어로 생산하는 문장에 영향을 미칠 수밖에 없다. 이러한 영향을 전통적 용어로는 '전이(transfer)'라고 불렀으며 제2언어 습득에 간섭을 일으키는 부정적인 것으로 간주하였다. 예를 들어 독일인 영어 학습자는 독일어 문장 *Gestern kam er*의 구조를 영어 *Yesterday came he*로 전이시키기도 하고, 스페인인 영어 학습자는 무주어 구문 *Son las tes*를 영어 문장 *Is three o'clock*으로 전이시키기도 한다.

　이러한 사례들은 촘스키의 보편문법에서 잘 알려진 핵심 문법 요소인 주어 삭제 매개변수(pro-drop parameter)에 관한 논의를 이끌어 냈다(Box 4.6). 그는 범언어적 변이(cross-linguistic variation)들은 언어마다 다른 값이 부여된 매개변수의 세트에 의해 나타난다고 보았다. 이 매개변수는 조명의 스위치 세트처럼 각 스위치를 켜거나 끌 수 있도록 설정되어 있다. 따라서 주어 삭제 매개변수도 두 가지 값 중 하나를 가진다. 즉, 문장에서 주어는 필수적으로 쓰이거나 선택적으로 쓰일 수 있다. 영어나 독일어 같은 이른바 주어 무삭제(non-pro-drop) 언어에서는 *I'm from Rome* 또는 *It's raining*처럼 대명사만으로라도 주어를 갖춰야 한다. 일본어나 이탈리아어와 같은 주어 삭제 언어에서는 *Sono di Roma*('Am from Rome')나 *Piove*('Raining')처럼 문장에 주어가 없어도 문제되지 않는다. 이런 상황에서 이탈리아어의 주어 삭제 매개변수 값을 영어에 전이시키면 *Am from Rome*이나 *Is raining*과 같은 '학습자 문장'이 생성되는 것이다.

주어 삭제(Pro-drop) / 중 주어 비삭제(Non-pro-drop) 언어

Box 4.6

주어 삭제 언어 이탈리아어처럼 주어가 없는 문장 을 허용하는 언어 예) *Pluve*('rains')		주어 비삭제 언어 주어가 없는 문장을 허용하지 않는 언어	
Italian	Chinese	German	French
Arabic	Greek	English	Dutch
Portuguese	Spanish		
Hebrew	Japanese		

학습자의 모어가 그들의 중간언어에 영향을 미친다는 사실은 널리 알려져 있다. 그러나 제2언어 역시 학습자의 모어에 영향을 미친다는 것은 최근에 와서야 확실히 밝혀졌다. 주어 삭제 현상을 다시 한 번 예로 들어 보자. 새로운 언어의 매개변수 값은 모어의 매개변수 값

에 영향을 미친다. 이탈리아인이 영어를 배울 때는 주어 삭제 문법에서 주어 비삭제 문법으로 설정을 바꿔야 한다. 그런데 만약 학습자가 영어의 규칙을 이탈리아어로 가져간다면 그들은 이탈리아어에서는 잘 쓰지 않는, 주어 *Io*를 가진 문장 *Io sono di Roma*를 과도하게 만들기 시작한다. 주어 삭제 언어에서도 대명사를 주어로 쓰기는 하지만 이런 문장들은 특별한 강조를 나타내기 때문에 계속 사용하면 오히려 어색하다. 일례로 영국에서 공부하는 그리스 학생들이 집에 돌아가면, 그리스어에 주어를 너무 많이 써서 그리스어를 마치 영어처럼 말한다며 부모님께 꾸중을 듣는다고 한다. 물론 이런 것을 자산으로 여기는 사람들도 있다. 어떤 사람들은 자기 모어에 필요 없는 주어를 일부러 끼워 넣어가며 국제적 감각이 있는 사람인 것처럼 행동하기도 한다.

　　제2언어가 모어에 영향을 미친 사례는 이 밖에도 많다. 영어 화자 중에 체로키어를 제2언어로 배우는 아동들은 체로키어를 배우지 않는 아동들보다 영어의 과거 시제에서 taked나 comed와 같은 과잉일반화된 형태를 덜 만들어 낸다.[7] 핀란드인 영어 L2 사용자 중에는 완벽히 수용 가능한 핀란드어 문장도 영어 어순을 따르지 않았다는 이유로 인정하지 않기도 한다.[8]

　　제2언어에서 거꾸로 모어에 영향을 주는 이러한 현상을 '역전이(reverse transfer)'라고 한다. 우리가 다른 언어를 구사하게 되면 L1 문법은 더 이상 그 전과 똑같지 않다. 나는 영어로 *What's that for a book?*과 같은 구조의 문장을 종종 만드는데 이는 내가 어릴 때 접했던 스위스 독

일어의 영향을 받은 것 같다. 일단 다중언어 사용자의 언어 체계를 전체
적으로 볼 때 그들이 소유한 모든 언어들 간에 상호접속이 일어난다. 그
래서 두 명의 비모어 화자 사이에서 일어나는 제2언어에서 제3언어로
'측면 전이(lateral transfer)'나 두 언어가 상호적으로 영향을 주고받는
'양방향 전이(bidirectional transfer)'에 대한 논의도 있는 것이다.[9]

[요약] 두 언어 사이의 연결 ('전이' 또는 '언어 간 영향')

Box 4.7

L1 > L2   모어가 제2언어의 어느 면에 영향을 줌.
L2 > L1   제2언어가 모어의 어느 면에 영향을 줌.
L1 <> L2   모어와 제2언어가 서로 영향을 줌.
L2 > L3   제2언어가 제3언어에 영향을 줌.

'전이'는 어떤 것을 가져다가 다른 곳에 끼워 넣는 것을 의미
한다. 독일어 관사 das를 영어에 끼워 넣어 쓰는 것이 그 예가 된다. 이
는 폭스바겐에서 Das Auto라는 문구의 영국 TV 광고를 만든 데서도
볼 수 있다. 이러한 시도는 복잡한 네트워크 안에 얽혀 있는 언어들을
지속적으로 접속시키게 만든다. 즉, 자신이 접한 제2언어의 체계와 독
일어 관사 체계를 조합하려고 하는 것이다. 이런 현상으로 인해 최근
에는 '언어들 사이에 지속되는 관계'를 의미하는 용어인 '언어 간 영향
(cross-linguistic influence)'이 널리 쓰이고 있다.[9] 언어 간 영향 연구는
SLA의 흥미로운 주제인 '상실(attrition)', 즉 사람들이 모어나 제2언어

를 잃게 될 때 생기는 일까지 연구의 범위를 확장하고 있다.[10]

문법에 관한 견해

Box 4.8

여러분은 다음 중 어느 것에 동의하는가?

• 문법은 중요하지 않다.	그렇다	아니다	모르겠다
• 문법은 단지 논리적 사고일 뿐이다.	그렇다	아니다	모르겠다
• 문법 실수는 매우 심각한 문제이다.	그렇다	아니다	모르겠다
• 언어 교사는 문법을 설명해서는 안 된다.	그렇다	아니다	모르겠다

문법의 세 영역

L2 문법의 세 가지 영역에서 예를 들어 보자. 물론 이것은 지금까지 연구된 수많은 문법 영역들, 그리고 문법을 분석하기 위해 시도된 다양한 접근법의 일부 사례일 뿐이다.

문법 형태소

SLA 문법에 관한 초기 연구에서는 문법 형태소(grammatical morphemes)로 분류된 영어의 문법적 굴절과 기능어들을 L2 학습자가 어떻게 습득하는지 관찰하였다. 심리학자인 Roger Brown은[11] 영국 아동들이 모어를 습득할 때 문장에서 무엇인가 빠뜨리는 전형적 특징을 보이는 것을 관찰하였다. 두 살짜리 아동은 *Mummy is going to the shops*라고 하기보다는 *Mummy go shop*이라고 말하는 경향이 있다. 그리고 그는 아동들이 이러한 형태, 즉 빠진 형태들을 채워서 말하게 되기까지 정해진 순서를 보이는 것을 확인하였다.

　　Heidi Dulay와 Marina Burt는 이러한 발견을 SLA 연구에 적용하였다. 그들은 아동 스페인어 화자들이 그림을 보고 영어로 설명할 때 빠뜨리는 특정 형태의 비율을 점수화한 결과 다음과 같은 순서를 발견하였다.[12]

1	2	3	4	5	6	7
the/a	-ing	plural -s	regular past -ed	irregular past	possessive 's	3rd person -s

그림 4.2 Dulay & Burt의 영어 문법 형태의 난이도 순서[12]

　　아동의 언어에 가장 많이 나타난 문법 형태는 관사 *the/a*였다(*a cake*). 두 번째는 현재 진행형 어미인 *-ing*(*cooking*), 그 다음은 복수형 *-s*(*cakes*), 과거 시제 규칙 어미 *-ed*(*cooked*)와 불규칙 과거 시제(*ate*)였다. 가장 적게 사용된 형태는 소유격 *-s*(*John's cake*)와 동사의 3인칭 단수를 나타내는 *-s*(*cooks the cake*)였다. 이 난이도 순서는 학습자의 문법이 시간이 지나면서 어떻게 발달하는지를 보여 준다. 학습자들은 학습을 진행해 가면서 굴절과 문법적 단어들로 문장에 살을 붙여 나간다. 즉, 문법 구조를 갖추게 되는 것이다.

모어 배경이 서로 다른 학습자들, 그리고 다양한 학습 상황, 즉 교실에서 수업을 듣는 학생들과 그렇지 않은 학생들의 문장에서도 이와 유사한 순서로 문법 요소들이 출현하였다. 어떤 연구에서는 런던 East End 지역의 벵갈어를 사용하는 초등학생들이 동사 활용을 어떻게 습득하였는지 연구하였다.[13] 그 결과 현재 진행 *-ing*가 순서상 가장 처음에 나타났으며 *went*와 같은 불규칙 과거 시제는 규칙 형태인 *-ed*보다 나중에 나타났다고 한다.

제2언어 습득 순서

Box 4.9

다음은 제2언어에서 문법 습득이 일어나는 순서라고 주장되어 온 것이다.

문법 형태소[12]
  the/a > *ing* > pl. *-s* > reg. past *-ed* > irreg. past > poss. *'s* > 3rd pers. *-s*
처리 가능성(processability)[15]
  fly > *will fly* > *I will fly* > *I will fly if possible*
부정(negation)[16]
  Kenny no > *No finish* > *That's no good* > *You have a not fish* > *You didn't can throw it*

연구마다 세부적인 내용은 조금씩 다르지만, 이러한 문법 요소의 습득에는 단계가 확실히 있는 것으로 결론 내릴 수 있다. 이 내용을 일반화하자면 제2언어의 문법적 요소들은 유사한 순서로 습득되지만

학습자의 모어, 또는 그들이 접하는 교수법에 따라 그 순서가 조금씩 달라질 뿐이라는 것이다. 이러한 내용은 SLA의 여러 분야에서 수차례 확인되었다. 이 책의 다른 장에서도 볼 수 있듯이, 제2언어의 소리, 문법 구조, 그리고 기타 영역들은 많은 학습자에게서 공통된 단계를 거쳐 습득된다. 그리고 SLA 연구에서는 L2 습득이 이렇듯 일련의 단계를 거쳐 이루어진다는 것을 어느 정도 당연시한다.

　　SLA 연구를 통해 습득에 단계가 있다는 사실을 밝힌 것은 흥미롭지만 '왜 그 순서대로 습득이 일어나는가'에 대해서는 아직 객관적 데이터로 증명하지 못하였다. 한 가지 가능한 설명은 이러한 순서를 '자연 순서(natural order)'로 보는 것이다.[14] 하지만 사실 이런 개념으로는 아무 것도 알아낼 수 없다. '자연스러운' 것이 무엇이든 간에 문제는 그것이 '왜' 자연스럽냐는 것이 분명치 않기 때문이다. Manfred Pienemann에 의해 제안된 처리 가능성 모형(Processability Model)에서는 학습자의 발달 순서는 학습자가 새 언어를 처리할 수 있는 정신 능력의 향상에 기반을 둔다고 하였다.[15] 이 이론에서는 학습자가 거치는 각 단계의 특성을 파악함으로써 그들이 제2언어에 대한 기억을 어떻게 확장해 가는지 밝힐 수 있다고 주장하였다.

　　⑴ **내용어 하나를 사용함**: 처음에는 기억 능력의 부족으로 L2 학습자는 한 번에 한 단어만 처리할 수 있다. 따라서 이 때 학습자들은 개별적인 내용어로 구성된 발화를 생산한다. *Husband. Fly. Plane. Thursday.*

⑵ **기능어를 더함**: 학습자의 능력이 약간 증가하면서 기능어를 문장에 넣기 시작한다. *Husband. Fly. To Paris. On Thursday.*

⑶ **구를 형성함**: 더 많은 능력이 주어지면서 학습자들은 여러 단어들을 구로 조합할 수 있다. *My husband. Will fly. To Paris. On Thursday.*

⑷ **문장을 형성함**: 능력을 더 갖추게 되면 학습자들은 다른 부분들을 조합하여 문장을 구성할 수 있다. *My husband will fly to Paris on Thursday.* 여기서는 학습자가 단문의 주요 구조와 어순을 통제할 수 있다는 것이 핵심이다.

⑸ **종속절을 덧붙임**: 마침내 학습자들은 문장 내에 종속절을 삽입할 수 있는 충분한 능력을 갖추게 된다. *My husband will fly to Paris on Thursday if the airport is open.*

이러한 단계적 특성은 학습자가 문장의 주요 요소들을 처리하는 능력이 확장되어 가는 것을 보여 준다.

어순과 처리

우리가 알고 있는 것처럼 영어 문장에서 주어를 식별하는 방법은 처음에 나오는 명사나 명사구를 확인하는 것이다. *Sherlock Holmes plays the violin*의 주어는 *Sherlock Holmes*이다. 그 이유는 그것이 처음에 나오고 동사 앞에 오기 때문이다. 경쟁 모델에서는˚ 사람들이 문장의 주어를 찾아내는 다양한 방법에 대해 연구하였다.[17] Box 4.10에서는 이러한 연구에서 활용한 기술이 무엇인지 확인할 수 있다. 문장이 다소 부자연스럽게 보일 수 있겠지만 각 문장의 주어를 찾아보자.

문장의 주어 찾기

Box 4.10

다음 문장의 주어를 찾아 표시해 보시오.
(1) The dog pats the tree.
(2) The horse the rock kisses.
(3) Watches the monkey the pen.
(4) The pencil smells the giraffe.
(5) The ball the cat bites.
(6) Licks the spoon the bear.
(7) The dogs bites the monkey.
(8) The cows the cat watches.
(9) Pats the pigs the giraffe.
(10) The monkeys pats the giraffe.
(11) The bears the turtle pulls.
(12) Greets the pigs the monkey.

---

* 경쟁모델(Competition Model)은 Brian Mac Whinney와 그의 동료들에 의해 정립된 이론으로 인간의 언어는 의미를 전달하기 위해 네 가지 형태의 신호, 즉 어순, 어휘, 형태, 억양을 사용한다고 본다. 인간의 정보 처리 체계는 한 번에 제한된 수의 정보를 처리할 수 있으므로 이러한 신호들을 다르게 적용한다고 보는 관점이다. 즉, 한정된 처리 공간에 대해 언어의 각 요소들이 경쟁을 한다고 보는 이론인데, 예를 들면 정보처리에서의 중요도는 영어에서는 '어순>형태', 라틴어에서는 '형태>어순', 중국어에서는 '억양>형태'인 것으로 파악된다(이종복 외, 2016: 313-314).

　　어떤 언어에서는 '살아 있는 것'만 주어가 될 수 있다. *Sherlock Holmes plays the violin*에서 주어 *Sherlock Holmes*는 문장에서 첫 번째로 나오기도 하고 살아 있는 것을 가리키기도 한다. *The violin struck Sherlock Holmes on the head* 같은 문장을 영어 화자가 본다면 *the violin*이 비록 살아있는 것은 아니지만 문장의 처음에 나오기 때문에 주어라고 생각할 것이다. 하지만 일본어 같은 언어에서는 어순보다 유정성(animacy)이 우선시되기 때문에 비록 문장의 처음에 나오지는 않아도 *Sherlock Homes*가 주어라고 생각할 것이다. 이와 유사한 맥락에서 일본 사람은 (4)*The pencil smells the giraffe*에서 *giraffe*를 주어로 생각한다.

　　반면에 이탈리아어 같은 언어에서는 주어-동사 일치(agreement)가 어순보다 더 중요하다. 따라서 그들은 문장 (10)*The monkeys pats the giraffe*에서 동사 *pats*와 수에서 일치하는 명사 *the giraff*를 주어라고 생각할 것이다. 또한 (7)*The dogs bites the monkey*와 같은 문장도 영어 화자에게는 *the dogs*가 주어로 느껴지는 반면 이탈리아인에게는 의미와 상관없이 동사와 수에서 일치를 보이는 *the monkey*가 주어로 여겨진다.

　　간단히 말해 주어라는 문법적 기능은 어순, 유정성, 수 일치 등과 같이 다양한 단서를 통해 드러난다. *Sherlock Holmes*는 단수이면서 유정성을 지니고 있고 문장의 첫머리에 나타난다는 점에서 이러한 특성을 동시에 갖는다. Box 4.10의 실험적 문장들은 언어마다 이러한 단서들이 갖는 상대적 중요도가 다르다는 것을 잘 보여 준다. 어떤 언어든 이러한 단서들 중 하나는 다른 것보다 우선시되는데, 영어에서는 어순이, 일본어에서는 유정성이, 그리고 이탈리어어에서는 일치가 가장 중요하다. 이렇듯 모어와 제2언어에서 다를 수 있는 주어 단서를 제대로 찾는 것이 바로 문장 처리이다.

초기의 SLA연구에서는 이러한 현상을 모어가 제2언어로 전이된 것이라고 해석하였다. 네덜란드어에서는 일치를 선호한다. 그래서 네덜란드어 원어민은 영어를 말할 때 영어 원어민보다 더 일치에 의존한다.[18] 터키어에서는 유정성이 가장 중요하다. 따라서 터키어 원어민은 네덜란드어를 말할 때 유정성에 과도하게 의존한다.[19] 모어에서 제2언어로 전이되는 것은 문법 구조만이 아니다. 우리 정신에서 문장을 처리하는 방법도 전이되는 것이다.

최근에 와서 제2언어가 모어에 영향을 미치는 '역전이' 현상을 연구하는 데 이러한 방법론이 적용되기 시작했다.[20] 영어를 잘 하는 일본어, 그리스어, 아랍어, 스페인어 원어민의 상당수는 자기 모어를 말할 때 영어의 어순 중심성으로부터 영향을 받는다. 그들은 주어를 선택하는 원칙에서, 영어를 할 줄 모르는 모어 단일어 화자들과 차이를 보인다.

이러한 연구들을 통해 L2 사용자의 정신에 존재하는 언어들끼리 상호 연결(interconnection)된다는 것이 보다 명확해진다. 모어와 제2언어 문법은 독립적으로 기능하기보다는 항상 연관되어 있어서 제2언어의 처리는 모어에, 모어 처리는 제2언어에 일부 서로 의존한다. L2 사용자가 어떤 언어를 사용하든 그가 다른 언어에 대해 알고 있는 정보는 그의 언어 체계 속에 남아 있으며 절대로 완전히 사라지지는 않는다.

[요약] 제2언어 습득에서의 주어 단서

Box 4.11

주어의 위치, 유정성, 일치 등 문장의 주어를 인식하는 단서는 언어마다 다르다.
L1의 단서는 제2언어 습득에 영향을 미칠 수 있다.
L2의 단서는 개인이 알고 있는 모어에 어느 정도 영향을 미칠 수 있다.

관사

그러면 다시 관사의 문법 체계에 대해 살펴보자. 관사는 많은 언어에서 여러 다른 의미를 전달하는 데 쓰이고 있다. 그러나 어떤 언어에는 관사가 전혀 쓰이지 않기도 한다. 그래서인지 제2언어의 관사 학습은 특히 '다사다난'하다.

영어 관사의 사례를 살펴보자. 단수 명사는 정관사 *the beer*, 부정관사 *a beer/an orange*, 그리고 무관사, 즉 관사가 사용되지 않는 것 *(Ø) beer* 중 하나와 같이 쓰인다. 복수 명사에는 두 가지 선택이 가능하다. 정관사 *the beers*와 무관사 *Ø beers*가 그것이다.

관사의 의미는 가산성(countability) 측면에서 중요하다. 명사가 셀 수 있는 것이면 단수 명사에 *a/an*을 써서 *a book*이라고 하지만 관사 없이 *Ø book*으로 쓸 수는 없다. 명사가 셀 수 없는 것이면 그 반대가 된다. 즉 *honesty*는 가능하지만 *an honesty*는 불가능하다. 우리는 *beer*의 예에서 특정 명사가 아니라 우리 마음속에서 명사와 관련하여 떠오르는 의미가 관사를 지배한다는 것을 확인하였다. 즉, *I'll have a beer*(가산)로도 쓸 수 있고, *Beer is an alcoholic drink*(불가산)로도 쓸 수 있다. *a beer*는 *beer*라고 할 때의 '셀 수 없는 액체 상태' 그 자체를 말하는 것이 아니라 맥주를 잔으로 세거나 맥주의 종류를 말할 때 사용하는 것이다. 즉, 가산성 여부는 화자가 전달하고자 하는 의미와 관련되어 있다. 단어 *some*도 관사 체계의 일부로서 기능하는데, *some beer*처럼 불가산 명사들과 함께 쓰이기도 한다.

　　*guitar*나 *ostrich* 같은 가산 명사가 청자에게 새로운 정보라고 생각할 때는 *a/an*을 써서 *a guitar*나 *an ostrich*라고 한다. 만약 청자가 이미 들었거나 알고 있다고 기대될 때는 *the guitar*나 *the ostrich*와 같이 *the*를 쓴다. 그래서 *a dog came in and sniffed around; then the dog went out*에서처럼 어떤 명사가 처음 나올 때는 *a*를 쓰고, 두 번째 나올 때는 *the*를 써서 *a*는 '그 개를 본 적 아직 없음'을 표시하고 *the*는 '이미 알고 있음'을 표시한다.

　　복수 명사에서는 조금 다르다. 청자에게 새로운 것에는 관사를 쓰지 않고 Ø *guitars*(또는 실제로는 *some guitars*), 또는 Ø *ostriches*로 쓰며 이미 알려진 것에는 *the guitars, the ostriches*처럼 *the*를 쓴다. 청자에게 어떤 것이 이미 알려졌는지 그렇지 않은지를 전할 때 알맞은 관사를 선택하려면 명사가 가산적인지 불가산적인지도 알아야 하고,

단수인지 복수인지도 알아야 한다. 의미의 이러한 측면을 SLA 연구에서는 '청자의 지식(Hearer Knowledge)'이라고 부른다.[21]

관사 의미의 다른 차원은 명사가 특정한 것을 지칭하는가 혹은 일반적인 것을 지칭하는가와 관련된다. *A pretty girl is like a melody* (Irving Berlin song)이 그 예이다. 여기서 이야기하는 것은 특정한 소녀나 특정한 멜로디를 의미하는 것이 아니라 그저 어느 예쁜 소녀, 어느 멜로디, 즉 보통의 소녀, 보통의 멜로디를 의미한다. 이는 *A/the pretty girl come in the room*에서처럼 특정인을 가리키는 것과는 차이가 있다. 이런 의미를 SLA 연구에서는 '특정 지시(specific reference)' 또는 '비일반적 지시(non-generic reference)'라고 한다.

이러한 두 차원의 의미가 명사의 수에 따라 세 개의 관사(그리고 some) 중 하나와 결합하여 전달되기 때문에 관사 체계가 복잡한 것이다. Derek Bickerton은 인간의 정신에는 특정 지시(specific reference)와 불특정 지시(non-specific reference), 그리고 전제(presupposed)와 비전제(non-presupposed)라는 두 가지 원칙이 들어 있다고 주장하였다.[22] 영어의 관사는 인간 정신에 내재된 이러한 속성을 표현하는 것이다. Box 4.12에는 연구자들이 여러 방법으로 연구한 관사 체계가 요약되어 있다. 한정사의 문법 체계에 관한 전체적인 내용은 Halliday의 *An Introduction to Functional Grammar*에서 살펴볼 수 있다.[2]

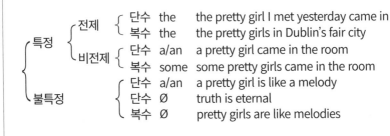

특정	전제	단수	the	the pretty girl I met yesterday came in
		복수	the	the pretty girls in Dublin's fair city
	비전제	단수	a/an	a pretty girl came in the room
		복수	some	some pretty girls came in the room
불특정		단수	a/an	a pretty girl is like a melody
		단수	Ø	truth is eternal
		복수	Ø	pretty girls are like melodies

영어 관사 체계 요약

Box 4.12

적절한 의미 표현을 위해 관사들을 언제 어떻게 사용해야 할지를 아는 것이 제2언어 관사 체계 학습의 핵심이다. 이러한 학습은 학습자의 모어에 관사가 전혀 사용되지 않을 때 특히 더 어렵다. Box 4.13에는 중국인 영어 학습자가 쓴 문장들을 모아 놓았다. 참고로 중국어에는 관사가 없어서 이러한 의미를 다른 방법으로 나타낸다.

중국인 학생들의 관사 사용

Box 4.13

I used to be cook in peking hotel.
Chinese women becam very important role in production field.
I had taken the education ....
... in Taiwan the food is more cheaper.
Once I went to supermarket.
I only got most of my knowledge from the books and films.
American is high technology orientation country.
After the introducing of computer, ...
... computer take the new life into our world.

Box 4.13의 문장들에는 전형적인 문제가 두 가지 보인다. 첫째
는 *to supermarket*이나 *in peking hotel*처럼 관사가 필요한데도 쓰지
않는 것이다. 문법의 다른 부분에서는 어떤 것을 생략하는 것이 그리
큰 문제가 아닐 수 있다. 하지만 불행하게도 관사를 생략하는 것은 영
어 관사 시스템 내의 하나인 무관사 Ø와 동일하게 처리되기 때문에 문
제가 된다. 즉, 관사를 쓰지 않은 *supermarkets*와 *hotels*는 특정한 장
소보다는 일반적 범주의 것을 의미하게 된다. 실제로 많은 명사에서
the/Ø 대비로 의미 차이가 명확해진다. *I am going to school*은 '교육
을 받는다'는 것을 의미한다. 그러나 *I am going to the school*은 '(어떤)
학교로 가고 있다'를 의미하며 교육을 받는 것과는 관계가 없다. 그래
서 *a child goes to school*이고 *the postie delivers letters to the school*

인 것이다. 일반적으로 L2 사용자의 모어에 관사가 없을 때 영어 관사
의 생략 현상이 흔히 일어나며, 이는 L1에 의한 전이의 사례가 된다.

　　반대로 knowledge from the books and films나 take the new
life into our world처럼 무관사 Ø가 쓰일 위치에 a나 the가 쓰인다는
문제도 있다. 이는 일반적인 책 대신에 특정한 책을 의미하거나, 일반
적인 영감(inspiration)을 뜻하기보다는 특정한 삶의 형태를 의미하는
등 잘못된 의미를 전달할 수 있다. 관사 선택에 반영되는 의미를 볼 때
러시아인 학습자와 한국인 학습자는 모두 the를 특정 의미를 나타낼
때, a를 불특정 의미를 나타낼 때 과잉 사용한다.[23] 중요한 것은 단지
관사를 쓰느냐 마느냐가 아니라 관사 체계 전체가 어떻게 움직이는지
를 아는 것이다.

　　영어에 관사가 있는 반면 일본어 같은 언어에는 분류사(classi-
fier)가 있다. 분류사는 사물을 셀 때 사용되며 어떤 종류의 사물이 관계
되어 있는지를 나타낸다. 어떤 면에서 분류사는 영어에서 불가산 명사
를 셀 때 쓰는 구(a glass of water, a pile of sand 등)와 유사하다. 영어에
서 water나 clay와 같은 물질명사는 수사의 수식을 직접 받을 수 없다.
따라서 a water나 20 clays와 같이는 쓰지 못한다. 대신 a glass of water
나 a ball of clay와 같이 특별한 분류사를 이용하여 계량화해야 한다. 그
러나 book이나 day와 같은 가산 명사는 이러한 제약이 없어서 a book
이나 20 days로 쓸 수 있다. 일본어에서는 일반적으로 수량을 나타내지
않아서 koko ni hon ga aru ('here is a book'), koko ni mizu ga aru ('here

is water')로 표현한다. 수량이 표현될 때는 *koko ni issatsu no hon ga aru* (축자적으로 'here is one-분류사 book'), *koko ni ippai no mizu ga aru* ('here is one-분류사 water')처럼 수사와 분류사가 명사의 앞에 놓인다.

일본어를 배우는 영국인이라면 상당히 많은 일본어 분류사와, 그와 함께 쓰이는 명사 부류를 학습해야 하는 어려움이 있을 것이다. 반대로 영어를 배우는 일본인이라면 제한된 수의 관사 체계와 명사 부류를 학습하면 되지만, 그 미묘하고 복잡한 의미 차이를 익혀야 한다는데 어려움이 있을 것이다.

이러한 현상은 문법이 특정한 사고방식과 관련된다는 것도 보여 준다. 즉, 영어 화자는 질량과 수의 차이를 인식하는 반면 일본어 화자는 이를 인식하지 않는다. 또한 일본인은 사물을 인식할 때 물질을 중심으로 하며 영국인은 형태를 중심으로 한다. Box 4.14와 같이 코르크 피라미드와 두 개의 사물을 함께 제시한 뒤 이 코르크 피라미드가 어느 쪽에 가까운지 물으면 영국인들은 플라스틱 피라미드를, 일본어 화자는 코르크 조각을 고른다고 한다.

형태 vs. 물질

Box 4.14

코르크 피라미드

플라스틱 피라미드   코르크 조각

언어가 사고에 영향을 미친다고 믿는 사람들은, 영어 관사와 일본어 명사가 갖는 차이 때문에 영어 화자와 일본어 화자가 다르게 생각한다고 주장한다.[24] Topic 1에서 살펴본 것처럼, 다른 언어를 배우면 다르게 생각할 수도 있다. 실제로 영국에 3년 이상 거주한 일본인은 이 과제에서 영국인처럼 형태를 중시하는 쪽으로 선택이 바뀌었다고 한다. 결국 다른 문법 체계를 습득하는 것은 학습자의 모어에만 영향을 미치는 것이 아니라 전반적인 사고방식에도 영향을 주는 것이다.

이번 장에서는 문법이 제2언어 습득에서 매우 중요한 역할을 한다는 것을 살펴보았다. 어쩌면 문법이 어휘나 발음에 비해 덜 중요하다고 생각할 수도 있다. 그러나 단어나 소리들을 묶어 주는 문법이라는 뼈대가 없다면 문장은 성립되지 않을 것이다. 지금까지 우리는 문법이 그저 단순한 '형태'가 아니라, 누가 무엇을 누구에게 하느냐와 관련된 '관계'와, '수(number)'나 '성(gender)'의 개념, 그리고 구체적 '지시' 등 특유의 의미를 표현한다는 것을 확인하였다. 우리가 언어를 처리하는 데 사용하고 있는 정신 문법(mental grammar)에는 불필요한 것도 없고 무의미한 것도 없다. 문법 역시 어휘처럼 의미와 결합되어 있다. 그러나 그 의미는 어휘 의미하고는 다른, 좀 더 미묘한 종류의 의미이다. 이를 문법적 의미(grammatical meaning)라고 한다. 그러므로 SLA에서 형태냐 의미냐를 따지는 논쟁은 요점을 벗어난 것이다. 문법도 의미를 전달하기 위해 존재하기 때문이다. 만약 사용자에게 아무런 의미 없는 문법 요소라면 그것은 곧 그 언어에서 사라지고 말 것이다. 영어의 *between you and I*나 *John and me went out*, 그리고 실제로 가디언지의 칼럼니스트도 썼던 *like I* 같은 표현은 이제 대명사 체계에서 사라져 가고 있다. 이것이 바로 그 증거다.

[요약]

Box 4.15

단계(stages) L2 학습자는 다른 문법 영역에서와 마찬가지로 문법 형태를 비슷한 순서로 습득한다.

어순 처리(word order processing) L1에서의 어순 처리 선호도가 L2 어순 처리에 영향을 미친다. 또는 그 반대도 성립한다.

관사 시스템(article system) 어떤 언어에서든 L2 학습자가 다르게 사고하도록 만드는 복잡한 의미 문제와 연관되어 있다.

[덧붙임]

Box 4.16

제2언어 습득에서 문법은 어떤 존재인가? 아래에 의견을 표시해 보자.

흥미로운 것 (exciting)	<---------------------->	지루한 것 (boring)
중요한 것 (important)	<---------------------->	사소한 것 (trivial)
유행에 뒤떨어진 것 (old-fashioned)	<---------------------->	새로운 것 (modern)
가르칠 필요 없는 것 (doesn't need teaching)	<---------------------->	가르쳐야 하는 것 (needs teaching)

L2 학습자의 에세이에 대한 답(Box 4.5, p. 140)

Box 4.17

학습자 모어

(1) **Farsi**... we have many book about him

(2) **Bahasa Indonesia** ... one of the most important things in the American social relationship is a punctuality

(3) **French** I have experienced myself many culture shocks

(4) **Japanese** They proud of it very much

(5) **Spanish** Other problem not commun now is the tenant, who wants finish with the problem shoot him or going to the war and is xxxx his own gun

(6) **Urdu** I just eight months before here

(7) **German** ... Because then have you to speak in every situation (in this language.)

(8) **Arabic** The government try to bring the most advantage things to develop the nation

Further Readings

- 대부분의 제2언어 습득 개론서에는 문법 부분이 포함된다. 다음의 책들을 참고하라.

Cook,VJ. (2008). *Second Language Learning and Language Teaching*, 4th edition. London: Arnold.

Mitchell, R., Myles, F. and Marsden, E. (2013) *Second Language Learning Theories*, 3rd edition. London: Routledge.

Ortega, L. (2009) *Understanding Second Language Acquisition*. London: Hodder Education.

References

1   Biber, D., Johansson, S., Leech, G., Conrad, S. and Finegan, E. (1999) *Longman Grammar of Spoken and Written English*. Harlow: Longman.

2   Halliday, M.A.K. and Matheissen, C. (2004) *An Introduction to Functional Grammar*, 3rd edition. London: Hodder Educational.

3   Cook, V.J. (1993) *Linguistics and Second Language Acquisition*. New York: St Martin's Press.

4   Bruner, J. (1983) *Child's Talk*. Oxford: Oxford University Press.

5   Selinker, L. (1972) Interlanguage. *International Review of Applied Linguistics* X (3), 209-231.

6   Klein, W. and Perdue, C. (1997) The basic variety (or: Couldn't natural languages be much simpler?). *Second Language Research* 13 (4), 301-347.

7   Hirata-Edds, T. (2011) Influence of second language Cherokee immersion on children's development of past tense in their first language, English. *Language Learning* 61 (3), 700-733.

8   Jarvis, S. (2003) Probing the limits of L2 effects in the L1: A case study. In V.J. Cook (ed.) (2003) *L2 Effects on the L1*, 81-102. Clevedon: Multilingual Matters.

9   Jarvis, S. and Pavlenko, A. (2009) *Crosslinguistic Influence in Language and Cognition*. Abingdon: Routledge.

10   Schmid, M. (2006) *Language Attrition*. Cambridge: Cambridge University Press.

11   Brown, R. (1973) *A First Language: The Early Stages*. London: Allen and Unwin.

12   Dulay, H.C. and Burt, M.K. (1974) Natural sequences in child second language strategies. *Language Learning* 24, 37-53.

13   Hannan, M. (2004) A Study of the Development of the English Verbal Morphemes in the Grammar of 4-9 year Old Bengali-Speaking Children in the London Borough of Tower Hamlets. PhD thesis. University of Essex.

14   Krashen, S. (1981) *Second Language Acquisition and Second Language Learning*. Oxford: Pergamon.

15   Pienemann, M. (1998) *Language Processing and Second-Language Development: Processability Theory*. Amsterdam: John Benjamins.

16   Wode, H. (1981) *Learning a Second Language*. Tübingen: Narr.

17   Bates, E. and MacWhinney, B. (1982) Functionalist approaches to grammar. In E. Wanner and L. Gleitman (eds) (1982) *Language Acquisition: The State of the Art*. Cambridge: Cambridge University Press.

18   Kilborn, K. and Cooreman, A. (1987) Sentence interpretation strategies in adult Dutch-English bilinguals. *Applied Psycholinguistics* 8, 415-431.

19   Issidorides, D.C. and Hulstijn, J. (1992) Comprehension of grammatically modified and non-modified sentences by second language learners. *Applied Psycholinguistics* 13 (2), 147-161.

20   Cook, V.J., Iarossi, E., Stellakis, N. and Tokumaru, Y. (2003) Effects of the second language on the syntactic processing of the first language. In V.J. Cook (ed.) *Effects of the Second Language on the First*. Clevedon: Multilingual Matters, 214-233.

21   Ekiert, M. (2007) The acquisition of grammatical marking of indefiniteness with the indefinite article a in L2. *English Teachers College, Columbia University Working Papers in TESOL & Applied Linguistics* 7 (1), 1-43.

22   Bickerton, D. (1981) *Roots of Language*. Karoma: Ann Arbor.

23   Ionin, T., Ko, H. and Wexler, K. (2004) Article semantics in L2-acquisition: The role of specificity. *Language Acquisition* 12, 3-69.

24   Cook, V.J., Bassetti, B., Kasai, C., Sasaki, M. and Takahashi, J.A. (2006) Do bilinguals have different concepts? The case of shape and material in Japanese L2 users of English. *International Journal of Bilingualism* 2, 137-152.

5. 제2언어 쓰기는 어떻게 학습되는가?*

_ Vivian Cook

지난 100년 혹은 그보다 더 오랜 기간 동안 언어학자와 언어 교사들은 글말(written language)보다는 입말(spoken language)에 더 관심을 기울여 왔다. 그래서 그들은 L2 학습자가 어떻게 새로운 표기 체계(writing system)를 습득하는지, 학습자들이 L2 쓰기 방식을 익히는 데만도 얼마나 오랫동안 힘들어 하는지에는 거의 관심을 두지 않았다. 하지만 글말은 이제 많은 L2 사용자에게 중요한 의사소통 수단으로 자리 잡았다. 이메일은 진지한 내용이든 사소한 내용이든 다양한 목적으로 사용되고 있으며 트위터, 페이스북, 문자 메시지를 통해 사회적 소통이 이루어지고 있다. 이제는 그저 소설이나 교재를 읽거나, 격식 있는 편지,

---

* 이 장에서 철자 관련 예시들은 ' '(작은따옴표)를 사용함을 밝혀 둔다.

학업 과제, 업무 보고서 등을 작성하는 데만 글말이 이용되지 않는다.

시작하기

Box 5.1

여러분은 이런 글들을 얼마나 자주 읽습니까?

- 책 ☐ 전혀 ☐ 가끔 ☐ 일주일에 한 번 ☐ 매일
- 신문 ☐ 전혀 ☐ 가끔 ☐ 일주일에 한 번 ☐ 매일
- 간판 ☐ 전혀 ☐ 가끔 ☐ 일주일에 한 번 ☐ 매일
- 이메일 ☐ 전혀 ☐ 가끔 ☐ 일주일에 한 번 ☐ 매일
- 트윗(tweet) ☐ 전혀 ☐ 가끔 ☐ 일주일에 한 번 ☐ 매일

인용

Box 5.2

문자는 한 사람이 다른 사람과 생각을 소통할 수 있는 시공간의 범위를 무한히 확장한다. 작가의 육신은 사라지더라도 잉크와 종이, 그리고 독자가 존재하는 한 문자가 그의 정신을 살아 있게 한다. *Samuel Butler*

말하는 대로 쓰는 사람은 말은 잘해도 글은 잘 쓰지 못한다. *Comte de Buffon*

구두점은 감정 표현이 배제된 표기이며, 격한 발화의 표현이 아니라 타이포그 래피에서 사용되는 코드일 뿐이다. *Robert Bringhurst*

철자법은 교육을 잘 받았음을 드러내 주는 지표 중 하나이다.

James J. Kilpatrick

철자를 모르면 벽에 외설적인 낙서도 하지 마라. *Tom Lehrer*

많은 사람들은 '정확한 맞춤법'이 높은 교육 수준과 상대방에 대한 정중함을 나타내 준다고 믿는다. 'receive'를 'recieve'로 쓰거나 'accommodation'을 'accomodation'으로 쓴다면 아마도 읽는 사람들이 불편해할 것이다. 그러나 객관적으로 볼 때, 철자법 실수는 발음 실수나 문법 실수에 비하면 상황이 양호한 편이다. 소통에서 중요한 것은 자신이 하고자 하는 말을 독자에게 제대로 이해시키는 것이므로 사실 철자법 실수는 의미를 잘못 전달했을 때만 문제가 된다고 볼 수도 있다.

하지만 철자법 실수는 우리가 생각하는 것보다 훨씬 더 부정적인 인상을 남긴다. 이 때문에 혁명적인 사상가나 시인들은 자신이 쓴 글이 철자 오류 없이 인쇄되었는지 철저히 확인한다. 일례로, 영국의 전 총리 Gordon Brown이 전사한 군인의 어머니에게 친필로 쓴 위로의 편지에 대해 영국 일간지들이 대서특필한 적이 있다. 그가 편지에 'Mrs Janes'를 'Mrs James'로, 'greatest'를 'greatst'로, 'your'를 'you'로, 'colleagues'를 'colleagus'로 잘못 썼으며 이에 대해 그 어머니가 그를 무례하다고 생각했다는 것이 이유다. 이것이 당시 총리에 대한 정당한 비판이었는가는, 그의 시력이 나쁘고 악필인 데다가 직접 편지를 쓰느라 시간을 얼마나 할애했는지와는 별개의 문제이다. 아마 그가 맞춤법 검사기를 이용했더라면 이러한 실수를 손쉽게 바로잡을 수 있었을 것이다. 하지만 또 그렇다고 해서 맞춤법 검사기가 완벽한 해결책이라는 뜻은 아니다. 맞춤법 검사기 역시 'from'을 'form'으로, 'cooperation'을 'Cuperatino'로 바꿔 버리는 실수를 할 때가 있기 때문이다. 이와 관련하여 사람들에게 잘 알려진 실수가 있다. 2003년 NATO에서 'the Cupertino with our Italian comrades proved to be very fruitful'이라고 발표한 적이 있는데, 담당자가 맞춤법 검사기를 돌렸음에도 이 실수를 잡아내지는 못했다고 한다. 이 일은 애플 본사가 있는 캘리포니아의 도시 Cupertino를 맞춤법 검사기가 중요하게 인식하면서 생긴 해프닝이었다.

지금부터 Box 5.3의 테스트를 통해 L2 사용자가 만들어 낸 철자법 실수의 유형들을 확인해 보자(답은 Box 5.18, 199쪽).

이들의 모어는 무엇일까?

Box 5.3

말씨(accent)을 들으면 그 사람이 어느 지역 사람인지를 알 수 있듯이, 사람들의 철자 오류를 통해서도 그것을 알 수 있다고 한다. 철자법을 보고 이들의 모어가 무엇인지 맞혀 보자.

	Spanish	Chinese	Arabic	Japanese	English
(1) essenciall	☐	☐	☐	☐	☐
(2) aquir	☐	☐	☐	☐	☐
(3) tradditional	☐	☐	☐	☐	☐
(4) empasises	☐	☐	☐	☐	☐
(5) pronounciation	☐	☐	☐	☐	☐
(6) Engilish	☐	☐	☐	☐	☐
(7) adress	☐	☐	☐	☐	☐
(8) well-payed	☐	☐	☐	☐	☐
(9) puneshments	☐	☐	☐	☐	☐
(10) tried	☐	☐	☐	☐	☐
(11) snorring	☐	☐	☐	☐	☐
(12) ram (lamb)	☐	☐	☐	☐	☐
(13) youngesters	☐	☐	☐	☐	☐
(14) syllubus	☐	☐	☐	☐	☐
15) neccesary	☐	☐	☐	☐	☐

아동, 성인, 모어 화자, L2 사용자 할 것 없이 우리는 왜 모두 철자 실수를 범하는 것일까? 지금부터 몇 가지 가능성들을 살펴보겠다.

발음

L2 사용자가 목표어를 발음하는 방법은 그 언어의 '표준(standard)' 원어민과 다를 수 있다. L2 사용자는 그들의 발음 악센트를 철자 악센트로 전이시킨다. 일본인이 'lamb'을 'ram'으로 쓰는 것을 예로 들 수 있는데, 이는 잘 알려진 대로 일본인이 영어의 'l'과 'r'을 구별하지 못하는 데서 발생한다. 좀 더 살펴본다면 'ad-lib'을 'ad-rib'이라고 쓰거나 도쿄의 식당에서 'brunch'가 아닌 'blunch'를 파는 것 등도 예가 될 것이다. 이는 말하는 사람의 입말 악센트가 철자법으로 옮겨질 수도 있다는 것을 보여 준다.

영어를 모어로 하는 아동에게서도 이와 비슷한 현상이 나타난다. Essex 지방의 아동들은 'bath'를 'barf'로 'feather'를 'fever'로 적는데, 이는 그들 방언에서 /θ/, /ð/의 악센트가 각각 /f/, /v/로 발음되기 때문이다. 또한 그들은 'wall'을 'waw'로, 'pool'을 'pow'로 쓰는데, 그 이유는 그들 방언의 어말에서 /w/가 /l/을 대체하는 '유성적(vocalic) /l/' 현상이 있기 때문이다. 이 발음은 현대 영국 남부 영어의 보편적 특질이며 나 역시 Essex 지방에 한동안 살았기 때문에 이 악센트가 지금도 말 속에 남아 있다. 일반적으로 철자법은 각 글자들과 표준 발음들을 결합시키면서 학습된다. 영국에도 표준발음(Received Pronunciation, RP)이 있으며 이는 소수의 사람들만이 구사한다. 따라서 Essex 악센트를 갖고 있는 아동들은 RP 악센트의 철자법을 따로 배워야만 한다. 스위스 독일어로 말하면서 표준 독일어로 읽고 쓰기를 배우는 스위스 아이들처럼 Essex 지방의 아이들도 제2방언(RP)을 이용하여 읽기와 쓰기를 배워야 하는 것이다.[1]

일본인들의 'l~r' 오류를 통해 살펴본 것처럼, 철자 오류는 특정 언어를 모어로 하는 사람들이 지닌 문제를 보여 주기도 한다. /p~b/의 구별이 없는 아랍어 화자에게서 나타나는 'bicture(picture)', 'Urob(Europe)'도 마찬가지 문제이다. 다른 것들은 제2언어를 배울 때 겪는 공통적인 문제들이다. 영어에서 많은 사람들이 겪는 어려움은 'th'/ð~θ/ 소리와 관련되었는데 스페인어 화자가 faithfully를 'faitfully'라고 쓰고 중국어나 이탈리아어 화자가 mental을 'menthal'이라고 쓰는 것이 그런 문제를 잘 보여 준다.

표기 체계

글자나 문자를 종이 위에 적는 방향도 표기 체계(writing system)에 따라 다르다. 전통적으로 중국어나 일본어에서는 오른쪽에서 왼쪽으로, 그리고 세로로 글을 쓴다. 아랍어나 우르두어는 오른쪽에서 왼쪽으로, 프랑스어나 독일어는 왼쪽에서 오른쪽으로, 그리고 가로로 글을 쓴다. 글을 쓰는 방향은 글자를 쓰는 손동작에서부터 글자 모양 그 자체, 책장을 넘기는 방향(앞에서 뒤로, 혹은 뒤에서 앞으로)까지 모든 것에 영향을 미친다. 글을 쓰는 방향은 결정적으로 문식력(literacy skill)의 기본 요소인 읽기(reading)에서 눈이 어떻게 움직이느냐에 영향을 준다. 어떤 쓰기 방향을 유지하다가 다른 방향의 표기 체계를 익히는

것은 그 자체로 어려운 일이다. 이 때문에 영국의 아랍 아동들은 아랍
어를 쓸 때도 왼쪽에서 오른쪽으로 쓰려고 할 때가 종종 있다.

서로 다른 문자체계로 된 표지판들

Box 5.4

일본어	페르시안	프랑스어
(세로쓰기)	(오른쪽에서 왼쪽으로)	(왼쪽에서 오른쪽으로)

글을 쓰는 방향은 넓게는 세상을 인식하는 방법에도 영향을 미
친다. 사건을 나타내는 그림들을 주고 순서대로 배열해 보라고 하면, 아
랍어로 읽는 어린이는 영어로 읽는 아동과 다른 순서로 그림을 배열한
다고 한다.[2] 실생활 사례를 생각해 보자. 머릿속에 아주 뚱뚱한 사람이
왼쪽에, 보기 좋게 날씬한 사람이 오른쪽에 그려진 체중 관리 프로그램
광고를 떠올려 보자. 만약 오른쪽에서 왼쪽으로 읽는 표기 체계에서라
면 이 광고는 치료 결과가 그다지 성공적이지 않다고 해석될 것이다.

영어 모음자와 소리의 대응

Box 5.5

a   bait, wag, talkative, father, anaemia, daughter, many, aisle, aerial, beauty, cauliflower, artistically(묵음)

e   ten, cedar, be, kidney, offer, bureau, eight, lewd, pace(묵음)

i   bit, bite, legible, auntie, sign, dirt, business(묵음)

o   phone, dog, memoir, door, book, word, youth, ludicrous, cow, tough, flour, boy

u   but, fruit, burn, use, full, guest(묵음)

y   yes, martyr, ratify, nylon, funny

글자와 소리의 대응

많은 표기 체계의 핵심 원칙은 글자와 소리가 대응을 이룬다는 것이다. 이러한 원칙은 /s/ 소리가 'see'의 's'나 'cell'의 'c'에 대응된다든지, 글자 'f'가 'of'에서 예외적으로 /v/에 대응되는 것을 제외하면 모두 /f/ 소리에 대응되는 것처럼 어떤 관습의 집합을 바탕으로 한다. 표기 체계 내에서 소리와 글자가 일대일 대응을 이룰 때 이를 보통 '음성적' 언어라고 한다(여기서 '음성적'이라는 말은 일반적 쓰임이 아니다). 언어학자들은 이와 같은 표기 체계를 '얕은(shallow)' 체계 또는 '투명한(transparent)' 체계라고 부른다. 핀란드어나 이탈리아어 표기 체계에서는 본질적으로 각각의 언어음이 일정한 알파벳 문자로 연결되며, 각 글자들은 몇몇 예외 사항을 제외하고는 언제나 같은 소리를 나타낸다.

그러나 어떤 표기 체계는 글자-소리 간에 이와 같은 고정적 연결 방식을 택하지 않아서 소리와 글자들이 서로 여러 개의 대상에 대응되기도 한다. 이러한 표기 체계는 '깊은(deep)' 체계 또는 '불투명한(opaque)' 체계라고 불린다. 그 중에서도 가장 불투명한 표기 체계는 아마도 일본어의 간지일 것이다. 간지에는 문자와 형태 간에 아무런 연결점도 없기 때문이다. 猫는 실제로 문맥에서 발화되는 형태와 관계없이 글자 자체로는 'neko'라고 읽힌다. 영어에서 '&'와 '£'가 무엇에 대응되는지 사람들이 알 수도, 모를 수도 있는 것처럼 말이다. 실제로 '2+2=4'에서 '='는 소리 내어 읽을 때 'is'나 'are', 'equal', 'equals', 'makes', 'make' 등으로 읽힌다. 같은 맥락에서 예전에 Prince로 알려져 있던 가수가 앞으로 자기 이름은 ♀으로 명명하겠다고 해서 사람들로 하여금 새로운 이름을 어떻게 불러야 할지 모르게 만들었던 적이 있었다. 결국 ♀은 'the Artist Formerly Known As Prince', 줄여서 'Tafkap'으로 부르는 것으로 결론이 났다.

26개의 알파벳 글자는 영어의 음운 44개에 일대일로 대응할 수 없으므로 확실히 어떤 수단이 모색되어야만 한다. 이 때문에 한 글자가 여러 소리에 대응되는 상황이 생긴다. 't'는 'bathe, bath, catch, blitz, picture, digestion, ingratiate, trip' 등에서 각기 다른 소리에 대응되며, 이 중 'trip'의 't'만이 표준 발음 /t/에 대응된다. 반대로 하나의 소리가 여러 글자에 대응되기도 한다. 음소 /k/는 'came'에서는 'c'에,

'kill'에서는 'k'에, 'back'에서는 'ck'에, 'choir'에서는 'ch'에, 'according'에서는 'c', 'axe'에서는 'x', 그리고 'quay'에서는 'qu'에 대응된다. 'when'에서 'wh'는 음운 /w/에, 'sing'의 'ng'는 글자 두 개가 한 음운과 대응을 이루기도 한다.

영어 자음자와 소리의 대응
_____

                                                        Box 5.6

C   car, cell, chef, choir, chief, ocean, scissors(묵음)

D   bad, badger, watched, sandwich(묵음)

G   got, wage, sabotage, gnat(묵음)

L   left, colonel, folk(묵음)

S   see, dies, sugar, illusion, island(묵음)

T   stop, them, theory, catch, nation, equation, buffet(묵음)

U   but, fruit, burn, use, full, guest(묵음)

W   wind, who, write(묵음)

X   sex, Xena, exist

Y   yes, martyr, ratify, nylon, funny

영어 철자법의 개혁을 주장하는 사람들은 영어의 철자법이 핀란드어나 이탈리아어 같은 언어의 철자법에 비해 일관성이 떨어진다고 비판한다. 그러나 아무도 그 문제를 쉽게 해결할 수는 없다. 각 글자들이 확실하게 하나의 소리만 나타내는 새로운 표기 체계를 만들려는 시도도 있었지만 이러한 노력은 항상 실패해 왔다. 영어 표기를 위한

새 알파벳을 만들고 싶어했던 George Bernard Shaw의 유지에 의해 만들어진 공모전에서 상을 받은 '쇼 문자(Shavian alphabet)'가 그 예다.'[3] 새로운 표기 체계들은 시간이 지나면서 투명성을 잃는다. 핀란드어와 이탈리아어 체계는 모두 19세기에 표준화되었고 이후 한동안 불투명해지는 시기를 겪었다. 하지만 영어는 천 년 동안 사용되면서 'yacht' /jɒt/, 'lieutenant'(영국 영어, /leftenənt/), 'Cholmondeley'(/tʃʌmlɪ/ 'chumley')와 같은 기이한 표기 현상을 낳았다.

L2 학습자의 실수는 종종 그들의 모어에 있는 대응 규칙 때문에 발생하기도 한다. 스페인어의 철자법 'essenciall'과 'neccessary'는 스페인어에서 'c~s'가 어떻게 쓰이고 있는지를 보여 준다. 이러한 습관은 학습자가 스페인어와 같은 철자법 표기법으로부터 영어의 철자법 표기법으로 전환해야 할 때 특히 문제가 된다. 또한 소리에 기반을 둔 알파벳을 사용하더라도 두 표기 체계의 깊이가 서로 다르다면 둘을 전환하는 것이 쉽지만은 않을 것이다.

영어에서는 구어에서 강세를 받지 않는 모음과 문자의 대응이 특히 문제가 된다. 많은 단어에서 강세 없는 모음, 예를 들어 철자로는 'relevant'의 'a', 'independent'의 'e', 'definite'의 'i', 'person'의 'o',

---

* Shaw는 유언장을 통해 영어의 철자법과 문자를 개혁하고자 하는 의지를 밝혔다. 그는 새 알파벳이 갖추어야 세 가지 조건을 첫째, 최소 40자 이상이어야 하며, 둘째, 가능한 한 음소문자여야 하고, 셋째, 단순히 잘못 썼다는 인상을 주지 않도록 라틴 알파벳과 차별화되어야 한다고 밝혔다. 이러한 뜻에 따라 쇼 문자가 만들어지기는 했지만 현재 널리 쓰이지는 않는다.

'ultimatum'의 'u'가 슈와(schwa) /ə/로 발음된다. 독자는 글을 읽을 때 강세 없는 모음이 각 단어에서 어떻게 표기되는지 기억해야 하며, 일반적인 문자-소리 대응 규칙을 적용하기보다는 각 단어의 생김새, 즉 시각 정보를 떠올려야 한다. 프랑스어에도 유사한 문제가 있는데, 예를 들어 발음 /parlɛ/는 'parlait, parlais, parlaient' 등으로, /parle/는 'parlé, parlée, parlées, parler, parlez' 등으로 표기된다.[4]

음운 기반 표기 체계들은 문자(상징)를 통해 표시하는 소리의 종류에도 차이를 보인다. 영어와 프랑스어는 문자와 음소를 결합하는 대응 규칙을 사용한다. 영어의 'lens'에서 음소 /l/은 문자 'l'에 대응되며 프랑스어 'gens'에서 'g'는 /ʒ/에 대응되는 것이 그 예다. 하지만 아랍어 표기 체계는 자음 음소들만 표기하며, 아동 도서와 같은 특별한 문어 장르에서만 모음을 갖추어 쓴다. 이 때문에 아랍어 원어민들은 영어를 표기할 때 모음 부분을 소홀히 하는 경향이 있다. 'evry'나 'havn't', 'joks'와 같이 잘못 표기하는 것이 바로 그 예다.

이와 달리 일본어의 가나 문자는 개별 음소보다는 음절 전체에 문자가 대응된다. か는 음절 'ka'에 대응되며, さ는 'sa', き는 'ki', し는 'si'에 대응된다. 아랍 문자, 영어 문자, 일본어 가나 문자는 모두 소리에 대응되지만 소리의 핵심을 자음에만, 혹은 자음과 모음에, 또는 음절에 둔다는 점에서 서로 다른 개념을 내포한다. 이러한 표기 체계는 실제로 각 언어의 음운론과 매우 잘 들어맞는다. 일본어에서는 제한된 수의 음절만 사용되므로 48개의 가나 문자만 있으면 된다(단어의 어원에 따라 서

로 다른 두 세트의 가나를 사용하긴 하지만). 반면에 영어에는 많은 수의 음절이 사용되므로 음절 문자를 사용하기에 적합하지 않다. 오랜 시간 동안 우리가 접해 온 모어의 표기 체계는 우리 언어의 여러 측면에 스며든다. 실제로 어떤 언어학자들은 알파벳을 모어의 표기 체계로 가진 사람들만이 음소 개념을 제대로 이해할 것이라고 주장한다. 그들은 음운론이 만약 일본에서 시작되었다면 그 이론은 아마도 음운이 아닌 음절에 기반을 두었을 것이라고 주장한다.

음절 구조

지금까지 살펴본 것처럼 음절은 대부분의 표기 체계에서 중요한 역할을 한다. 각 언어에서는 다양한 방법으로 소리와 글자를 결합시켜 음절로 만드는데 특히 자음을 조합하는 방법이 매우 다양하다. 앞서 살펴본 'ka, ki, sa'처럼 일본어의 음절들은 반드시 하나의 자음(C)과 모음(V)으로 된 CV 구조를 가지며 일본어의 'Miyazaki', 'Yokohama', 'Mitsubishi' 등 어떤 단어에서나 이를 쉽게 확인할 수 있다. 반면에 다른 언어들은 자음-모음-자음(CVC) 구조를 보인다. 표준 중국어(Mandarin Chinese)는 하나의 음절 말 자음을 가질 수 있으며, 그것은 반드시 /ŋ/이나 /n/이어야 한다. 이는 중국어 이름의 'Chen, Wong, Tsang' 등에서 쉽게 확인할 수 있다. 광둥어(Cantonese)에서는 음절 말에 'dimsum'의 'm', 'pakchoi'의 'k' 등 네 개의 자음이 더 쓰인다. 영어도 CVC 구조를 갖고 있으며, 몇몇 자음은 'pin/nip'에서처럼 초성과 종성에 모

두 사용될 수 있다. 또한 'stress'의 /str/, 'hands'의 /ndz/처럼 둘 또는
그 이상의 자음이 결합된 자음군도 다양하게 쓰인다.

제2언어를 배울 때 목표어도 자신의 모어와 음절 구조가 유
사할 것이라고 기대하는 것은 자연스러운 현상이다. CV 언어의 화자
가 CVC 언어를 배울 때는 자신의 모어에는 없는 음절 조합 또는 자음
조합을 빈번히 접하게 된다. 이때 보통은 삽입모음(epenthetic vowel)
을 넣어 음절 구조에 적합하게 만들어서 문제를 해결한다. 이는 아랍
인이 'yongesters'나 'puneshments'로 잘못 쓰거나, 일본인이 'ngst',
'nshm', 'ngl'와 같은 자음 연쇄를 피하려고 삽입모음 'e'나 'i'를 이용
하여 'Engilish'라고 쓰는 데서 예를 볼 수 있다. 실제로 일본어에는
'cat food'를 'kyatto fuudo'로 발음하는 등, 많은 영어 단어에 음절 말
모음을 더해 일본어의 CV 구조로 발음하기 편하게 만든다. 이와 관련
된 몇 가지 예를 Box 5.7에서 볼 수 있다. 일본어에서 사용되는 이 단어
들은 영어 단어의 의미를 그대로 가지고 있다고 보기는 어렵다. 가령
일본어 단어 'bosu'는 영어의 'boss'에서 온 것으로 보이지만 그 의미는
'폭력배의 우두머리(gang leader)'를 뜻한다.

영어 단어에 모음을 덧붙여 사용하는 일본어 단어

Box 5.7

sutoraki : strike	bosu : boss
nekutai : neckties	gurin-piis : green peas
hotto rain : hotline	taipuraita : typewriter
haado-uea : hardware	puroguraame : programme
doraggu : drugs	happi-endo : happy ending
suteshon : station	seroteepu : sellotape
purintaa : printer	arubaumu : photo album
kurippu : paper clip	basuketto : basket

문자

문자(script)는 표기 체계 간의 상징 형태 그 자체가 다양하게 나타난 방식이다. 우리에게 친숙한 로마자(Roman alphabet)도 스페인어의 'ñ', 프랑스어의 'é', 독일어의 'ä'와 같이 몇 가지 변형을 가진다. 음성 기반 문자 중에는 그리스어의 'Σ'(sigma /s/), 아랍어의 'ب'(ba /b/) 또는 키릴 문자의 'Ж'(zhe /ʒ/)와 같이 완전히 다른 글자체를 사용하기도 한다. 그러나 기본적으로 로마자를 사용하는 표기 체계 간의 전환이라면 학습자에게 크게 어렵지는 않다.

사람들은 어렸을 때 자신이 글자 쓰는 법을 배우기 위해 얼마나 노력을 쏟았는지 잘 기억하지 못한다. 영국 아동들은 글자 'o'를 쓸 때 펜을 이용하여 시계 반대 방향으로 쓰라고 배우고, 중국인 아동은 붓을 이용하여 시계 방향으로 쓰라고 배운다. 영국 사람들은 글자 'E' 를 쓸 때 세로획에서 시작하고 나중에 가로획을 더한다. 그러나 중국인 들은 가로획을 먼저 긋고 마지막에 세로획을 더한다. 중국인 학생들이 /t을 쓸 때 보면 그들은 확실히 세로획을 긋기 전에 가로획을 먼저 긋 는다.[5] 글자를 쓰는 모양은 우리가 처음 배운 표기 방식의 영향을 받는 다. 나는 어릴 때 대문자 'I'를 'g'처럼 써서 선생님께 혼이 났었고, 그래 서 'I'로 글자체를 바꿀 수 있었다. 몇 년 후에 나는 그것이 유럽식 'g' 였고 그것을 내가 어릴 때 스위스에서 습득했다는 것을 깨달았다. 나는 숫자 7을 쓸 때 유럽식으로 가로획을 그어 '7'로 쓰는 것은 아직 고치지 못했다. 우리는 무의식적으로 손에 밴 필체를 갖고 있는데, 그것이 제 2언어에 의해 쉽게 바뀌는 것 같지는 않다. 그래서 그리스식 필기체로 쓰면 영어의 'a' 자리에 쓰인 글자가 'α(알파)'로 보인다. 문제는 제2언어 표기 체계에 적합한 기호로 인식하거나 쓰는 것이 그다지 중요하게 생 각되지 않는다는 점이다.

읽기와 쓰기의 과정

어떤 표기 체계에서는 글자(letter)와˙ 소리(sound)를 결합하는 것이 아니라 문자(character)와 의미(meaning)를 결합시키기도 한다.

＊ 문자와 관련된 용어 중 'letter'는 음소 문자 체계의 분절음 기호를 가리키며 '날 자'라고도 번역된다. 여기서는 '글자'로 번역하였다.

예를 들어 중국어 사전에서 형태와 대응을 이루는 한자는 50,000개에
달한다. 그리고 그 중 3,000여 개가 일상생활에 필요한 것들이다. 중국
어의 狗는 '개(dog)'를 의미한다. 川은 '강(river)'을 의미하며 大는 '크다
(big)'을 뜻한다. 중국어의 각 방언에서는 狗에 대해 서로 다른 구어 단
어를 사용한다. 북방(Mandarin) 방언에서는 'gou3'(숫자 3은 낮은 음으
로 내렸다가 올리는 성조를 뜻함), 객가(Hakka) 방언에서는 'gieu', 민(Min)
방언에서는 'gau4'를 쓴다.* 비록 구어 단어로는 서로 다를지라도 모든
방언 사용자들은 狗가 '개'를 의미한다는 것을 알고 있다. 중국에서 다
양한 구어 방언이 사용됨에도 불구하고 중국어가 하나의 언어로 유지
되는 이유가 바로 이것이다. 중국어와 일본어는 문자 기반 표기 체계
(character-based systems)를 갖고 있는 언어들이다. 일본어는 간지를
보완하기 위해 음절 기반 체계(syllable-based system)인 가나 두 종류
와 글자 기반 체계(letter-based system)인 로마지를 이용한다. Box 5.8
세계의 주요 표기 체계를 개괄한다.

---

* 원저에서는 성조를 숫자로 덧붙여 표기하였으나 일반적으로 성조는 병음 위에 기
호를 더하여 gǒu, gàu와 같이 나타낸다. 이 책에서는 원저의 표기 방법을 따랐음을
밝힌다.

세계의 주요 표기 체계

Box 5.8

소리 기반 표기 체계	의미 기반 표기 체계
부호가 말소리에 결합됨. 음절 중심(15%) 일본어(가나), 다수의 인도 언어들(벵갈어, 타밀어, 구자라트어 등). 자음 중심(2%) 아랍어, 페르시안어, 우르두어 등. 음소 중심(49%) 스페인어, 러시아어, 힌디어 등.	부호가 의미에 결합됨. 문자 기반(34%) 중국어, 일본어(간지)

(비율은 대략적 수치임)

 문자 기반 표기 체계는 음성적 원리보다는 시각적 원리에 의해 작동하므로 우리의 정신에서는 그것들을 다른 방식으로 처리한다. 이는 학습자가 의미 중심의 표기 체계에서 소리 기반 표기 체계로, 혹은 그 반대 방향으로 표기 체계를 전환하는 데 문제를 불러온다. 그들은 자신의 모어 표기 체계를 발판으로 삼기보다는 부호를 읽거나 사용하는 법부터 시작하여 글로 쓰인 단어(written word)에 관한 정보를 머릿속에 저장하는 법까지 전반적으로 다시 배워야만 한다.

 영어의 의미-소리 구분에서 기인하는 것으로 보이는 다양한 유형의 L2 오류들이 있다. 그 중 하나는 중국인 학습자가 'moring'이라고 쓰거나 일본인 학습자가 'empasises'라고 쓰는 것처럼 글자를 빠뜨리는 것이다. 그러나 더 전반적인 문제는 익숙하지 않은 표기 체계를 접할 때 그것을 읽는 속도가 훨씬 느려진다는 점이다. 이 때문에 미국 대학에서 공부하는 중국인 학생들은 스페인어가 모어인 동료들에 비해 영어 텍스트를 읽는 데 시간이 세 배나 더 걸린다고 한다.[6]

철자법

소리 및 문자와 관련된 대응 규칙뿐만 아니라 규범적인 철자법 (well-formed spelling)을 위한 규칙들도 존재한다. 그러한 예 중 하나가 세 글자 규칙(three-letter rule)이며, 이는 'the'와 'for' 같은 기능어의 철자법과 발음에 영향을 미친다(Box 5.9). 기능어와 내용어에는 각기 다른 규칙이 적용된다. 기능어는 'a', 'I', 'in'과 같이 하나 또는 두 개의 글자를 가진다. 또한 기능어가 'th'로 시작하면 'this'같이 /ð/하고만 연결된다. 반면에 내용어는 보통 'eye', 'inn', 'two'와 같이 세 개 이상의 글자를 가지며 내용어의 첫머리에서 'th'는 'thistle'과 같이 반드시 /θ/로 발음된다. 이처럼 철자법은 소리뿐 아니라 문법에 대한 지식과도 관련된다. 따라서 의식적으로든 무의식적으로든 내용어와 기능어의 차이를 파악하지 않는 한, 영어 철자법을 제대로 알기는 어려울 것이다. 이러한 사실은 영어의 글자가 왼쪽에서 오른쪽으로 순서대로 단순하게 연결된 소리가 아니라는 것도 증명해 준다. 왜냐하면 다음에 어떤 글자들이 오는지 확인해야 'th'를 어떻게 발음할지 알 수 있기 때문이다. 즉, 뒤에 '-is'가 온다는 것을 알아야 'th'를 /ð/로 발음하고 '-istle'

이 오는 것이 확인되어야 /θ/로 발음할 수 있다.

영어의 세 글자 규칙

Box 5.9

만약 단어가 'a'나 'my'처럼 하나 또는 두 개의 글자만 가졌다면 그 단어는 반드시 기능어이다. 내용어는 'aim'이나 'tintinnabulation'처럼 세 개나 그 이상의 글자로 이루어진다. 내용어와 기능어가 같은 음소를 가진다면 내용어에는 주로 글자가 덧붙는다.

oh/owe, no/know, or/lre/oar/awe, an/Ann, by/bye/buy, so/sew/sow, be/bee, eye/aye, to/two/too, we/wee, in/inn

이러한 대응 규칙에 따라 두 개의 글자를 가지게 되는 내용어도 세 번째 글자를 더하여 이 숫자를 맞추기도 한다.

add, axe, egg, ell, odd, ebb, err, ill, owe

몇몇 예외적인 내용어들은 두 개나 그 이하의 글자로 이루어지기도 한다.

go, ax(미국식), ox, hi, 음표의 옛날식 표기(do, re, mi 등), pi, id, ta, 글자 이름들(a, b, c 등), 축약어들(AA, UN); 인쇄 용어 en(-), em(—).

영어 철자법 중 자음자를 두 개씩 겹쳐 쓰는 것은 확실히 누구에게나 가장 어렵다. 영어 원어민의 실수인 'tradditional'처럼 글자를 잘못 덧붙이기도 하고, 아랍인이 쓴 'adress'처럼 글자 하나를 빼먹기도 한다. 또한 스페인 학습자가 쓴 'neccesary'처럼 더하고 빼는 두 가지 현상이 동시에 일어나기도 한다. 자음 앞에 놓인 모음의 발음을 나타내기 위해 자음을 두 개 써 주는 규칙은 매우 복잡한 체계를 형성한

다. 자음을 겹쳐 쓴 것은 앞의 모음이 'coma' /kəumə/와 같은 장모음 또
는 이중모음이 아니라, 'comma' /kɒmə/처럼 /ɒ/가 단모음임을 나타낸
다. 그러므로 'bile'의 'l'은 'i'의 /ai/ 발음을 'Bill'의 'll'은 'i'의 /ɪ/ 발음을
나타낸다.

일부 L2 사용자의 자음 겹쳐 쓰기 오류

Box 5.10

quarreling(독일/아랍), comunicate(독일/일본), proffessional(스페인),
oppinnion(이탈리아), allmost(중국), controll(일본), misstakes(일본),
shopps(중국), inacessible(프랑스), litle(중국)

이러한 방식은 영국 아이들이 '요정 글자(fairy letter)'라고 부
르는 규칙, 즉 '요정 글자 "e"가 마법 지팡이를 흔들면 자음 앞의 모음
들이 자기 이름을 말하게 된다'는 규칙과도 통한다. "e"가 쓰이면 모음
들이 그 글자의 이름대로 A /ei/, E /iː/, I /ai/, O /əʊ/, 또는 U /juː/로
발음되어야 한다는 것이다. 이 규칙은 'man/mane', 'red/rede', 'pin/
pine', 'con/cone', 'cut/cute'과 같은 단어 쌍을 만들어 내며, 이때 묵음
인 'e'가 선행 모음의 소리를 확인시키는 역할을 한다. 철자법에서는 단
순히 왼쪽에서 오른쪽으로 글자를 하나씩 소리 내어 읽을 수 없으며,
독자는 글자에 맞는 소리를 알아내기 위해 미리 뒤로 가서 확인해야 한
다. 실제로 글자에 대응되는 소리는 글자 연속체의 마지막까지 지연되

기도 한다. 가령 '£200'에서 '£'는 뒤에 나오는 '00' 이후에 가서야 소리 내어 읽을 수 있다.

만약 모든 글자들이 소리와 직접 대응되어야 한다고 주장한다면, 영어와 같은 표기법에 쓰이는 이른바 묵음(silent)은 필요 없어진다. 그러나 묵음은 그 자체로는 소리가 없지만 주변 글자에 소리를 할당하는 데 영향을 미칠 수 있다. 앞서 살펴본 것처럼 영어의 묵음 'e'가 선행 모음의 발음을 알려 주기도 하지만 'house'나 'goose'에서처럼 단어 끝의 's'가 복수 표지가 아니라는 것을 알려 주기도 한다. 또한 'moor/Moore', 'wild/Wilde'와 같은 단어에서는 그 단어가 일반 명사가 아닌 성(surname)이라는 것을 표시하기도 한다.

단일 배경을 가진 L2 사용자와 그렇지 않은 사람들을 단순히 철자법만 가지고 구분하기는 어렵다. 'grobal'의 l~r 혼동이나 'English'의 삽입모음에서 본 것처럼 L2 사용자가 그들 모어의 발음으로부터 영향을 받았을 수도 있고, 아랍인 학습자의 'joks'(모음 누락)처럼 모어의 표기 방식에서 영향을 받았을 수도 있다. 하지만 많은 실수들은 학습자의 모어와 관계없이 L2 사용자들에게 공통적으로 나타난다. 즉 L2 학습자들은 영어의 철자법을 습득할 때 대부분 비슷한 어려움을 겪는다.

> ### 영국 대학의 유학생들이 가장 철자를 어려워하는 영어 단어들
>
> Box 5.11
>
> accommodating, because, beginning, business, career, choice, definite, develop, different, describe, government, interest(ing), integrate, kindergarten, knowledge, life, necessary, particular, professional, professor, really, study/student, their/there, which, would
>
> #### 웹에서 가장 많이 발생하는 철자 오류
> accommodation, address, beginning, cemetery, definitely, desiccate, ecstasy, independent, irresistible, liaison, millennium, necessary, occurrence, paid, parallel, pronunciation, questionnaire, receive, recommend, referring, separate

그런데 사실 이런 현상은 영어 원어민에게서도 나타난다. Box 5.11에서는 공통된 오류를 몇 가지 보여 준다. 'well-payed'와 같은 실수는 구어 규칙 형태인 'paid' /peɪd/에서 영어 사용자가 'y'와 'i' 문자를 일관성 없이 사용하고 있다는 사실을 부각시켜 준다. 또한 'traddi-tional'의 경우 자음 겹쳐 쓰기 규칙이 영어 철자법을 이용하는 모든 사람들에게 어렵다는 것을 증명한다. 'syllubus'와 같은 오류는 구어의 schwa /ə/에 맞는 모음자를 배정하는 것이 얼마나 어려운지 잘 나타내 준다. 'adress'는 독일어, 프랑스어, 아랍어, 이탈리아어, 스페인어 화자들의 영어에서 발견되었다. 결국 영어의 철자법은 그것을 모어로 익힌 사람이든 제2언어로 배운 사람이든 모두에게 같은 어려움을 주고 있다

는 것이다.

예전에 국립교육연구재단(National Foundation for Education-al Research)의 철자법 테스트에서 영국 아동과 성인들, 그리고 L2 학습자들이 발생시킨 오류들을 비교한 적이 있었다.[7] 오류의 하위 범주는 다음과 같다.

- 첨가(insertion): 불필요한 글자를 추가함. 영국인 'vocabularly'
- 생략(omission): 글자를 빠뜨림. 그리스인 'softwar'
- 교체(substitution): 글자를 다른 글자로 바꿔 씀. 말레이시아인 'catago-ries'
- 전환(transposition): 글자의 순서를 바꿔 쓰는 것. 스위스인 'foerigners'
- 자소 교체(grapheme substitution): 잘못된 철자로 대응함. 'thort' (thought)
- 기타: 이상의 범주에 맞지 않는 예들

자세한 내용은 그림 5.1에서 볼 수 있다.[8]

세 그룹 모두에서 가장 보편적으로 나타난 실수는 생략이었으며 다음은 대치와 첨가였다. L2 학습자들에게서는 생략이 월등히 많이 나타났고 L1 아동은 자소를 교체하는 실수를 많이 했다. 그러나 단순한 수치만으로는 세 그룹을 거의 구별할 수 없었다. 더욱이 실수가 발생한 숫자만 놓고 보면 그룹 간에 차이가 거의 없었다. 15세인 L1 아동은 10줄에 1.6개의 실수를 했고, L2 성인 학습자는 1.02개의 실수를 했다. 일단 L2 학습자들은-비록 상대가 15세 아동이긴 했지만 철자법을 원어민 보다 잘 안다고 뽐낼 수도 있는 상황이었다.

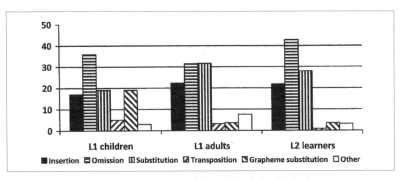

그림 5.1 L1 아동, L2 사용자, L1 사용자의 철자법 오류의 비교 (단위, %)

구두법

구두법(Punctuation)에 관한 질문들

Box 5.12

(1) 소리 내어 읽을 때 쉼표나 세미콜론을 어떻게 처리하는가?
(2) 글쓰기에서 마침표(full stop)를 언제 넣어야 할지 어떻게 아는가?
(3) 구두법에서 무엇이 가장 중요한가?

사람들은 구두법이 뻔하고 비슷비슷할 것이라고 생각하여 무시하곤 한다. 그러나 문장 부호 그 자체는 표기 체계마다 다르기 때문에 쉬운 문제가 아니다. 예를 들어 스페인어에는 뒤집어진 문장 부호 '¿'와 '¡'가 있는데, 이는 1754년의 스페인 왕립 학술원(Real Academia)

에서 의문문이나 감탄문의 첫머리에 붙이기 위해 고안한 것이다. 현대에 이르러 물음표와 느낌표를 혁신적으로 결합시킨 감탄 의문 부호 (interrobang) '‽'는 컴퓨터 서체 Wingdings 2에 나타났었으나[*] 상용화되지는 못했다.

인용 부호 역시 표기 체계마다 다른 형태가 쓰인다. 독일어에서는 〃〃가 쓰이며, 이탈리아어에서는 '거위발'로 불리는 《 》를 쓰는데, 이 거위발을 스위스에서는 뒤집어서 》《로 쓴다. 한국어의 한글에서는 「 」를 사용한다. 영국식 영어와 미국식 영어에서도 큰따옴표(" ")와 작은따옴표(' ')를 사용할 때 서로 다른 방침을 적용하고 있다. 중국어의 마침표는 속이 빈 。을 사용하며, 카탈루냐의 마침표는 조금 떠 있는 · 이다. 다른 표기 체계를 배우는 데는 그 언어의 구두점들의 실제 형태를 배우는 것도 포함된다.

더 살펴보기 전에 Box 5.13의 구두점 복구 과제를 해결해 보자. 문장에는 대문자 표시도 되어 있지 않으며, 모든 구두점도 삭제되었다.

---

* Winging(윙딩)은 다양한 기호와 글자를 대응시키는 Dingbat(딩뱃) 글꼴의 시리즈이다. Dingbat은 조판에 사용하는 장식용 문자나 공백을 말한다.

문장부호 복구하기

Box 5.13

19세기 후반의 고전 산문에 문장부호를 매겨 보자.

catherine sat alone by the parlour fire sat there for more than an hour lost in her meditations her aunt seemed to her aggressive and foolish and to see it so clearly to judge mrs penniman so positively made her feel old and grave she did not resent the imputation of weakness it made no impression on her for she had not the sense of weakness and sho was not hurt at not being appreciated she had an immense respect for her father and she felt that to displease him would be a misdemeanour analogous to an act of profanity in a great temple but her purpose had slowly ripened and she believed that her prayers had purified it of its violence the evening advanced and the lamp burned dim without her noticing it her eyes were fixed upon her terrible plan

Henry James *Washington Square*

우리가 가장 당연시하는 구두점(punctuation mark)은 사실상 그리 눈에 띄지 않지만 그것이 빠졌을 때는 사람들이 곧 알아차린다. 단어를 구별하는 데 쓰이는 띄어쓰기는 AD 8세기 유럽에서 처음 체계적으로 쓰이기 시작했다. 일설에 의하면 띄어쓰기로 인해 사람들이 처음으로 글을 조용히 읽을 수 있게 되었고 그 결과 위험할 수도 있는 메시지를 큰 소리로 읽지 않아도 되면서 르네상스 시대의 개인주의를 이끌었다고 한다. 그러나 그 명백한 효용에도 불구하고 버마어, 태국어,

이누이트어 등에는 띄어쓰기가 없다. 또한 단어의 구분과 관계없이 글자 사이에 표준 공백이 있는 중국어 표기법에도 역시 띄어쓰기가 없다. 실제로 일부 언어학자들은 '단어' 개념 자체가 모어에서 단어를 띄어 쓰는 표기법을 가진 학자들에게서 만들어졌다고 본다. 사실 단어에 대한 실질적 정의는 '빈칸들 사이에 놓인, 하나 또는 그 이상의 글자들' 외에는 없다. 앞서 살펴본 복구 과제에서 이러한 띄어쓰기까지 없으면 현대의 독자들이 읽기에 너무 어려울 것 같아 띄어쓰기는 남겨 두었다.

문법적 구두법(grammatical punctuation)

Box 5.14

. 마침표(period)는 문장이 끝났음을 나타낸다.
; : 세미콜론(semi-colon)과 콜론(colon)은 문장을 절로 나눈다.
, 쉼표(comma)는 구(phrase)의 끝(가끔은 시작)을 나타낸다.
— 단어 간격(word-space)은 글을 단어들로 나눈다.
- 하이픈(hyphen)은 단어들을 합성어로 만든다. 예) tea-bag
' 굴절 형태소 또는 축약을 나타낸다. 예) *John's, isn't*

음운론적 구두법(phonological punctuation)

Box 5.15

. 마침표는 길게 쉰다.
; 세미콜론은 중간 길이로 쉰다.
, 쉼표는 짧게 쉰다.
? 물음표는 상승조(rising intonation)를 가진다.
! 느낌표는 감탄조(exclamatory intonation)를 가진다.

구두법에 관한 끝없는 논쟁에서는 그것이 실제로 무엇을 의미하는지에 관심을 갖는다. 어떤 이들은 그것이 '소리 내어 읽기의 지침', 즉 음운론적 역할을 하는 것이라고 하였다. 18세기 이래로 영국 아동들은 Robert Lowth가 1762년도에 정립한 규칙, "마침표는 콜론의 두 배를 쉬고, 콜론은 세미콜론의 두 배를 쉰다. 또한 세미콜론은 쉼표의 두 배를 쉰다"를 배워 왔다.[9] 이 규칙을 지켜서 문장들을 읽어 보자.

John laughed. Peter ran.
'laughed'와 'ran'다음에 긴 휴지가 있을 것이다.

또 다음을 소리 내어 읽어 보자.

John laughed; Peter ran.
여기서는 'laughed'다음에 중간 길이의 휴지가 있을 것이다.

마지막으로 다음을 읽어 보자.

John laughed, Peter ran.
여기서는 'laughed' 뒤에 짧은 휴지가 있을 것이다.

이러한 구두점들은 글을 소리 내어 읽을 때는 적절한 신호가 될 것이다. 그러나 뉴스를 진행하거나 부모와 아이들이 글 읽기를 배울 때를 제외하면 사실 우리는 소리 내어 읽을 일도 별로 없고 그것이 그다지 중요하지도 않다. 대부분의 읽기는 묵독으로 이루어지기 때문이다. 또한 아이들에게 소리 내어 읽기를 지나치게 강조하면, 말하기 속도를 훨씬 웃돌게 될 잠재적 읽기 속도를 늦출 우려도 있다.

　　구두법에 대한 대안적 관점은 문장에서 절과 구를 표시해 줌으로써 독자를 돕는다는 것이다. 이럴 때 그 목적은 문법적이다. 구두점의 목적은 문법을 나타내는 데 있다. 어떤 길이의 텍스트에서든 글로 쓰인 문장은 대문자로 시작하고 마침표나 물음표, 느낌표—아이들이 수년에 걸쳐 배우는 것들—로 끝난다고 정의된다. 이러한 정의는 구어 문장의 정의와는 다르다. 구어 문장은 문장 내부 구조에 의존한다. 가령 주동사를 가지고 '완결'되는 것이 예가 된다. Zadie Smith가 쓴 현대 소설 White Teeth를 통해 이를 살펴보자(다음 문장은 모두 글로 쓰였다).

> Early in the morning, late in the century, Cricklewood Broadway.
> Caps.　　　Thirty years.　　Like that.　　　Ready?

구두점이 아무리 친숙해 보일지라도, L2 학습자가 누군가에게 공식적인 문서를 제출해야 할 때는 제2언어 표기 체계 내에서 구두점들이 어떻게 쓰이는지를 확실히 알아내야 한다는 어려운 과제를 안게 된다.

Box 5.16에는 새로운 언어의 표기 체계를 배우는 것과 관련된 주요 사항들을 정리해 놓았다.

[요약] 제2언어 표기 체계의 학습

Box 5.16

- 학습자의 모어에서는 음성 기반 표기 체계를 따르고 L2에서는 의미 기반 표기 체계를 따르면 학습자는 완전히 다른 원칙에 맞춰 글을 쓰는 법을 배워야 한다. 즉, 소리나 의미를 시각적으로 또는 음운론적으로 처리하는 것을 배워야 한다.
- 두 언어 사이에 쓰기의 방향이 다르다면, 물리적으로는 시선 이동 방법부터 정신적으로는 개념의 연속성에 이르기까지 많은 것을 새롭게 습득해야 한다.
- 모어의 표기 체계가 음소에 기반을 두고, L2 표기 체계가 음절에 기반을 둔다면 학습자는 소리와 글자의 새로운 관계를 익혀야만 한다.
- 체계 중 하나가 자음 기반이고 다른 하나가 자음과 모음 기반이라면 둘 사이에 대응이 어떻게 이루어지는지 배워야 한다.
- 두 체계가 모두 깊은 체계라면 새로운 표기법의 복잡한 철자법을 익혀야 한다.
- 모어가 얕은 체계이고 L2가 깊은 체계라면 한 글자가 한 소리에 대응되지 않는다는 개념뿐 아니라 특별한 철자법도 익혀야 한다.
- 두 체계가 모두 얕은 체계라면 새로운 표기 체계의 특정한 소리-글자 대응 관계를 습득해야 한다.

덧붙임

Box 5.17

- 여러분의 모어에서 철자법 문제의 근본적인 원인이 무엇이라고 생각하는가?
- 여러분이 L2에서 겪는 철자법 문제의 근본적인 원인이 무엇이라고 생각하는가?
- 고급 학습자들이 여전히 겪고 있는 영어 철자법의 어려움에 대해 어떤 도움을 줄 수 있을까??

이들의 모어는 무엇일까?(Box 5.3, 171쪽의 정답)

Box 5.18

- 스페인어: neccesary, essenciall, pronounciation
- 중국어: acquir, tried, snorring
- 아랍어: adress, puneshments, youngesters
- 일본어: Engilish, empasises, ram (lamb)
- 영어 원어민: tradditional, well-payed, syllubus

문장부호 복구하기

Box 5.19

Catherine sat alone by the parlour fire — sat there for more than an hour, lost in her meditations. Her aunt seemed to her aggressive and foolish, and to see it so clearly — to judge Mrs. Penniman so positively — made her feel old and grave. She did not resent the imputation of weakness; it made no impression on her, for she had not the sense of weakness, and sho was not hurt at not being appreciated. She had an immense respect for her father, and she felt that to displease him would be a misdemeanour analogous to an act of profanity in a great temple; but her purpose had slowly ripened, and she believed that her prayers had purified it of its violence. The evening advanced, and the lamp burned dim without her noticing it; her eyes were fixed upon her terrible plan.

Henry James *Washington Square*

(Box 5.13, 194쪽)

Further Readings

- 쓰기에 관한 일반 저서는 다음과 같다.

Coulmas, F. (2013) *Writing and Society: An Introduction*. Cambridge: Cambridge University Press.

Clayton, E. (2013) *The Golden Thread: The Story af Writing*. London: Atlantic Books.

- 영어 표기법에 관한 저서는 다음과 같다.

Camey, E.(1994) *A Survey of English Spelling*. London: Routledge.

Cook, V.J. (2004) *The English Writing System*. London: Edward Arnold.

Venezky, R.L. (1999) *The American Way of Spelling*. New York: Guilford Press.

- L2 표기 체계에 관한 저서는 다음과 같다.

Cook, V.J. and Bassetti, B. (eds). (2005) *Second Language Writing Systems*. Clevedon: Multilingual Matters. Chinese edition 2007.

References

1   Schmid, S. (1994) *L'italiano degli spagnoli. Interlingue di immigranti nella Svizzera tedesca*. Milano: Franco Angeli.

2   Tversky, B., Kugelmass, S. and Winter, A. (1991) Cross-cultural and developmental trends in graphic productions. *Cognitive Psychology* 23 (4), 515-557.

3   MacCarthy, P.A.D. (1969) The Bernard Shaw Alphabet. In W. Haas (ed.) (1969) *Alphabets for English*. Manchester: Manchester University Press.

4   Brissaud, C. and Chevrot, P. (2011) The late acquisition of a major difficulty of French inflectional orthography: The homophonic /ê/ verbal endings. *Writing Systems Research* 2 (3), 129-144.

5   Sassoon, R. (1995) *The Acquisition of a Second Writing System*, 89-104. Oxford: Intellect.

6   Haynes, M. and Carr, T.H. (1990) Writing system background and second language reading: A component skills analysis of English reading by native-speaking readers of Chinese. In T.H. Carr and B.A. Levy (eds) (1990) *Reading and its Development: Component Skills Approaches*. San Diego: Academic Press, 375-421.

7   Brooks, G., Gorman,T. and Kendall, L. (1993) *Spelling It Out: The Spelling Abilities of 11- and 15-Year-Olds*. Slough: NFER.

8   Cook, V.J. (1997) L2 users and English spelling. *Journal of Multilingual and Multicultural Development* 18 (6), 474-488.

9   Lowth, R. (1775) *Short Introduction to English Grammar*. Delmar, NY: Scholars' Facsimiles & Reprints, 1979.

6. 태도와 동기는 제2언어 학습을 어떻게 돕는가?

_ David Singleton

시작하기

Box 6.1

여러분이 다른 언어를 배운 이유, 혹은 다른 언어를 배우지 않은 이유는 무엇인가? 이 결정에 영향을 미친 사람 또는 사건이 있는가? 부모님, 친구, 선생님, 희망 직업, 휴가 계획, 이전에 언어 교육을 접해 본 경험 등을 자유롭게 떠올려 보자.
만약 우리가 어느 나라의 말을 못하면서도 그 나라에 가서 살려고 할 때가 있다면 그 이유는 무엇일까?

좋아하는 것과 원하는 것

우리가 어떤 경험이나 활동에 대해 긍정적인 감정을 가지고 있으면 그 일을 더 하고 싶어진다. 그러나 부정적인 감정을 가진 경우에는 그 반대라는 것을 잘 알고 있다. 만약 내가 Quentin Tarantino 감독의 영화를 좋아한다면 동네 비디오 가게나 영화관에서 그의 영화들을 찾아서 볼 것이다. 그러나 그의 영화가 너무 폭력적이거나 지루하다고 생각한다면 그 영화들을 피하게 될 것이다. 무엇을 간절히 바랄수록 그 것을 성취할 가능성이 커진다는 것을 우리는 잘 알고 있다. 담배를 끊 고 싶어하는 사람에게 하는 조언에 Box 6.2의 표현들이 대부분 들어가 는 이유가 바로 그 때문이다.

담배를 끊는 방법

Box 6.2

... 제가 흡연자들에게 첫 번째로 말하고 싶은 것은 당신이 담배 끊기를 진심으로 원해야 한다는 것입니다. 다른 사람을 위해서 담배를 끊기로 하면 진심을 다하 지 않게 되고 그러면 절대 담배를 끊을 수 없습니다. 진심이 없다면 실패하기 쉽 습니다. 담배 끊기가 어렵다면 흡연에 관련된 사실들을 우선 찾아보세요. 아마 당신은 곧 담배를 끊고 싶어질 겁니다. 저도 그랬거든요. ...[1]

최근 몇 년 동안 SLA 연구에서 태도와 동기에 대한 관심이 매 우 높아진 것은 이러한 일상적인 사실에 바탕을 두고 있다. 태도(atti- tude)에 중점을 둔 연구는 학습자가 배우려고 하는 언어와 언어 공동 체, 그 언어와 관련된 문화, 그리고 언어 학습 과정의 다양한 측면과 요 소들에 대한 학습자의 태도에 초점을 맞추어 왔다. 따라서 연구자들은 학습자가 목표어의 국가적, 또는 국제적 지위(status)에 대해 어떻게 느 끼는지, 목표어가 그들에게 얼마나 유용하다고 평가하는지, 그리고 언

어를 배울 때 발생하는 어려움에 그들이 어떻게 대응하는지 등을 조사해 왔다. 또한 연구자들은 학습자가 목표어 사용자들과 그들의 삶의 방식이 지니는 사회적, 정치적 측면과 목표어 문화의 산물들—음악, 예술, 패션 등—에 대해 학습자가 지니고 있는 긍정적, 부정적 인식까지도 탐구해 왔다. 더 나아가 이 분야의 연구에서는 학습자가 목표어 학습에 참여하면서 어떻게 반응하는가, 즉 교사 자체나 교사가 취한 교수법, 수업에서 접하는 교재, 또는 그 언어의 발음이나 구조 등과 관련하여 겪는 특정한 문제들을 학습자가 어떻게 대하는지에집중해 왔다.

　　　태도와 밀접하게 관련되어 있는 것은 동기 개념이다. 동기(motivation)는 어떤 일을 하려는 의도와 목표 지향적 행위를 만들고 유지하는 동력으로 정의된다(Box 6.3).[3] 동기는 수행해야 할 과제에 대해 좋은 감정을 갖게 하는 데서 나아가, 사람이 어떤 일을 실제로 '하도록' 자극하는 모든 것을 말한다. 제2언어 연구자들은 학습을 시작하게 만드는 추동력이나 개인의 호기심, 또는 더 알고 싶어하는 욕구에 의해 동기가 유지되는 데 관심을 갖는다. 이는 학습자가 자신이 배워야 할 것이 자기에게 필요하다는 인식과 노력한 만큼 성공할 수 있다는 생각, 그리고 그 결과로 얻을 수 있는 보상이 얼마나 만족스러운가에 의해 좌우된다. 태도와 동기는 제2언어 학습을 포함한 모든 종류의 학습 맥락에서 중요하게 여겨진다. 학습자가 어느 정도로 학습에 참여할지를 결정짓는 요소가 태도와 동기이기 때문이다.

Robert Gardner(1985)의 L2 학습 동기에 대한 정의[2]

Box 6.3

... 언어 학습에 대한 요구, 학습에서 경험한 만족감 때문에 언어를 배우려고 노력하는 것

태도

태도에 관한 많은 연구에서는 '이민자'들의 태도에 대해 주로 다루어 왔고 특히 한 문화 집단의 사람이 다른 문화 집단의 관점 혹은 행동 패턴을 받아들이거나 거부하는 과정인 '문화 변용(acculturation)'에 집중해 왔다. 이 주제에 관한 초기 논의에서는 양쪽 문화에 대한 인식의 중요성, 즉 자신의 공동체와 현지 공동체의 문화에 대해 개인이 지닌 지식, 민족 충성도(ethnic loyalty), 문화적 성향에 나타나는 선호 등을 강조하였다. 문화 변용에 관한 다른 논의에서는 이민자와 지역 공동체간의 소통에 관련된 다양한 요인들을 연구하였다. 이민자가 새로운 환경에 적응하려는 성향이 얼마나 있는지, 현지 환경에서 이민자가 어떠한 조건에 놓이는지, 이민자와 현지인 간에 이루어지는 사적 의사소통의 특성, 현지 공동체와 이민자 공동체 간의 사회적 의사소통의 특성, 그리고 그 과정에서 나타나는 적응 방식 등이 논의의 대상이었다.

이와 관련하여 John Berry는 네 가지 유형의 문화 변용 모델을

제시하였다.[4]

- 동화(assimilation): 기존의 문화적 정체성을 포기하고자 하는 의향
- 통합(integration): 두 문화 모두의 구성원이 되고자 하는 열망
- 거부/분리(rejection/separation): 주류 공동체로부터 완전한 탈퇴
- 주변화(deculturation): 정체성의 상실, 소외

John Berry는 현지 공동체와의 관계에 대한 개인의 태도와 문화 정체성에 관한 인식(그것의 지속성과는 관계없이)을 조사했다. 그리고 이것이 문화 변용 모델의 네 가지 양상 중에 개인이 어디에 속하는지를 반영하는 요인이라고 보았다.

John Schumann은 문화 변용과 현지 언어의 습득을 관련지었다.[56] 그는 L2 습득의 성공은 학습자가 목표 언어 및 문화와 얼마나 많이, 양질의 교류를 이루었는지에 달려 있다고 주장하였다. 또한 학습자와 해당 언어 및 문화 사이에 놓인 사회적, 심리적 거리가 어느 정도인지도 중요하다고 보았다. 여기에서 사회적 거리(social distance)란 무엇보다 집단의 태도와 기대를 말하는데, 이는 이민자들이 목표어와 문화에 대해 느끼는 안락함이나 불안감을 뜻하는 심리적 거리(psychological distance)와는 차이가 있다. Schumann은 코스타리카에서 미국으로 이민한 Alberto를 대상으로 연구했다(Box 6.4). Alberto는 영어를 사용하는 미국인들과의 접촉에는 관심이 적었으며, Schumann에 따르면 그의 영어 실력은 '축소되고 단순화된 형태의 영어에서 안정화'되었

다고 한다. 여기에서 중요한 말은 '안정화(stablisation)'이다. 스페인어 권에서 온 영어 L2 학습자들은 영어를 더 잘 말하게 되기까지 Alberto 와 비슷하게 말하는 시기를 거친다. 그러나 Schumann의 요점은 Alberto의 영어 능력이 더 나아지지도 나빠지지도 않은 채 단순화된 형태에 '갇혀(stuck)' 있었다고 지적한 부분이다.

Alberto의 발화 사례

Box 6.4

부정 표현
No like walk. No understand all. No is mine.

의문 표현
What is surance? This is apple? You will come here next Monday?

선언 표현
It's problem for me. Is necessary. Is very bad, no?

Shumann(1978)[5]

어떤 사람이 한 언어와 문화에 대해 어떠한 신념을 가지고 있는지가 그의 태도에 가장 큰 영향을 미친다. 예를 들어 헝가리로 이주한 사람은 헝가리어가 어렵다는 인식을 지닌 채 헝가리어를 배울 것이고, Alberto처럼 코스타리카에서 미국으로 이주한 사람은 미국 같은 영어권에서는 스페인어권 사람들에 대해 적대적일 거라고 생각하며 그

문화에 접근할 수도 있다. Zehra Gabillon은 외국어와 외국 문화에 대한 인식이 학습자의 행동과 경험에 영향을 미치고, 학습자가 해당 언어에 대해 어떠한 태도를 갖게 될지에 지대한 영향을 미치며, 그들의 L2 동기에 대해서도 특정한 역할을 한다고 주장하였다.[789]

> Castellotti and Moore(2002)는[10] 어떤 언어나, 그 언어를 학습하는 것에 대해 사회 집단이 공유한 이미지(표상)는 학습자가 그 언어를 대하는 태도에 영향을 미칠 수 있다. 그리고 결국에는 그 언어를 배우려는 학습자의 관심에도 영향을 준다고 주장하였다.
>
> Gabillon(2005)[7]

결국 학습자의 언어 숙달도에 영향을 주는 요인들은 문화 변용 관련 요인들이라는 것이다. 그러나 때로는 다른 여러 요인들로부터 이러한 태도가 도출되기도 한다. 정규 교육 기관에서의 언어 학습이나, 정규 학습 과정 자체에 대한 학습자의 반응 같은 것이 여기에 포함된다. 예를 들어 다양한 첨단 기술이 교육에 이용되어야 한다고 주장하는 사람들은, 학생들이 첨단기술을 활용한 학습을 즐기게 되고 이것이 전통적인 방식보다 덜 부담스럽다는 것을 알게 되면서 언어 학습에 대한 태도를 개선하게 된다고 지적하였다.[11] 상당히 많은 연구에서 학습자가 어떤 언어를 학습하면서 좋은 경험을 했거나 그 결과가 성공적이었을 때, 그것이 학습자의 태도에 긍정적인 영향을 가져온다는 것을 증명하였다.

태도와 경험

Box 6.5

간혹 학습자가 제2언어 공동체와의 접촉이 부족하여 그 언어에 대해 특정한 태도를 갖지 못하는 경우도 있다 ... 그 예로 영국에서 프랑스어나 독일어를 배우는 사람들을 들 수 있다. 이와 같은 경우에는 교실에서 경험하는 학습이 태도와 더 직접적으로 관련될 가능성이 높다.

Littlewood(1984)[14]

Littlewood가 인용한 Bustall et al.과[12] Green[13]에서는 영국의 L2 학습자를 연구했다. 그 결과 초기에는 목표어 공동체에 대한 학습자의 태도가 그다지 중요한 요인이 아니었지만 성공한 학습자들은 대부분 학습 과정에서 목표어 공동체에 대한 우호적 태도를 발달시켰다는 것을 확인하였다. 성공은 또 다른 성공을 낳는다. 정규 교육을 받는 학습자가 자신의 학습 경험이나 학습의 결과, 즉 성패 여부에 따라 태도가 바뀐다는 생각을 '결과론적 가설'이라고 한다.[15] 이는 일부에 해당되는 이야기이긴 하지만 매우 중요한 사실이다. 그런데 때로는 이러한 사실이 간과되곤 한다.

Diane de Saint Léger와 Neomy Storch의 연구에서는[16] 교실 수업을 받는 학생들이 L2 학습자로서 자기에 대해 인식하는 것, 특히 성공한 학습자로서의 인식이 그들의 언어 학습 몰입도를 결정짓는다고 보았다. 그들은 학습자가 자신의 말하기 능력이나 교실에서의 말하기 활동(학급 전체 활동 또는 소규모 그룹 활동)에 대한 기여도에 대해 스스로 어떻게 평가하는지와 함께, 이러한 활동 자체를 어떻게 인식하는지도 조사하였다.

교실 행동과 성공의 관계

Box 6.6

'교실에서 언어를 배운 가장 최근의 경험'에 대해 묻는 De saint Léger와 Storch의 설문지(수정)의[16] 샘플 문항에 답해 보시오.

교실 활동

나는 반 친구들에게 질문을 했다.	예 / 아니오 / 모르겠음
나는 짝 활동에서 의견을 냈다.	예 / 아니오 / 모르겠음
나는 학급 전체 토론에서 의견을 냈다.	예 / 아니오 / 모르겠음

태도

다음 중 특별히 수행하기 어렵다고 느낀 과제는 무엇인가?

학급 전체 토의   소그룹 토의   짝 활동

제2언어 말하기 능력

(a) 말을 멈추거나 주저하지 않고 유창하게 표현하는 것이 어려운가?

매우 어려움   어려움   괜찮음   쉬움   매우 쉬움

(b) 명확하고 이해가능한 방법으로 말하는 것이 어려운가?

매우 어려움   어려움   괜찮음   쉬움   매우 쉬움

(c) 토론에 참여하는 것이 어려운가?

매우 어려움   어려움   괜찮음   쉬움   매우 쉬움

이 연구에서는 학습자의 인식과 태도가 제2언어로 의사소통하고자 하는 의지에 어떻게 영향을 미치는지도 조사하였다. 조사에 사용된 데이터는 대부분 Box 6.6의 자기 평가(self-assessment) 질문지에 대한 응답이다. 이 질문지는 참여자들에게 그들이 처한 교수/학습 프로그램의 다양한 측면에 대해 깊이 생각하고 그들의 말하기 기술에 대해 스스로 평가하도록 했다. 연구 결과, 학습자 자신의 말하기 활동에 대한 인식과 L2 교실의 학습자로서 자신을 어떻게 평가하는지가 제2언어로 의사소통하고자 하는 의지에 영향을 미친다는 것을 밝혀냈다. 이러한 결과는 자신감, 불안감, 그리고 학습 환경에 대한 인식이 얼마나 복잡하고 역동적으로 상호작용하는지를 확연히 보여 준다.[16] 결론적으로 학습자들의 자신감이 높아질수록 교실에서 L2를 사용하고자 하는 의지도 강해졌다.

동기

태도, 자아 인식(self-perception), 자신감(self-confidence), 그리고 불안(anxiety) 등은 L2 학습 동기에 영향을 미친다고 인식되어 왔다. 학습에 대한 일반 연구에서와 마찬가지로 L2 학습에 관한 연구에서도 동기가 가장 중요하게 여겨져 왔다. 또한 인터넷에서 '동기'를 검색해 보면 가장 밀접하게 연관된 말이 '태도'임을 알 수 있다. 구글 검색 현황을 잠깐 살펴보면 '태도와 동기'라는 구절의 검색 횟수가 440만 번에 달하는 것으로 나타난다. Box 6.7에서 분명히 드러나듯이 이 중 대부분은 L2 교수와 학습에 관한 내용이었다. 지금부터 설명할 대부분의 접근법은 '학교에서의 제2언어 학습'을 다루고 있으며, Berry의 연구와 Schumann의 연구에 예외가 된다는 점을 밝힌다. 즉, 이 내용은 교실 밖에서 일어나는 이중 언어 및 다중 언어 사용에 관한 연구는 아니며, 교실에서의 언어 습득을 연구할 때 고려해야 할 특별한 요소들을 다루고 있다.

[요약] 태도

Box 6.7

- Berry의 문화 변용 모델은 동화, 통합, 거부/분리, 주변화의 네 가지 모드를 다룬다.[4]
- Schumann의 문화 변용 모델은 문화 변용이 언어 사용자 및 목표 문화와의 접촉과 관계로부터 영향을 받는다고 본다.[5]
- 학습자의 신념은 그들의 태도에 큰 영향을 미친다.

태도와 동기가 연결되어 있다는 것은 직관적으로 쉽게 알 수 있다. 그러나 사실 태도보다는 동기가 훨씬 중요하다. 예를 들어 내가 이탈리아어와 이탈리아 문화에 대해 매우 우호적인 태도를 가질 수도 있지만, 이 태도는 내가 이탈리아어 학습을 시작하기 전까지는 잠재적인 상태로 남아 있을 것이다.

L2 습득 맥락의 동기에 대해 매우 다양한 관점이 존재한다. Zoltán Dörnyei는[17] 다음과 같은 다양한 접근법을 검토하였다.

- Schumann의 문화 변용 이론[5]
- Gardner의 동기 이론[2]
- 역동적인 현상으로서의 동기를 다룬 Dörnyei & Otto의 과정 중심적 동기(process-oriented representation of motivation)[18]
- 일반적 동기, 과정별 동기, 과제별 동기를 구별하는 Döryei & Kormos의 과제 동기에 대한 관점[19]
- 자기 결정 이론(self-determination theory)과 그것이 내재 동기 및 외재 동기와 보이는 차이[20][21]

Gardner의 동기 이론, 또는 사회-교육 모델(socio-education model)은[2] 아마도 SLA 연구에서 가장 많이 인용되는 이론 중 하나일 것이다. 이 이론에서는 통합적 동기와 도구적 동기라는 두 가지 지향성을 구분하면서 태도와의 관계를 명시하였다. 통합적 동기는 목표어 집단과 그들의 생활 방식에 대해 긍정적인 태도를 보인다는 것이 특징이며, 이러한 동기는 학습자가 어떠한 방식으로든 목표 언어를 사용하는 공동체에 통합되고자 할 때 효과가 나타난다.

통합성(integrativeness)

Box 6.9

'통합성'의 개념—"다른 언어 공동체와 가까워지기 위해" 언어를 배우고자 하는 열망(Gardner, 2001a: 5)[22]—은 지난 수십 년간 언어 학습자의 동기를 설명하는 핵심적인 개념이었으며, 이론이나 연구의 측면에서만 아니라 교수법과 교재에까지 큰 영향을 미쳤다 ... Gardner(1985)의[2] 제2언어 습득의 사회-교육 모델에 따르면 '통합성'을 지닌 학습자들은 언어 학습에 대해 통합적 지향(또는 목표)을 갖고 있으며 그 언어 공동체에 대해 더 우호적인 태도를 보인다고 한다. 그리고 그들은 다른 집단에 대해서도 전반적으로 더 열린 태도를 갖고 있었다. (후략)

Lamb(2004)[23]

　　반면에 도구적 동기는 제2언어를 학습함으로써 어떤 실용적인 목표를 달성하려고 할 때 나타난다. 이는 주로 외국어(foreign language) 교실처럼 학습자가 목표어 사용 집단과 거의 교류를 하지 않는 상황, 특히 목표어가 일상적으로 사용되는 곳에서 멀리 떨어진 지역에서 언어를 배울 때 나타나는 전형적인 특징이다. 이러한 상황에서 제2언어를 학습하는 사람들은 공동체에 통합하려는 장기적 목표를 갖기보다는 대학의 입학이나 졸업 요건 충족, 취업, 또는 제2언어로 된 자료를 활용할 수 있는 능력 등 주로 실용적이고 단기적인 목표를 지향한다. Berwick과 Ross가 일본 고등학교에서 수행한 연구를 통해 도구적 목적에서 발현된 동기를 살펴볼 수 있다. 일본에서는 대학에서 어떤 전공을 하더라도 고등 교육 기관에서 공부하기 위해 상당한 수준의 영어 점수를 취득해야 한다.

Berwick과 Ross의 연구 결과에 따르면 L2 영어 학습에 대한 동기는 고등학교의 마지막 학년, 즉 대학 입시에 학생들이 모든 에너지를 쏟고 있을 때 절정에 달했으며 이후에는 동기가 감소했다고 한다.

동기 성향(Motivational Orientation)

Box 6.10

외국어 학습에 관한 다음 설명에 얼마나 동의하는가?

(1) 외국어를 학습한다면 그 언어를 사용하는 사람들과 소통을 더 잘 할 수 있을 것이다.

매우 반대	대체로 반대	약간 반대	모르겠음	약간 동의	대체로 동의	매우 동의
□	□	□	□	□	□	□

(2) 나의 미래 경력에 도움이 될 거라고 생각하여 외국어를 공부한다.

매우 반대	대체로 반대	약간 반대	모르겠음	약간 동의	대체로 동의	매우 동의
□	□	□	□	□	□	□

(3) 외국어를 배운다면 그 언어 사용자가 쓴 글을 더 잘 이해하고 가치를 알아볼 수 있을 것이다.

매우 반대	대체로 반대	약간 반대	모르겠음	약간 동의	대체로 동의	매우 동의
□	□	□	□	□	□	□

(4) 외국어를 공부하면 좋은 직업을 얻는 데 도움이 될 것이다.

매우 반대	대체로 반대	약간 반대	모르겠음	약간 동의	대체로 동의	매우 동의
□	□	□	□	□	□	□

이는 Gardner의 검사 도구에서 가져온 일부 문항이다. 1번과 3번 문항은 통합적 동기를, 2번과 4번 문항은 도구적 동기 상태를 보여 준다.

가드너의 이론이 성립하기 위해서는 다음 세 가지 내용이 전제되어야 한다. 첫째, 통합적 지향성과 도구적 지향성은 상호배타적이지 않으며 종종 두 지향성은 동시에 존재하기도 한다. 그 예로 Brown은[25] 미국에서 학업 목적(즉, 도구적 목적)으로 영어를 공부하는 유학생들이 영어 사용 집단인 미국 공동체와 문화에 통합되기를 원하는 사례를 소개하였다. 둘째, 영어는 원어민 집단(미국, 호주, 영국, 아일랜드, 남아프리카 등)이 다양하며, 국제적 공통어(lingua franca)의 지위를 갖는다는 점, 그리고 그로 인해 영어 원어민보다 세 배나 많은 비원어민 영어 화자가 존재한다는 점[26] 등에서 특정 집단에 국한된 언어가 아니다. 따라서 영어는 여타 외국어 교육이 지닌 전형적 특성과는 여러모로 다르며 이는 통합성 개념에서 문제가 된다. 셋째, 학습자들이 특정 언어를 제2언어로 완벽히 습득하고자 하는 이유가 Gardner의 이론에 모두 들어맞는 것은 아니다. 예를 들어 Oxford와 Shearin의 연구에서는[28] 연구 참여자들이 일본어를 공부하는 이유로 '지적 호기심', '개인적 도전 의식', '친구들에게 뽐내기 위해', '일본어 표기 체계에 매료되어서', '암호(secret code) 습득' 등을 꼽았다고 밝혔다. 사람들이 언어를 학습하는 이유에 관한 내용은 Topic 8에서 더 다룰 것이다.

최근의 사회-교육적 접근 방식에서는[29] 세 가지 변수가 유효하다고 본다.

- **통합성** 목표어 공동체에 대해 어느 정도로 인지하고 있는가. 또한 공동체의 언어와 문화에 가까워지고자 하는 의도를 얼마나 가졌는가.
- **태도** 목표어와 문화에 대한 태도, 나아가 목표어 학습에 투과된 태도
- **동기** 주류 언어(majority language)를 학습하는 데 투자한 노력, 목표를 달성하고자 하는 열망, 그리고 배움을 즐기게 되는 등의 긍정적인 영향

Gardner에 따르면 위 세 가지 요소들은 동기화된 학습자와 그렇지 않은 학습자를 구별하는 중요한 기준이 된다. Gardner는 위의 세 변수 중에서 L2 습득에 가장 결정적인 요소는 세 번째인 동기이고 나머지 두 요소의 역할은 동기를 보완하는 것이라고 보았다. 이러한 생각은 기존의 주장과 강조하는 부분이 다르기는 하지만 본질적으로 크게 달라지지는 않았다. 큰 그림에서 나머지 두 요소가 여전히 중요한 보완 기능을 하고 있기 때문이다. 또한 Gardner의 관점에서는 통합적 동기를 지닌 학습자들이 원어민 수준의 같은 발음을 습득하는 등 가장 성공적인 학습자라고 본다.[30]

Gardner의 접근법은 학습자의 동기 상태를 꽤 안정적인 것으로 본다. 즉, 목표어를 배우기 시작할 때 동기 요소가 이미 학습자의 내면에 자리 잡고 있으며, 또 어느 정도는 고정되어 있는 것으로 본다는 인상을 준다. 그러나 언어 교사들은 동기의 실체를 파악하고 나면 좌절을 겪기도 한다. 혹시 학습자가 목표어와 그 집단에 대해 관심을 보이지 않을 때 교사는 자신이 해 줄 수 있는 것이 없다고 느낀다. 예를 들어 아일랜드에서 아일랜드어를 배우는 학습자 가운데 더블린이나 코르크처럼 일

상적 소통에 아일랜드어가 전혀 사용되지 않는 지역—사실상 아일랜드 대부분의 지역(Box 6.11, Box 6.12)—에서는 아동조차도 학습 동기가 낮을 수밖에 없다. 그것이 통합적 동기든 도구적 동기든 말이다. 만약 학습자의 초기 학습 상황에 동기가 결정되고 그것이 고정불변이라고 가정하면 이러한 상황은 교사들에게는 극복하기 어려운 상황이라 할 것이다.

아일랜드에서 사용되는 언어(2011년 통계)[31]

Box 6.11

영어	4,159,277명 (추정값)
폴란드어	119,528명
아일랜드어	77,185명 주로 서쪽 해안 지역에 거주
프랑스어	56,540명
리투아니아	31,635명
독일어	27,342명

10세~19세까지의 응답자 중 1/3 가량이 아일랜드어를 할 수 있느냐는 질문에 아니라고 답했다. 참고로 현재 아일랜드에서 아일랜드어는 모든 공립학교의 필수과목이다.

그러나 최근 연구에서 동기화 수준이 상황에 따라 달라질 수도 있다고 밝혀지면서 기존의 비관적 인식이 어느 정도 바뀌었다.[18][32] 예를 들어 Cook은 교실 기반의 L2 학습에 대해 다음과 같이 지적했다.[33]

특정 활동이나 주제, 노래 등이 학습자의 관심을 끌 수도 있으
며, 이는 교사들에게 다행한 일이다 ... 이런 상황에서의 동기는 그때그
때 달라진다.

학습자가 처음 수업에 들어올 때 가졌던 생각, 즉 일반적 통념,
부모와의 대화, 또는 사회언어학적 지식 등에 기반하여 가졌던 생각
만큼이나 '수업 중'에 일어나는 일도 중요하다. 따라서 학습자가 자신
의 단기 목표를 파악하고 자신의 진도와 성취를 돌아볼 수 있도록 교사
들이 도와준다면 학습자에게 동기를 부여하고 높은 동기 수준을 유지
할 수 있다. 예를 들어 교사가 학습자에게 자기 평가 체크리스트를 기입
하게 함으로서 자신의 강점과 약점을 파악하게 할 수도 있고, 주간 체
크리스트를 통해 학습 목표에 도달하기까지의 학습 진행률을 추적하
게 할 수도 있다. 또한 학습 일지 같은 자기 성찰 도구를 통해 학습에 대
한 자율성을 키우고 책임감도 높일 수도 있다.[35][36] 이와 관련하여 Nitta
와 Asano는 일본의 사립대에서 두 학기 동안 영어 수업을 수강한 1학년
학생 164명을 대상으로 동기에 대해 연구하였다. 그 결과 학생들의 최
초 동기 상태가 수업 중의 동기 변화의 궤적에 영향을 줄 수도 있지만,
교수 방식, 그룹 간의 관계, 그룹 내 결속력 등과 같은 학습 상황에서의
사회적, 대인적 요소들이 학생들의 학습 의욕을 변화시키는 데 더 큰
영향을 미친다는 것을 밝혔다.[37]

의사소통적 교수요목*

Box 6.12

현재 학교에서 사용되고 있는 '의사소통 중심의 교수요목'은 학습자가 해당 언어 공동체에 통합되거나 참여하고자 하는 생각이 없는 경우에도 의사소통적 상황에서 연습하도록 하고 있다. 그러나 이러한 방식은 현재 아일랜드어가 쓰이고 있는 게일타흐트(Gaeltacht) 지역이나 게일타흐트 외에 아일랜드어를 사용하고 있는 지역망 안에서나 유효하다.

다른 언어 교육에서 많이 채택하고 있는 것처럼, 아일랜드어 수업에서도 학습자가 관광객으로 참여하는 의사소통 상황을 만들어서 가르치려 노력해 보았지만 우리 학습자들에게는 사실상 효과가 없었다.

Ó Laoire(2005)[34]

따라서 동기는 ... 과정(process)으로 볼 수 있다. 동기는 학습자가 L2 학습과 L2 관련 경험에 대해 어떻게 생각하는지, 그리고 이러한 인식과 믿음이 다음 학습 참여에 어떠한 영향을 미치는지를 보여 주는 '진행 중인 과정(ongoing process)'이라고 할 수 있다.[38]

Ema Ushioda의 논평은 새로운 인식(new wave of thinking), 또는 적어도 동기에 대해 새롭게 주목해야 할 핵심을 표현한 것이라고 할 수 있다(물론 Gardner는 이러한 차원의 해석이 불가능하다고 한 적은 없다).[39]

---

* Box 6.12에서 설명하는 내용은 일반적인 외국어 교육에 관한 것이 아니라 아일랜드의 아일랜드어 교육에 관한 것이다.

광범위한 교실 연구를 통해 L2 학습자의 동기가 어느 과제를 수행하는지에 따라 심지어는 대화 상대방이 누군지에 따라서도 시시각각 달라진다는 것이 밝혀졌다. Dörnyei와 Kormos는 이 분야의 실험적 연구에서 동기와 사회-역학적 변수(socio-dynamic variables)의 관점에서 어느 과제에 대해 연구하는 것이 좋을지 논한 바 있다.[19] 언어학적 변수 (linguistic variables)는 과제에 대한 적극성, 즉 학습자의 참여도를 보여 주는 지표인 발화의 양과 관련된다. Dörnyei의 후속 연구에서는 동료 학습자의 동기화 정도가 학습자의 발화 생산 규모에 어떠한 영향을 미치는지 조사했다.[40] 그는 동료 학습자의 동기가 학습자의 가치 평가(appraisal)와 행동 통제 과정에 영향을 준다는 것을 확인하였다. 결국 학습자의 과제에 대한 동기는 과제 참여자들에 의해 공동으로 형성된다고 결론 내릴 수 있다.

연구자들은 언어 교사들이 현장 경험으로부터 얻은 지식, 즉 다양하고 도전적인 교육 활동을 통해 학습자가 교육 내용에 더 집중하고 참여하게 만든다는 생각에 동의한다. 몇몇 연구와 실제 경험에 따르면 사회적 요인(집단 역학, 학습 환경, 그리고 동료의 동기화 정도)과 L2 학습자의 태도, 노력, 학습 태도 및 성취도는 서로 영향을 주고받는다.[41] 또한 학습자가 교실 밖에서도 계속해서 제2언어를 사용할 기회를 제공하는 것이 학습에 도움이 된다는 인식도 연구자나 교사들 사이에서 크게 공감을 얻고 있다.[42] 예를 들면 프로젝트 기반 학습(Box 6.13)은 학습자들이 교실에서 연습한 것을 교실 밖에서도 연습할 수 있도록 다리를

놓아 준다.**43** 또한 프로젝트 기반 학습은 학습자가 실생활에서 목표어
를 사용하여 다른 사람들과 협동하고 과제를 달성할 수 있는 기회를 제
공한다. 이 밖에도 오늘날 동기에 관한 연구는 자신감 부족이나 집중력
부족 등 학습자의 동기와 학습에 영향을 주는 요소들을 학습자 스스로
통제하는 전략을 세우게 하는 데에 관심을 두기도 한다.**45**

프로젝트 기반 학습

Box 6.13

경험 있는 교육자라면 모두 알고 있겠지만 프로젝트 기반 학습은 교육과정에
단순히 프로젝트를 끼워 넣는 것 이상의 의미를 갖는다. 프로젝트 기반 학습은
기존의 교수법에 프로젝트를 통합시키는 방식을 모두 지칭한다고 볼 수 있다.

- 경험적(experiential), 교섭적(negotiated) 언어 학습
- 조사 연구
- 프로젝트 교수법, 또는 프로젝트 기반 교수법
- 프로젝트 학습(project work)

Stroller(2006)**44**

이와 관련하여 Deci와 Ryan,**20** 그리고 Vallerand가**21** 제안한
내적 동기와 외적 동기를 살펴볼 필요가 있다. 내적 동기(intrinsic mo-
tivation)는 학습 활동과 학습 환경이 학습자 내면의 동기를 이끌어 내
는 것을 말한다. 이는 교사가 학생들에게 직접 동기를 주는 것이 아니
라 교육을 통해 학생들이 스스로 내면의 동기를 끄집어 낼 계기를 제공

하는 것을 말한다. 다음은 학습자의 내적 동기를 자극하기에 적절한 상황들이다.

- 학습 목표와 학습 내용이 학습자에게 유의미할 때
- 학습자가 학습 자체를 중요하다고 인식할 때
- 학습이 가치 있는 성과를 가져온다는 느낌을 줄 때
- 학습자가 더 큰 공동체에 통합되고자 하는 과정에서 학습이 도움을 줄 때
- 학습이 자아 인식(self-awareness)을 증진시킬 때

이와 달리 외부의 통제로부터 기원한 동기를 외적 동기라고 한다. 이 맥락에서는 '처벌'과 '보상'이 가장 자주 언급되는데, 예를 들어 채점법(marking system)이나 부모의 독려, 압박 등의 방식으로 통제된다.

내적 동기와 외적 동기는 학습 관련 분야에서 폭넓게 적용되는 개념이다. 제2언어 학습에서 일부 연구자들은 내적 동기를 학습자 자율성이라는 개념과 연결 짓는다. 학습자 자율성(learner autonomy)은 성공적인 L2 학습자들은 본인의 학습에 대해 책임을 진다는 생각을 담고 있다. 이에 대해 Ema Ushioda는 '자율적인 학습자는 스스로 동기화된 사람으로 정의된다'고 하였으며,[46] 두 가지 유형의 동기가 자율성과 상호작용한다고 본다. 즉, 내적 동기는 앞서 제시한 상황들 중 하나를 이유로 학습하고자 할 때 생기며, 자기 동기 부여(self-motivation)는 학습자가 도전과 좌절에 대처할 능력과 의지를 성장시킬 때 생긴다고 하

였다. 사실 이 두 가지 동기 모두 넓은 의미에서는 내적 동기에 속한다
고 할 수 있다.

 따라서 Ushioda는 학습자가 스스로 학습을 원하고 자신이 학
 습의 주체라고 생각하기 전까지는 동기를 부여하는 방법을 배울 수 없
 기 때문에 자율성이 동기의 일부라고 생각하였다. 따라서 학습자에게
 는 자율성이 주어져야만 한다. Ushioda는 자율성에 관한 두 이론과 동
 기에 관한 이론들이 학습자의 숙달도나 학습 기간, 자율성 정도, 그리고
 동기 부여 정도에 관계없이 L2 학습의 전 과정과 직접 관련된다고 본다
 (p.107).[47]

 반면 외적 동기는 학습자의 자기 결정이나 독립적 사고를 발달
시킬 수 있는 능력과 크게 관련되지 않는다고 여겨진다. 그러나 어떤
관점에서는 내적 동기 외의 동기가 꼭 누군가의 개입이나 어떠한 규제
시스템에 의해 강압된 결과라고 보지는 않는다. Dörnyei(p. 78)은[48] No-
els et al.을[49] 인용하였는데, 이 연구에서는 무동기(amotivation)에서의
학습과 내적 동기화된 학습, 이 밖에 '규제'의 관점에서 동기화된 학습
에 대해 논하였다.

 (a) '외부의 것'(전적으로 보상이나 위협과 같은 외적인 요인으로부터 유래한 것)
 (b) '무의식적으로 받아들인 것'(가책을 피하기 위해 따라야 하는 규범으로서
  학생이 수용하게 만드는 외부 규칙)

(c) 학생이 '발견한(identified)' 규제(어떠한 활동이 참여할 가치가 높고 그것이
유용하다는 것을 알기에 참여하는 것)

이 중 세 번째 종류의 '발견된' 동기는 어떤 활동을 통달하거나
원하는 목표를 달성하는 데서 오는 성취감과 관련된다는 점에서 내적
동기와의 경계가 모호하다.

[요약] 동기의 종류

Box 6.14

- 통합적 동기: 다른 언어 공동체와 가까워지고자 하는 욕구
- 도구적 동기: 제2언어 학습을 통해 실용적인 것을 얻고자 하는 욕구
- 내적 동기: 학습 상황 자체로부터 동기화되는 것
- 외적 동기: 타인으로부터의 보상과 처벌에 의해 동기화되는 것
- 무동기: 동기가 존재하지 않음.
- 탈동기: 갈등, 억울함, 반감 등으로 인해 발생함.

학습자의 목표어 접촉에 관한 모든 면이 교사나 교수법에 의해
강력히 통제되는 상황에서는 (학습의 목표가 무엇이든) 배타적이고 지배
적인 외적 동기를 부여하는 것이 긍정적 결과를 가져오기도 한다. 하지
만 학습자가 자신의 관점이 맞다고 생각하고 그 실현 가능성을 확신하
며, 학습 체제를 규제하는 사람이나 시스템과 자신의 권리(보상 및 처벌
을 분배하는 일 등)가 대등하다고 생각하는 상황에서는 완전히 다른 결과

가 나올 수도 있다. 이런 경우에는 갈등, 억울함, 반감 등으로 인해 탈동기화(demotivation)가 일어날 가능성이 상당히 높다.

현재, 그리고 미래의 방향

Ushioda와 Dörnyei가 지적한 것처럼, 오늘날 제2언어 습득에서의 L2 동기에 대한 접근법들은 '학습 과정의 역동성과 그것이 처한 복잡성, 또는 학습자의 행동을 결정하는 다양한 목표와 여러 요인'을 충분히 고려하지 않는다는 점이 한계이다. 이러한 결점을 인정하면서 동기 연구는 점차 'L2 동기화 과정이 처한 복잡성, 그리고 내재적, 사회적, 맥락적 요소 간의 다층적 상호작용 속에서 이루는 유기적 발달'에 초점을 맞추고 있다.[50] 다시 말하자면 이제는 동적 체계(언어는 절대 정적 체계가 아니라 항상 변화한다는 생각)와 복잡성 이론(이러한 체계는 시간이 지날수록 더 복잡한 형태로 재구조화된다는 생각)에 관점이 집중되고 있다. 그리고 이러한 이론들은 현재 제2언어 습득과 다중언어 연구 분야에서 중요한 부분을 차지하고 있다.[51][52] 오랜 기간 동안 L2 동기 연구는 SLA에서 다소 주변적인 분야로 인식되어 왔다. 이는 동기의 심리학이 제2언어 발달 과정과—일반적인 학습 성과를 초월하여—어떻게 관련되는지 구체적으로 밝히지 못했기 때문이다. 이제 문제는 동기 연구의 새로운 방향, 즉 복잡성 이론을 중심으로 하는 현재의 연구가 동기 연구를 어떻게 기존의 고립 상태에서 벗어나게 할 수 있냐는 것이다.

새로운 연구가 주목을 받고는 있지만, Gardner의 사회-교육적 관점에서의 주장들은 아직도 영향력이 있다. 특히 통합(integrativeness)의 중요성은 여전히 의미 있으며, 통합을 부각시킨 여러 연구 결과들을 통해 그 중요성이 더욱 강화되었다.[40][53] 통합적 지향과 도구적 지향을 분리하는 데 회의적인 Zoltan Dörnyei는 '가능한 자기(possible selves)'라는 심리학 이론을 빌려 와서 학습자가 자기 자신, 특히 미래의 자신에 대해 스스로 어떻게 생각하는지를 핵심 요소로 삼았다. 그리고 그는 이 분야의 다양한 주장들을 설명하고 '통합'의 개념을 재정의하기 위해 노력했다.

> 'L2 동기 자아 체계(L2 Motivational Self System)'의 핵심 개념은 '이상적인 자기(ideal self)'이며 ... 보완 개념은 '의무적 자기(ought-to self)'이다. ... 기본 전제는 ... 만약 '목표어 숙달도'가 학습자의 이상적 자기, 또는 의무적 자기의 본질적인 부분이 된다면 이는 그 언어를 학습하는 데 강력한 동기 부여 장치로 작동할 것이다. 우리에게는 현재의 자기(current self)와 미래의 가능한 자기(possible future self) 사이의 격차를 줄이고자 하는 심리적 열망이 있기 때문이다.[54]

'L2 동기 자아체계'에서는 자아와 정체성의 관점에서 동기 이론을 수립하였다. 여기에서 자아(self)와 정체성(identity)이란, 아직도 일부에서는 '통합적', '도구적'이라고 불리지만, 특정 언어문화적 정체성을 갖고자 하는 마음이나 주어진 목표를 달성하기 위해 언어를 사용할 수 있는 능력을 갖고자 하는 염원을 망라한다.

마무리

제2언어 학습은 학습자의 필요나 요구 없이 단지 의지만 가지고 해낼 수 있는 일은 아니다. 제2언어 태도와 동기에 관한 연구에서는 학습자의 필요나 요구의 본질, 그리고 그것이 어디에서 기원하는지를 파악하려고 노력한다. 하지만 이는 매우 복잡한 영역이며 조사하기도 쉽지 않다. 특히 태도와 동기에 대한 것은 어느 것도 직접 관찰할 수 없기 때문에 더 어렵다. '사랑'과 마찬가지로 태도와 동기도 그것이 가져오는 효과를 통해서만 포착되기 때문에 이런 것들은 항상 여러 방향으로 해석되기 쉽다.

해당 언어와 문화에 대해 좋은 감정을 가지는 것이 언어 학습 성공의 지표가 된다는 생각이 널리 퍼져 있으며 연구에 의해 어느 정도 뒷받침되고 있다. 한편 우리는 입학 시험 성공이 곧 그 언어 공부의 성공인 것으로 해석되는 경우를 많이 봐 왔다. 이때 성공 여부를 판단하는 또 다른 요인은 사람들이 그 시험을 얼마나 중요하다고 생각하느냐이다. 한편 이민자가 새로운 환경의 모든 면에 매료되었지만, 현지어를 숙달하지 못해서 직장을 구하지 못하는 상황을 보면 '하고 싶은 것(want)'과 '해야 하는 것(need)'이 맞아 떨어지지 않는다는 생각도 든다.

이러한 맥락에서 최근 '자아(self)'가 강조되는 것은 시기적절하다. 누군가는 이것이 이 분야의 연구에서 그다지 중요하게 다루어지지 않는다고 생각할 수도 있지만 말이다. 개인이 자아에 대해 생각하고, 자아를 열망하고, 자아를 이상화하고, 자아에게 주어진 의무를 받아들이는 방식 등을 연구에서 명시한다면 연구는 보다 현실적이 될 것이다. '자아'의 전반적 개념을 딱 떨어지게 정의하기는 어렵다. 또한 개인 간의 차이도 매우 크다. 그러나 무엇보다 중요한 것은, 사람들이 어떤 언어를 배우고 싶어 하고, 또 배워야 하는 이유가 그 언어가 갖는 비전과 맞아떨어져야 한다는 점이다.

가능한 자기(possible selves)

Box 6.15

'가능한 자기'는 미래에 되기를 희망하는 '이상적 자기(ideal self)', 그렇게 될 것이라고 '기대하는 자기' 또는 그렇게 되는 것을 '두려워하는 자기'의 개념을 포함한다. 사람들이 되고 싶어하는 자기에는 성공한 자기, 창의적인 자기, 부유한 자기, 날씬한 자기, 또는 사랑받거나 존경받는 자기가 포함된다. 한편 그렇게 되기를 두려워하는 자기에는 외로운 자기, 우울한 자기, 무능한 자기, 알코올에 중독된 자기, 실직한 자기, 또는 노숙자가 된 자기 등이 있다.

Markus and Nurius(1989)[55]

덧붙임

Box 6.16

동기와 태도에 관한 연구에서 얻은 함의가 어디에 유용하다고 생각하는가?

- 교실에서 학습하는 학생
- 다른 나라로 이민한 성인
- 언어 교사들
- 학부모들
- 전반적인 언어 교수법
- 대학의 제2언어 수업
- 국가의 언어 교육과정

Further Readings

- 다음은 태도와 동기에 관한 좋은 입문서로 이론과 실제를 모두 망라한 책이다.

  Dörnyei, Z. and Ushioda, E. (2011) *Teaching and Researching Motivation*, 2nd edition. Harlow: Longman.

- 다음에는 Dörnyei와 Ushioda에 의해 편집된 책으로 세계 유수의 학자들이 참여하여 '동기, 자아, 정체성'을 주제로 쓴 논문들이 실려 있다.

  Dörnyei, Z. and Ushioda, E. (eds) (2009) Motivation, *Language Identity and the L2 Self*. Bristol: Multilingual Matters.

- 다음은 제2언어에서 태도에 관한 연구의 포괄적 개요를 제시하고 사회-교육적 관점을 지지하는 견해를 다루고 있다.

  Gardner, R.C. (2010) *Motivation and Second Language Acquisition: The Socio-Educational Model*. New York: Peter Lang.

- 다음은 태도와 동기를 바라보는 교육학적 차원의 흥미로운 관점들을 다루었다.

  Toudic, D. and Mackiewicz, W. (2011) *Handbook on Good Practice that Serves to Motivate Language Learners*. Berlin: MOLAN. Network. Online: at: http:/www.molan-network.org/docs/molan_handbook_o_o.pdf

- 태도와 동기에서의 변이는 L2 학습자들이 서로 차별화되는 요인 중 하나이다. 이 책들은 이러한 문제에 대해 좀 더 넓은 관점을 보여 준다.

  Dörnyei, Z. (2005) *The Psychology of the Language Learner: Individual Differences in Second Language Acquisition*. London: Routledge.

  Pawlak M. (ed.) (2012) *New Perspectives on Individual Differences in Language Learning and Teaching*. Heidelberg: Springer.

Roberts, L. and Meyer, A. (eds) (2012) *Individual Differences in Second language Learning*. Oxford: Wiley-Blackwell.

Robinson P. (2002) *Individual Differences and Instructed Language Learning*. Amsterdam: John Benjamins.

Skehan P. (1989) *Individual Differences in Second-Language Learning*. London: Edward Arnold.

References

1   Gammon, C. (2012) *Here 2 Help Services*, blog, accessed 13 January 2012. http://www.herezhelpservices.com/wellbeing/heres-how-i-stopped-smoking.html

2   Gardner, R.C. (1985) *Social Psychology and Second Language Learning: The Role of Attitudes and Motivation*. London: Edward Arnold. Test battery online at: http://publish.uwo.ca/~gardner/docs/englishamtb.pdf

3   Ames, C. and Ames, R. (1989) *Research in Motivation in Education*. San Diego: Academic Press.

4   Berry, J.W. (1980) Acculturation as varieties of adaptation. In A.M. Padilla (ed.) (1980) *Acculturation: Theory, Models and Some New Findings*. Boulder, CO: Westview Press, 9-25.

5   Schumann, J.H. (1978) *The Pidginization Process: A Model for Second Language Acquisition*. Rowley, MA: Newbury House.

6   Schumann, J.H. (1986) Research on the acculturation model for second language acquisition. *Journal of Multilingual and Multicultural Development* 7 (5), 379-392.

7   Gabillon, Z. (2005) L2 learner's beliefs: An overview. *Journal of Language and Learning* 3 (3), 233-260.

8   Csizér, K. and Dörnyei, Z. (2005) The internal structure of language learning motivation and its relationship with language choice and learning effort. *The Modern Language Journal* 89 (1), 19-36.

9   Masgoret, A.M. and Gardner, R.C. (2003) Attitudes, motivation and second language learning: A meta-analysis of studies conducted by Gardner and associates. *Language Learning* 53, 123-163.

10   Castellotti, V. and Moore, D. (2002) *Représentations sociales des langues et enseignement. Etude de référence pour le guide pour le développement*

de politiques linguistiques-éducatives en Europe. Strasbourg: Conseil de l'Europe, Conseil pour la coopération culturelle.

11   Ushioda, E. (2005) The role of students' attitudes and motivation in second language learning in online language courses. *CALICO Journal* 23 (1), 49-78.

12   Burstall, C., Jamieson, M., Cohen, S. and Hargreaves, M. (1974) *Primary French in the Balance*. Slough: NFER.

13   Green, P. (1975) *The Language Laboratory in School*. Edinburgh: Oliver & Boyd.

14   Littlewood, W. (1984) *Foreign and Second Language Learning*. Cambridge: Cambridge University Press.

15   Hermann-Brennecke, G. (2013) Attitudes and language learning. In M. Byram and A. Hu(eds) (2013) *Routledge Encyclopedia of Language Teaching and Learning*. Abingdon: Routledge, 59-65.

16   De Saint Léger, D. and Storch, N. (2009) Learners' perceptions and attitudes: Implications for willingness to communicate in an L2 classroom. *System* 37 (2), 269-285.

17   Dörnyei, Z. (2001) New themes and approaches in second language motivation research. *Annual Review of Applied Linguistics* 21, 43-59.

18   Dörnyei, Z. and Ottó, I. (1998) Motivation in action: A process model of L2 motivation. *Working Papers in Applied Linguistics* 4, Thames Valley University London, 43-69.

19   Dörnyei, Z. and Kormos, J. (2000) The role of individual and social variables in oral task performance. *Language Teaching Research* 4 (3), 275-300.

20   Deci, E.L. and Ryan, R.M. (1985) *Intrinsic Motivation and Self-Determination in Human Behaviour*. New York: Plenum.

21   Vallerand, R.J. (1997) Toward a hierarchical model of intrinsic and extrinsic

motivation. *Advances in Experimental Social Psychology* 29, 271-360.

22   Gardner, R. (2001) Integrative motivation and second language acquisition. In Z. Dörnyei and W. Schmidt (eds) (2001) *Motivation and Second Language Acquisition*. Honolulu: University of Hawai'i, 1-19.

23   Lamb, M. (2004) Integrative motivation in a globalizing world. *System* 32 (1), 3-19.

24   Berwick, R. and Ross, S. (1989) Motivation after matriculation: Are Japanese learners of English still alive after exam hell? *JALT Journal* 11 (2), 193-210.

25   Brown, H.D. (2000) *Principles of Language Learning and Teaching*, 4th edition. Englewood Cliffs, NJ: Prentice-Hall.

26   Crystal, D. (2003) *English as a Global Language*. Cambridge: Cambridge University Press.

27   Ushioda, E. (2006) Language motivation in a reconfigured Europe: Access, identity and autonomy. *Journal of Multilingual and Multicultural Development* 27 (2), 148~161.

28   Oxford, R. and Shearin, J. (1994) Language learning motivation: Expandingthe theoretical framework. *Modern Language Journal* 78, 12-28.

29   Gardner, R.C. (2006) The socio-educational model of second language acquisition: A research paradigm. *EUROSLA Yearbook* 6, 237-260.

30   Finegan, E. (1999) *Language: Its Structure and Use*, 3rd edition. New York: Harcourt Brace.

31   An Phríomh-Oifig Staidrimh/Central Statistics Office (2012) *This is Ireland: Highlights from Census* 2011. Dublin: Stationery Office.

32   Crookes, G. and Schmidt, R.W. (1991) Motivation: Re-opening the research agenda. *Language Learning* 41 (4), 469-512.

33   Cook, V. (2008) *Second Language Learning and Language Teaching*, 4th

edition. London: Hodder.

34   Ó Laoire, M. (2005) Bilingualism in school settings in Ireland: Perspectives on the Irish L2 curriculum. In J. Cohen, K.T. McAlister, K. Rolstad and J. MacSwan (eds) (2005) *Proceedings of the 4th International Symposium on Bilingualism*. Somerville, MA: Cascadilla Press, 1722-1728.

35   Marshall, M. (2002) Promoting learning. Online at: http://teachers.net/gazette/NOVo2/marshall.html. Accessed October 2009.

36   Ushioda, E. (2003) Motivation as a socially mediated process. In D. Little, J. Ridley and E. Ushioda (eds) (2003) *Learner Autonomy in the Foreign Language Classroom: Teacher, Learner, Curriculum and Assessment*. Dublin: Authentik, 90-102.

37   Nitta, R. and Asano, R. (2010) Understanding motivational changes in EFL classrooms. In A.M. Stoke (ed.) (2010) *JALT2009 Conference Proceedings*. Tokyo: JALT, 186-195.

38   Ushioda, E. (2001) Language learning at university: Exploring the role of motivational thinking. In Z. Dörnyei and R. Schmidt (eds) (2001) *Motivation and Second Language Acquisition*. Honolulu: University of Hawai'i Second Language Teaching Curriculum Center, 93-125.

39   Bernaus, M. and Gardner, R.C. (2008) Teacher motivation strategies, student perceptions, student motivation, and English achievement. *The Modern Language Journal* 92 (3), 387-401.

40   Dörnyei, Z. (2002) The motivational basis of language learning tasks. In P. Robinson (ed.) (2002) *Individual Differences in Second Language Acquisition*. Amsterdam: John Benjamins, 137-158.

41   Florez, M.C. and Burt, M. (2001) *Beginning to Work with Adult English Language Learners: Some Considerations*. ERIC Digest. Washington, DC: National Center for ESL Literacy Education. Online at: http://www.cal.org/

ncle/digests/

42   Clément, R., Dörnyei, Z. and Noels, K.A. (1994) Motivation, self-confidence, and group cohesion in the foreign language classroom. *Language Learning* 44 (3), 417-448.

43   Moss, D. and Van Duzer, C. (1998) *Project-Based Learning for Adult English Language Learners*. Washington, DC: National Center for ESL Literacy Education.

44   Stoller, F. (2006) Establishing a theoretical foundation for project-based learning. In G.H. Beckett and P. Chamness Miller (eds) (2006) *Project-Based Second and Foreign Language Education: Past, Present, and Future*. Charlotte, NC: Information Age Publishing, 19-40.

45   Noels, K.A., Clément, R. and Pelletier, L.G. (2003) Perceptions of teachers' communicative style and students' intrinsic and extrinsic motivation. *Modern Language Journal* 83 (1), 23-34.

46   Ushioda, E. (1997) The role of motivational thinking in autonomous language learning. In D. Little and B. Voss (eds) (1997) *Language Centres: Planning for the New Millennium*. Plymouth: University of Plymouth, CERCLES, Centre for Modern Languages, 39-50.

47   Nakata, Y. (2006) *Motivation and Experience in Foreign Language Learning*. Oxford: Peter Lang.

48   Dörnyei, Z. (2005) *The Psychology of the Language Learner: Individual Differences in Second Language Acquisition*. London: Routledge.

49   Noels, K.S., Pelletier, L.G., Clément, R. and Vallerand, R.J. (2000) Why are you learning a second language? Motivational orientations and self-determination theory. *Language Learning* 50 (1), 57~85.

50   Ushioda, E. and Dörnyei, Z. (2012) Motivation. In S. Gass and A. Mackey (eds) (2012) *The Routledge Handbook of Second Language Acquisition*. New

York: Routledge, 396-409.

51   Dörnyei, Z. (2009) *The Psychology of Second Language Acquisition*. Oxford: Oxford University Press.

52   Ushioda, E. (2009) A person-in-context relational view of emergent motivation, self and identity. In Z. Dörnyei and E. Ushioda (eds) (2009) *Motivation, Language Identity and the L2 Self*. Bristol: Multilingual Matters, 215-228.

53   Dörnyei, Z., Csizé, K. and Néeth, N. (2006) *Motivation, Language Attitudes and Globalisation: A Hungarian Perspective*. Clevedon: Multilingual Matters.

54   Ushioda, E. (2011) Motivating learners to speak as themselves. In G. Murray, X. Gao and T. Lamb (eds) (2011) *Identity, Motivation and Autonomy in Language Learning*. Bristol: Multilingual Matters, 11-24.

55   Markus, H.R. and Nurius, P. (1986) Possible selves. *American Psychologist* 41, 954-969.

7.　제2언어 습득 연구는 언어 교수에 얼마나 도움을 주는가?

_　David Singleton

시작하기

Box 7.1

여러분이 학교에서 제2언어를 배운 방법에 표시해 보시오.

(1) 어휘 목록

(2) 교사 문법 규칙 설명

(3) 교사가 읽어주는 문장이나 테이프의 내용 반복

(4) 문법 구조를 익히기 위한 교체 연습

(5) 다른 학생들과의 그룹 과제 수행

(6) 원어민의 실제 발화나 글 활용

(1-2)를 선택한 사람들은 '문법번역식 교수법', (3-4)를 선택한 사람들은 '청화식 교수법', (5-6)을 선택한 사람들은 '의사소통적 방법'으로 배운 것이다. 각 교수법에 대해서는 이후에 자세히 설명하기로 한다. 대부분의 교사들은 실제로 가르칠 때 교수법들을 혼합하여 사용하므로 여러분은 이 교수법들을 모두 접해 왔을 수도 있다.

교수와 학습

Doughty & Long,[1] Larsen Freeman & Long[2]의 서문에서도 밝힌 것처럼 SLA 연구의 가치를 논할 때 사람들은 언어 교육과의 연관성을 언급한다. 물론 그들은 제2언어 습득이 심리학, 언어학, 사회학, 인류학, 심리언어학, 사회언어학, 신경언어학, 교육학, 심지어 정치학까지 다양한 지식 분야에서 기원하였기에 그 자체로 매력적인 학문이라고 말한다. 그들은 또한 SLA 연구가 이론적으로 갖는 중요성, 즉 언어학자들이 밝히고자 하는 언어 보편성에 대하여 좋은 실험적 사례들을 제공하고 있다고 말한다. 그러나 제2언어 습득 연구가 우리에게 기여한 바를 논할 때, 제2언어 교육을 강화하는 역할을 했다는 사실을 빼놓을 수 없다.

Lourdes Ortega는 SLA 연구가 교수(teaching)를 정교화하고 교사들에게 활력을 준다고 이야기해 왔다. 그러나 이러한 연구가 교사나 교수에 실제로 어느 정도 연관되는가에 대해서는 몇 가지 문제들을 제기했다.[3] 그는 연구와 교수의 연관성은 Box 7.2와 같은 특정한 조건 하에서만 의미있게 나타난다고 보았으며, 교수 학습 상황에서 이러한 조건이 거의 충족되지 못하는 점이 문제라고 지적하였다.

SLA 연구가 교수에 영향을 미치는 경우

Box 7.2

- 교사의 지식과 동반 상승 효과를 낼 때
- 연구자와 교사의 관계가 진정성 있게 호혜적으로 협의될 때
- 교사들의 효능이 낮은 분야에서 SLA 연구가 교사에게 힘을 실어 줄 때

Ortega(2011)[3]

그는 Belcher의 말을 인용하여 제2언어 연구자들에게 다음과 같은 것들이 필요하다고 하였다.[4]

- 연구 계획의 초반부, 즉 함의를 도출하기 훨씬 전부터 교수 차원을 고려해야 한다.
- 연구 문제를 '여러 연구들과 현실 세계의 맥락 안에 들어 있는 것'이라고 가정해야 한다.
- SLA에서 밝혀진 지식의 일부라도 바로 적용하고 싶어하는 사람들을 포함한 청중/독자 전체의 요구를 숙고해야 한다.

그러면 우리는 실제로 이렇게 연구를 수행하고 있을까? 그에 대한 답은 분명 '아니다'일 것이다. 이 문제에 접근할 수 있는 다른 방법은 가까운 과거, 혹은 가깝지 않은 과거에 사용된 언어 교수법의 유형들을 살펴보는 것, 그리고 그러한 교수법들이 일반적인 연구나 특히 SLA 연구에 영향을 미친 정도를 확인하는 것이라 할 수 있다. David

Wilkins는[5] 언어 교수법을 전통적 접근과 현대적 접근으로 구분하였다. 전통적 교수법에서는 그 언어에 관한 사실들과 규칙들에 대한 지식을 갖고 있는 이가 언어에 능통해진다고 생각했다. 따라서 언어 교수의 임무는 그러한 지식을 학습자에게 효과적으로 전달하는 방법을 찾는 것이었다. 그러나 현대 교수법에서 고려한 것은 이와 달랐다. 가령 Wilkins는 언어 학습 성공의 핵심은 언어 사실과 규칙에 대한 지식 여부가 아니라 학습자가 겪는 언어 경험의 질에 있다고 보았다.

연역적 언어 교수와 귀납적 언어 교수

Box 7.3

전통적 교수법에서는 언어에 대한 체계적 지식을 갖기 위해 언어 규칙에 의식적 주의를 기울여야 하며, 언어를 사용하기 전에 이러한 규칙을 숙달해야 한다고 본다. 그런 면에서 전통적 교수법은 연역적 관점을 취한다고 볼 수 있다. 대부분의 현대 교수법에서는 … 그 과정에서 의식적 학습에는 거의 중점을 두지 않는다. 그런 점에서 현대 교수법은 귀납적이라고 할 수 있다.

Wilkins(1990)[5]

이러한 정의에 따르면, 이 책의 두 저자가 외국어를 배울 때 경험했던 '문법번역식 교수법'은 전통적 방식으로 분류될 수 있다. 이 교수법에서는 '문법 규칙에 대한 명시적 설명 이후에 문법 연습이 뒤따르며 특정 문법에 대해 기술한 문장을 번역하도록' 하였다.[5] 한편 1940년대부터 1970년대 사이에 고안된 '청화식' 또는 '시청각식' 교수법은 현

대 교수법으로 분류된다. 이 교수법에서는 문법의 명시적 학습에 반대
하고 문법과 발음은 집중적인 구두 반복과 패턴 연습을 통해 습관을 형
성함으로써 학습된다는 개념을 앞세웠다.[6]

문법 설명의 예

Box 7.4

in, on, for, with, of, at, to, from 등의 전치사는 다른 단어들과의 일정한 관계를
나타내는 단어이다. 전치사는 두세 개의 글자로 이루어진다. 이탈리아어의 예를
살펴보자. *Di dove sei?* (Where are you from?) *Vado a Pisa* (I am going to Pisa).

Danesi(2005)[7]

다음은 앞서 제시한 교수법에서의 관습과 제안들을 자세히 살
펴보고, 그것들이 SLA 연구로부터 얼마나 영향을 받았는지에 대해 알
아보도록 한다. 기본적으로 우리 책의 결론은 그러한 영향력 있는 연구
가 기대보다 적으며, Ortega의 주장대로[3] 앞으로의 연구들은 언어 교
사의 관심사에 더 잘 부합되어야 한다는 것이다.

문법번역식 교수법

문법번역식 교수법은 기본적으로 과거 유럽의 '고전', 즉 라틴
어나 고대 그리스어와 같은 사어(死語, dead language)를 가르칠 때 사
용하던 방식이다. 문법번역식 교수법이 '고전적 교수법'으로 불리는 이

유가 바로 이 때문이다. 고대 언어를 가르치는 방식을 현대 언어 교수에 적용하면서 어휘 항목이나 표현들뿐 아니라 어형 변화나 규칙들도 의식적으로 암기하도록 하였다. 또한 이렇게 암기된 요소들은 활용하여 목표어 문장들을 모어로, 또는 모어 문장들을 목표어로 번역하는 연습을 하게 하였다.

고전적 교수법(Classical Method)

Box 7.5

과거 라틴어를 가르쳤던 방식을 고전적 교수법이라고 한다. 이 교수법에서는 문법 규칙 학습, 어휘 암기, 곡용과 활용 암기, 텍스트 번역, 쓰기 연습을 하는 데 초점을 맞추었다. 18세기와 19세기에 이르러 교육 기관에서 여러 외국어를 가르치면서 이 고전적 교수법을 외국어 교육의 주된 교수법으로 적용하기 시작하였다.

Mondal(2012)[8]

라틴어나 고대 그리스어뿐 아니라 영어와 프랑스어에서도 이러한 교육법은 학습자가 중요한 문헌에 접근할 수 있게 하는 것이 기본 목표였다. 문법번역식 교수법의 가장 전형적인 면은 학습자에게 단어와 어형 변화 목록을 주고 모어 대응어와 함께 암기하도록 하는 것이다. 이러한 접근법에 대해 '생태적 타당성(ecological validity)'이 결여된, 즉 자연스럽지 못한 방식이라 할 수도 있다. 그러나 우리가 모어 습득이나 제2언어 습득에서 볼 수 있는 초보 학습자 대상의 발화는 어떤 사물을 가

리키며 '이게 하마야(That's a hippopotamus!)'라고 하는 직시적 정의를 이용하기도 하는데 이 역시 고립적이고 명시적이다. 또한 모어를 배우는 아동이나 제2언어 학습자는 배운 것을 스스로 반복하는 연습 과정을 거쳐 새로운 형태에 대한 지식을 자발적으로 확보하게 된다.

그러나 사실 지금까지 말한 문법번역식 교수법의 특성은 지나치게 단순화되었다. 이 교수법의 전형적인 단원은 목표어로 되어 있는 글을 읽거나 번역하면서 시작된다. 그리고 그 글에 사용된 새로운 어휘 목록이 학습자의 모어 번역과 함께 제공된다. 다음은 글에 예시되었던 문법 요소들에 대한 설명이 따르고, 문법 연습 문제와 주어진 글을 목표어로 번역하거나 목표어로 된 글을 학습자의 모어로 번역하는 활동이 뒤따른다. 하지만 항상 이렇게 끝나는 것은 아니다. 단원의 마지막 부분은 종종 목표어로 된 시나 노래 등을 배우는 보충 활동으로 구성되기도 한다. 예를 들면 독일어 입문 교재인 *Heute Abend!*[3]에는 J.G. von Salis-Seewis가 지은 잘 알려지지 않은 짧고 단순한 시 'Herbstleid'('가을 노래')가 실려 있다.

어휘 목록이나 문법 요소에 대한 학습은 확실히 의식적 암기(전형적인 숙제 연습)의 기반이 되었다. 그러나 단원을 시작하는 텍스트, 제2언어 교수나 연습활동과 관련된 예문들, 문법 연습에 포함된 유의미한 맥락, 그리고 실제 번역 작업 등을 통해 귀납적 학습의 기회도 제공되었다. 학습자가 모어로 된 텍스트를 목표어로 정확히 옮기려고 노력하는 과정에서, 의식적으로 노력하지 않아도 그들이 사용한 표현들을 기억하게 되는 것이다. 문법번역식 접근법에서 학습자들을 문학에 집중시키는 것은 단지 시나 노래 등에 노출시키는 것만을 의미하지는 않는다. 더 높은 단계에서는 학습자의 언어 능력이 향상될수록 교실에서뿐 아니라 그 밖의 시간에도 문학 작품 전체를 읽고 학습할 수 있게 될 것이라고 기대한다. 이렇게 학습에 동반되는 확장적 독서(extensive reading)는 학습자들이 자료를 접하고 맥락 속에서 그것을 분석하면서 새 자료를 선택할 수 있게 한다.

이러한 내용을 종합해 보면 문법번역식 접근법은 의식적인 암기와 규칙과 어휘 항목들에 대한 연습만을 강조하는 것은 아니라고 할 수 있다. 이 교수법은 텍스트를 통해 무의식적이고 귀납적인 습득이 이루어질 수 있는 많은 기회를 제공한다. 그러나 이 교수법은 학습자의 모어를 매개로 수업을 진행한다는 점이 가장 큰 단점이다. 이는 학습자가 텍스트나 연습 문제를 처리하는 과정에서만 제한적으로 목표어에 노출된다는 것을 의미한다. 또 다른 한계는 학습자에게 주어지는 목표어 입력이 원칙적으로 문어 자료라는 점이다. 이로 인해 학습자가 단어나 구조의 음운적 형태에 익숙해질 기회를 얻지 못한다.

그러면 이제 문법번역식 교수법이 SLA 연구의 영향을 얼마나 받았는가에 대해 알아보도록 한다. 단도직입적으로 답하자면 이 교수법은 제2언어 연구로부터, 또는 그 어떤 연구로부터도 영향을 받지 않았다. 이 교수법은 기본적으로 고대로 거슬러 올라간다. Box 7.6의 인용에서 기술하는 것처럼 로마 제국에서 그리스어를 배운 것은 제2언어에 대한 연구나, 제2언어 교육에 관한 연구가 일반화되기 훨씬 전의 일이다. 이 고전적 교수법은 경험에서 나온 것일 뿐 아니라 상식적으로 여겨지는 것들의 소산이었다. 이 교수법이 여전히 살아남았다는 것은 그것이 성공적이라는 증거이기도 하다. 최소한 특정한 목적 내에서는 말이다. 분명히 이 고전적 교수법 덕분에 Cicero는 기원전 1세기 로마에서 쓰인 Plato(플라톤)을 읽을 수 있었으며, 1960년대 영국의 초등학생들은 라틴어로 된 Livy*, 프랑스어로 된 Racine**, 독일어로 된 Goethe를 읽을 수 있었다. 우리는 이 접근법의 특이한 사항들에 대해 좀 더 논의할 것이다.

고전 교육(Classical teaching)

Box 7.6

문법은 고전의 원문을 읽는 수단으로 여겨졌다. (중략) 단어 대 단어, 행과 행의 연결, 여백에 가득한 주석, 병기된 번역 등, 학생들은 고전 문헌의 중요한 단락이나 문장들을 읽었고 속담, 은유, 격언 등을 암기했다.

Fotos(2005)[10]

---

* Livy(B.C. 59~A.D. 17)는 Latin 이름으로 Titus Livius이며 로마의 3대 역사가 중한 명이다.

** Racine(1639~1699), 즉 Jean Baptiste Racine은 프랑스의 극시인이자 작가, 고전 비극의 대표적인 작가로 일컬어진다.

[요약] 문법번역식 교수법(Grammar translation method)

Box 7.7

1950년대까지 학교에서 널리 선호되던 방식이며 지금도 대학 교육에서는 자주 활용되는 교수법

목적

L2로 쓰인 문학을 감상하고 L2의 문법을 이해하며 사고를 향상시키기 위함.

주요 기술

- 문법 규칙과 구조들을 학습자에게 설명함.
- 문어 텍스트의 치밀한 번역에 힘씀.
- 어휘 목록을 암기함.

학습에 대한 시사점

- 문법에 대한 의식적 학습이 습득으로 이어짐.
- L2 학습이 기존에 알고 있던 L1 지식과 연계됨.
- 어휘는 기계적 암기를 통해 학습됨.

청화식 교수법

청화식 교수법(audiolingual method)은 제2차 세계대전의 후반부, D-데이* 이후 미군 요원에게 유럽 본토에서의 임무 수행을 준비시키면서 개발된 이른바 '군대식 교수법(army method)'에서 시작되었다. 기존에 대학교수들이 참여하여 프랑스나 독일의 고전 문학에 초점을 맞추었던 교수법과 달리, 이 교수법은 행동주의 심리학의 영향을 받은 구조주의 언어학자들에 의해 고안되었다. 당시 미국의 구조주의 언어학자들은 Leonard Bloomfield의 가르침 아래, '눈에 보이지 않는' 의미를 연구하기보다는 관찰 가능한 물질적인 측면(음운, 형태, 통사)에 관심을 기울였다. 행동주의 심리학에서는 언어 습득을 습관 형성의 관점에서 바라보았다. 즉, 어떤 조건에서 특정 자극이 주어질 때 나타나는 특정 반응에 대해 (동물 훈련에서와 같이) 선택적 강화가 주어지면서 습관이 형성된다고 본 것이다.[12][13][14]

이렇게 나타난 방법론은 당연히 형태의 조작에 초점을 맞추었다. 이 방식은 모방과 강한 반복 훈련에 기반을 두고 있었으며, 이는 Wilga Rivers의 '(대화 자료의) 모방 기억법(mimicry-memorization)과 (학습자가 언어 자극에 대해 자동 반응을 보일 때까지 구문 조작 훈련을 반복하는) 문형 반복 연습'으로 정리된다.[15] 2차 세계대전 이후 이 교수법은 '청화식 교수법'으로 알려졌다. 당시 유럽에서도 이 교수법과 기본 전제를

---

* 제2차 세계대전에서 프랑스 노르망디(Normandie) 상륙 작전이 개시된 1944년 6월 6일을 뜻한다.

같이 하면서, 여기에 더하여 그림과 문장의 연합을 통해 학습자의 정신 (mind)에서 의미가 생성되는 것을 강조한 '시청각(audio-visual)' 교수법이 유행하였다. 시청각 교수법의 단원들은 음성 녹음된 대화가 곁들어진 영상을 보는 것으로 시작하며, 학생들은 대화를 프레임 단위로 따라 하도록 구성되었다. 대화 이후에는 대화에 포함된 문법 형태와 구조를 학습자가 연습하도록 일련의 연습 문제들이 주어진다. 매 단원은 어학실습실(language laboratory)에서 연습할 수 있는 일련의 구조 훈련들로 이루어졌다. 이 교수법이 교육 기관에서 널리 받아들여지면서 어학실습실이 확산되었고[16] 컴퓨터에서 사용할 수 있는 많은 상업적 교재들이 양산되었다.

대화와 함께 제시된 시각 자료들은 맥락을 형성하여 귀납적 학습의 기회를 제공하였다. 대화는 전체 과정을 꿰뚫는 서사와 관련된 작은 이야기들로 구성되어 있었다. 이 이야기들은 그다지 극적인 내용은 아니었지만 학습자들이 의미에 주의를 기울이도록 하는 데는 충분했다. 앞서 문법번역식 교수법에서도 그랬던 것처럼, 청화식 교수법을 통해서도 많은 잠재적 학습 기회가 주어졌다. 대화 학습 후에 교사가 즉석에서 조율하는 연습 활동들, 수업 이후 어학실습실에서 진행되는 추가 연습 등이 그러했다.

마지막으로 모든 청화식 수업은 목표어로 진행되었기 때문에 학습자의 모어로만 진행되었던 문법번역식 수업과는 완전히 대조적이었다. 대화나 연습 자료와는 별도로 대화에 대한 설명, 활동과 연관 짓는 설명, 수업 운영에 나타나는 지시 사항 등을 통해 학습자가 제2언어 입력을 추가적으로 제공받았다. 학습자들은 자신이 무엇을 하고 있는 지, 무엇을 하도록 요구받는지를 살피기 위해 이러한 입력에 주의를 기울여야만 했다. 그러면서 학습자들은 이러한 교실 대화에서 반복되는 표현들의 일부를 의도치 않게 학습할 수도 있었다. 수업의 마지막 단계에는 학습자들이 학습한 언어를 확장 활동(extension activity)을 통해 자기 언어화하게 하였다. 그러나 이론상으로는 그랬지만 실제로 항상 그랬던 것은 아니다.

청화식 교수법에서는 탈맥락적인 언어 학습을 지양했다. 하지만 문법번역식 교수법도 그러했듯이 각 교수법의 전형적인 방식이 늘 지켜졌던 것은 아니다. 실제로 청화식 교수법에서 영감을 얻은 교사들은 특정 어휘나 형태론적인 내용을 가미하여 가르치기도 했다.[19]

시청각 교수법에서는 실제로 '시각 문법(Visual Grammar)'을 이용하기도 했다. 이는 문법 설명을 위해 시각 코드(visual code)를 이용하는 것인데 예를 들어 부정 표현(negation)을 다루면서 그림에 X 표시를 덧그리는 것이나 미래의 일을 언급하는 말과 과거의 일을 언급하는 말에 각기 다른 색 말풍선을 표시하는 것이다. 이러한 교육 사례들은 확실히 대화의 맥락과 관련이 깊었지만, '연습'이라는 이름으로 제안된 많은 다른 활동들도 유사 분석적(quasi-isolating) 차원 즉, 특정 어휘 요소, 특정 동사 또는 명사의 다른 형태들, 문법적 성 등에 초점을 맞춘 구조 훈련을 포함하고 있었다(Box 7.8).

구조 훈련, 또는 문형 연습의 사례

Box 7.8

미국의 사례

What is he reading?	He's reading a book.
What is she reading?	She's reading a book.
What are they reading?	They're reading a book.
What are you reading?	I'm reading a book.
What is he writing?	He's writing some letters.

Lado & Fries(1958)[17]

영국의 사례

My son's hoping to stay in a lively place this time.
Lively? Then the place not to stay is Stoke!
Lady Heston's hoping to go to an exciting place this time.
Exciting? Then the place not to go to is Stoke!
Charles is hoping to move to an interesting place this time.
Interesting? Then the place not to move to is Stoke!

Abbs, Cook & Underwood(1970)[18]

　　청화식 접근법은 귀납적이고 맥락화된 습득의 기회를 충분히 제공했을 뿐 아니라 새로운 교재에 대한 기억 흔적을 배치하는 기회를 더 집중적으로 만들어 주었다고 볼 수 있다. 청화식 교수법은, 학습자의 모어와 목표어의 구조를 비교함으로써 오류를 예측할 수 있다고 주장한 대조분석을 도입했다. 대조분석에서는 기본적으로 모어의 간섭이 L2 사용자에게 주된 걸림돌이 된다고 보았다. 그런 이유에서 청화식

교수법에서는 제2언어 수업에서 모어 사용을 전적으로 배제하였으며 제2언어를 모어 표현과 의미적으로 연관 짓는 것도 권하지 않는다. 그러나 모어와 제2언어의 심성 어휘집에 상호 연계성이 있다는 것을 고려할 때(1장과 4장 참고) 두 언어 사이의 연관성은 의심할 여지가 없다.

청화식 교수법의 정통 이론에 따르면 학습자에게 새로 제시되는 자료(언어)를 그들의 모어 번역으로 제공하는 경우 오히려 그 뜻을 오해하게 된다고 한다. 예를 들어 아프리카의 영어 학습자 집단에게 단어 'turkey'를 교사가 영어로 설명했더니 그들은 그 문제의 단어가 '타조'를 의미한다고 생각했다고 한다. 그림이 있다고 해서 문제가 해결되는 것도 아니었다. 또 다른 사례로 영국의 프랑스어 학습자는 잘못 그려진 시각 자료로 인해 프랑스어 *carnet*(notebook)이 candy-bar를 의미하는 것으로 아주 오랫동안 잘못 알고 있었다고 한다.

이 접근법의 또 다른 단점은 사용 가능한 어휘의 범위가 다소 제한적이며, 고빈도 어휘들에만 기반을 두고 있다는 점이다. 이 때문에 청각 자료들이 실생활 대화의 맛을 잘 반영하지 못하고 무미건조하다는 느낌이 들게 한다. 더 나아가 청화식 교수법은 목표어의 구어적 측면과 청각적인 측면만을 강조하여 문어에서 강조되어야 할 부분들이 교육 프로그램의 후반부까지도 배제된다는 점이 문제였다. 당시 학생들은 다른 과목 수업에서 필기하는 습관을 대부분 갖고 있었기 때문에 청화식 수업을 들을 때도 자신이 고안한 (보통 매우 특이한 방법의) 제2언어 번역 체계를 이용하였다. 이는 결과적으로 학습자들이 목표어 단어의 철자법을 잘못 사용하고 이를 심성 어휘집에 기억하게 만드는 결과를 낳았다. L2로 읽고 쓰는 것을 오랫동안 막은 결과, 학습자들이 읽기를 통해 L2 요소들을 제대로 습득할 수 있는 기회를 주지 않은 것이다.

다시 우리의 문제로 돌아가서, 이러한 교수법은 SLA 연구로부터 얼마나 영향을 받았을까? 이 교수법은 언어 습득에 관한 심리학적인 관점, 이른바 행동주의의 영향을 분명히 받았다. 그런데 이 관점은 제2언어 습득을 연구하려던 것도 아니었고, 사실 모어 습득에 관한 연구도 아니었다. 이러한 생각들은 행동주의자들의 주장인 조건화(conditioning)에서 비롯되었는데, 그들이 실험실에서 동물을 관찰하고 훈련시킨 결과 학습은 곧 습관 형성이라는 것을 발견하게 된 것이다. 그런데 행동주의적 관점은 Chomsky가 Skiner의 저서 *Verbal Behavior*에 대해 쓴 저명한 리뷰를[20] 통해 비판을 받게 된다. 그리고 이 리뷰 이후 20여 년 동안 행동주의에 대립하여 언어학이 정립되었고, 아동의 언어 습득에 관한 실제 조사 연구들을 수없이 이끌어냈다.

청화식 교수법에 도입된 언어학은 촘스키 이전까지 가장 지배적인 이론이었던 블룸필드의 구조주의 언어학에 기반을 두고 있었다. 그러나 사실 이 이론 역시 언어 습득 문제와는 아무런 관련이 없었다. 그렇다고 해서 청화식 교수법이 1960년대 이후 제2언어 습득 연구에서 밝혀진 모든 것에 역행한다는 말은 아니다. 청화식 교수법에서 가장 인기 있던 '모방의 중요성' 같은 측면은 Chappell 등의 연구를 통해[21] 오늘날 재조명을 받고 있기 때문이다.

이 두 교수법은* 21세기의 교실에서는 본래의 아이디어대로 활용되지는 않는다. 이 교수법들은 교수와 언어에 관한 양극단의 사고를 잘 나타내고 있으며, 지금도 의의가 크다. 문법번역식 교수법에서는 학습자가 언어의 각 측면들을 의식적으로 이해하게 하고, 제2언어로 된 텍스트의 의미를 처리하게 하며, 번역을 통해 그것을 모어의 의미와 연관 짓게 만든다. 반면 청화식 교수법은 사람들로 하여금 언어에 대한 의식적 이해 없이, 의미와는 최소한으로 연결 지으면서 마치 신체 기능처럼 언어를 습득하게 한다. 두 방식의 교수법은 책에 나오는 정제된 방식보다는 훨씬 더 풍부하게 현장에 적용되었을 것이다. 그리고 이 교수법들은 실제로 효과가 매우 높았다. 그동안 엄청난 수의 학생들이 이 두 교수법을 통해 외국어 습득에 성공했다는 점만 보아도 그 사실을 알 수 있다.

---

*   앞서 설명한 문법번역식 교수법과 청화식 교수법을 말한다.

[요약] 청화식 교수법(The audiolingual method)

Box 7.9

1950년대부터 1970년대까지 유행했으며 대부분 미국에서 시작된 교수법

목적
언어를 의식적으로 알게 하기보다 실제로 사용하게 하는 데 있음.

주요 기술
동일한 문법 구조에 어휘를 교체하는 구조 훈련을 반복하게 함.
짧게 녹음된 대화를 학습자가 문장 단위로 여러 차례 반복하게 함.

학습에 대한 시사점
무의식적인 구조 연습이 그들의 습득을 가져옴.
L2 학습이 언어 사용을 위해 자동적으로 습관을 만들어 내는 데 의존함.
어휘는 기계적으로 학습됨.
L2 학습은 학습자 의식 속의 L1과 별개로 이루어짐.

의사소통적 접근법

드디어 의사소통적 접근법에 대해 살펴볼 차례이다. 의사소통적 접근법은 오늘날 잘 정착되어 있으며 30년 동안이나 교육 현장에서 사용되었고 많은 현대적 변형들을 갖고 있다. Wilkins에서[5] 대략 서술한 것과 같이 의사소통적 교수는 흥미롭게도 전통적 교수법과 현대적 교수법의 요소들을 결합시킨 흔적을 보인다. 1970년대에 의사소통적 언어 교수가 발달하게 된 근원적인 이유는 유럽 국가들에 다른 유럽 국

가로부터 일자리를 찾아 이주한 사람들이 많아졌기 때문이었다. 당시의 관심사는 이민자들이 자신의 모어가 사용되지 않는 나라에서 그들의 직업적 요구와 개인적 요구를 충족시킬 수 있는 언어 능력을 갖추게 하는 데 있었다. 이러한 상황에서 언어의 기능과 표현하고자 하는 개념을 고려하여 학습자의 의사소통적 요구를 분석하였고, 학습자의 요구와 관련된 의미를 고려하여 교육과정의 목표를 설정하였다. 또한 이른 시기부터 학습자들을 목표어의 실제 발화 자료에 노출시켰으며 실생활 요구와 관련성이 높은 교육적 활동들을 개발하였다. 바꿔 말하면 의사소통 중심으로 변화하면서 학습자가 목표어로 하게 될 일들과 언어 교수 및 교실 학습을 명확히 연관 지으려고 노력한 것이다.

　　이러한 새로운 방법을 초등학교와 중등학교(중고등학교)에 적용할 때는, 대부분의 학생들이 실생활에서 제2언어로 무엇을 하게 될지 잘 몰랐기 때문에 그들의 요구를 보다 폭넓게 바라보아야 했다. 이 때문에 요구(needs)의 개념은 관심과 기대(expectation)를 모두 아울러 포괄적으로 정의되었다. 또한 실제 언어 교실 안에서도 학습자의 생활과 관련된 요구에 주의를 기울이게 되었다. 이러한 조정이 있었지만 의사소통적 접근법에서 해결해야 할 것들은 아직 다음과 같이 남아 있다.

- 제2언어 교육 프로그램을 수립할 때 학습자가 제2언어와 관련하여 무엇을 필요로 하는지, 무엇을 원하는지, 혹은 어떤 것이 가능해지기를 기대하는지를 분석할 의무
- 언어 습득이 주로 언어의 의미 협상(meaning-mediating) 경험을 통

해서 이루어진다는 제안의 수용

하지만 의사소통적 언어 교수의 또 다른 버전인 '형태 초점 교수(focus on form, 문법에 대해 명시적으로 논의하는)'에서는 학습자의 모어 활용에 대해 다른 관점을 취하며, 교육과정의 목표를 제시하는 방법도 달리한다. 이러한 다양성은 있지만 의사소통적 교수는 전 세계적으로 가장 영향력 있는 교육 패러다임으로 존재한다. 1990년대에는 의사소통적 접근법이 언어 교수에서 '지배적인 이론적 모델'로 자리 잡았다고 인정되었으며,[22] 최근에는 Duff,[23] Murray,[24] Richards[25] 같은 연구를 통해 같은 주장이 암시적, 명시적으로 이어지고 있다.

의사소통적 연습의 예

Box 7.10

학생 A (16쪽의 직업이나 장소 중 하나를 선택하시오) 이것이 당신의 직업입니다. 문장을 써 보세요.
학생 B A가 쓴 문장이 무엇일지 추측해 보세요.[26]

1. 당신은 지역 상점의 점원입니다. 정보를 확인하고 손님에게 응대하세요.
   예) 가격 등
2. 지역 상점으로 가서 이 물건들을 사 보세요.
   예) 우표 몇 장, 치약 등

Cunningham & Moor(2005)[27]

학습자에게 맥락을 통해 언어를 귀납적으로 습득할 기회를 주지 않았다면서 의사소통적 교수법을 비난하는 사람은 아마 없을 것이다. 모든 형태의 의사소통 기반 프로그램들은 학습자 중심의 읽기, 듣기 그리고 시청각 자료를 매우 풍부하게 제공한다. 이 자료 중 대부분은 엄밀한 의미에서 '실제적(authentic)'이며, 목표어 사용자들이 오락이나 정보 제공을 목적으로 생산한 것이 많다. 그리고 그 중 다수는 현재 컴퓨터 상의 대화 형태로 지원되고 있다.

의사소통적 교수법에서 귀납적 학습은 실제성과 상호성을 지닌 다양한 연습 활동에 의해서도 제공된다. 또한 의사소통적 수업은 목표어로 진행하는 것이 일반적이다. 이 교수법의 일부 버전에서는 교실에서 학습자의 모어를 사용하기도 하는데 이는 그것이 학습에 실질적으로 도움이 되는 경우에 국한된다. 청화식 접근법에서도 이야기한 것처럼 결국 각 교수법에서 귀납적 학습의 기회는 실제로 더 많다.

의사소통적 교수와 문법 번역

Box 7.11

의사소통적 교수법은 학습자의 의사소통 능력을 향상시킬 수 있는 거의 모든 기술을 채택한다는 점에서 절충적이다. … 그것은 개별적이지도 않고, … 배타적이지도 않으며, 두 접근법에서 공통적으로 사용될 수 있는 기술들이 어떻게 함께 사용되고 있는지 전체적인 모습을 보여 준다. 예를 들어 의사소통 중심 교수법을 택한 교사라도 의사소통 중심 원칙을 저버렸다는 불편함 없이 수업에서 문법 규칙을 설명할 수도 있고 번역을 다룰 수도 있다. 이것이 CA(의사소통적 접근법)와 문법번역식 교수법이 차별화되지 않았음을 의미하는 것은 아니다. 오히려 이 두 교수법은 유사한 교수 방법을 사용하되 서로 다른 비율과 조합을 적용하는 것일 수도 있다.

Harbord(2003)[28]

좀 더 의도적으로 고안된 수업에서는 언어 항목이나 구조 학습의 기회를 더 늘리거나 혹은 더 줄일 수도 있다. 사실 몇 년 전, 의사소통적 관점에서의 실제적 자료 사용에 관한 저술에[29] 참여하면서 한 장(章) 전체를 '학습자의 목표어에 대한 의식적 통제력을 높이기 위해 실제 텍스트를 활용하는 방법'에 할애한 바 있다. 거기에 제안한 연습 활동들은—의사소통적 자료들에서 볼 수 있는 활동들과 넓은 범위에서는 유사하지만—특정 텍스트의 의미장(semantic field)이나 연어(collocation)로 쓰일 가능성이 있는 표현들을 포함한다.

확실히 이러한 연습들은 학습자의 의식을 특정 항목의 사용에 집중시킨다. 그런데 여기서 한 단계 더 나아간 활동은 제2언어 단어들과 그 의미를 학습자 모어로 설명한 것을 병기한다. 학습자의 모어를 언급했다고 해서 의사소통적 접근법의 원칙에서 벗어난 것은 아니다. 이러한 연습은 의사소통적 수업의 가장 초기의, 정립 단계의 텍스트에서 활용되며, 일부에서는 번역을 활용하자고 주장하기도 했다(Box 7.12. Henry Widdowson's의 주장이 그 예이다).

번역의 유용성

Box 7.12

나는 어떤 특정한 상황, 즉 외국어가 '특수 목적' 하에 하나의 과목으로 지도될 때는 번역이 매우 유용한 교육적 장치가 된다고 생각한다. 어떤 종류의 번역은 가장 효율적인 학습 수단을 제공할 수도 있다.

Widdowson(1979)[30]

의사소통적 접근법을 지지하는 의견은 분명히 많다. '의사소통적 접근'은 전통주의와 현대주의에 대한 Wilkins의 정의를 벗어난 감이 있다. 적어도 앞서 예를 든 교수 유형들에서는 문법번역식 교수법의 장점(풍부한 입력, 목표어와 모어의 형태 연계, 언어학적 단위의 특성에 대한 명시적 초점화, 문어적 형태의 활용)과 청화식 교수법의 장점(목표어를 사용한 교실 담화, 시각 자료 활용, 방대한 양의 시각-청각 입력 제공)을 조합한 것처럼 보인다. 더 나아가 이 교수법은 다른 두 교수법에서는 하지 못했던 방식으로 학습자의 요구와 이해, 기대에 부응하고자 한다. 따라서 원칙적으로, 다른 교수법보다 더 학습자 개인에게 중요한 의미를 갖는 교수 학습 자료를 제공해야 한다.

264 _

그러나 의사소통적 접근법에 관한 모든 것이 희망적이라고 할 수는 없다. 예를 들어 의사소통적 자료들은 새로운 목표 언어를 반복 연습(rehearsal)하도록 만들어지지는 않았다. 또한 의사소통적 자료 중 일부는 교재에 너무 일찍 제시되어서, '실세계에 필요한 목표어'를 학습자의 요구로 보고 그것을 제공한다는 의사소통적 교수법의 본질적인 주장에서 벗어나는 경우도 있다.

의사소통적 접근법이 SLA 연구로부터 무엇을 얻었는가를 논하는 것은 조금 실망스러울 수도 있다. 초기 의사소통주의자들에게 영향을 준 연구는 언어민족지학의 한 분파와 언어철학의 한 분파였다. 전자에서는 Dell Hymes의 '의사소통능력(communicative competence)'이라는 개념을 가져왔는데, 이는 Chomsky의 개념 중 '보통의 아이들이 문장에 관한 지식을 습득할 때 문법성뿐 아니라 적절성까지 습득한다 ... 아동은 말해야 할 때와 그렇지 않을 때, 누구에게 무엇을 언제, 어디서, 어떤 방식으로 말해야 할지를 아는 능력을 습득한다.'고[31] 할 때의 '능력' 개념이 급진적으로 확장된 것이다. 후자에서는 J.L. Austin에 의해 주창되고[32] 훗날 John Searl이 수정한 생각,[33] 즉 모든 언어 소통 사건은 행위라는 '화행(speech acts)' 개념, 더 정확히 말하면 말하는 것은 곧 행동하는 것이라는 '언어 행위(language acts)'의 개념을 따 왔다. 이 개념은 기능-개념 교수요목의[34] 의사소통적 '기능(function)'의 근간이 되었다. 그런데 사실 지금 언급한 연구들 중 어느 것도 SLA와는 뚜렷한 관련이 없다.

SLA 연구의 여러 측면들이 의사소통적 교수에 영향을 미쳐 온 것은 분명하다. 1980년대 Stephen Krashen이 주장한 '이해 가능한 입력'의 중요성 같은 것이 그 예가 된다.[35] 또한 교육 자료를 학습자 자신의 세계나 요구와 연관 짓는 것이 학습자의 태도나 동기에 긍정적 결과를 가져온다는 최근의 연구도 마찬가지이다(이 책의 6장 참조). 하지만 이 부분을 강력하게 내세우기는 어렵다. 수세기 동안 이어져 온 문법번역식 교수법에서도 그러했듯이 학습자를 광범위한 입력에 노출시키는 것은 언어 학습에서 중요하게 인식되어 왔다. 또한 학습자의 이해와 요구라는 내면 세계에 주의를 기울이는 것이 학습 태도와 동기를 향상시킨다는 부분은, 훌륭한 교사들이 참여해 온 경험에서 얻은 무언의 지혜라고도 할 수 있다. 즉 이러한 생각이 SLA 연구에서만 얻어질 수 있는 것은 아니다.

[요약] 의사소통적 접근

Box 7.13

대부분 영국에서 시작되어 1970년대부터 전세계적으로 인기를 얻은 교수법. 최근 과제 기반 학습으로 변화해 가고 있다.

목표
교실의 안과 밖에서 모두 의사소통할 수 있게 함.

주요 기술
구어와 문어에서 사용되는 실제 텍스트를 활용함.
학습자가 특정 성과를 내기 위해 협력해야 하는 과제를 수행함.
학습자가 배우는 언어와 그들의 의사소통적 요구가 연계됨.

학습에 대한 시사점
제2언어는 그 언어로 의사소통하면서 습득됨.
학습자는 원어민의 '실제' 의사소통 샘플에 노출되어야 함.
교실에서의 과제는 의사소통과 상호작용을 중심으로 구성되어야 함.

마무리

이 장의 앞부분에서 언급했듯이 SLA 연구의 효용은 다른 언어를 가르치는 데 어떤 도움을 주는가에 의해 결정된다. 따라서 교사들은 SLA 연구가 언어 교수에 어떻게 기여할 수 있는가에 대해 매우 큰—혹자는 이를 지나치다고 표현할 만큼— 기대감을 갖고 있다. 그러나 우리는 이 분야의 연구가 이제 겨우 반세기 전에 시작되었다는 것을 잊지 말아야 한다. 문법 연구가 수천 년 이어져 온 것과 비교해 보라. 또한 초기의 많은 연구자들이 SLA 연구를 교육을 통한(instructed) 학습 영역으로부터 '자연주의적(naturalistic)' 교수로 간주하여 제거하고자 했다는 점도 잊지 말아야 한다.

SLA 연구는 다양한 환경의 여러 단계에서 L2 학습자가 무엇을 수행하는지, 무엇을 알고 있는지는 밝혔지만 아직도 그러한 행동과 지식이 어떻게 나타나게 되는지 구체적인 과정은 설명하지 못했다. SLA에서 '오류(error)'나 언어 간 영향 같이, 전통적 관점에서는 교사에게 걸림돌이라고 인식되던 것들이 언어 학습에서 필연적이며 때로는 유용성도 갖는다는 점을 입증한 것은 사실이다. 그러나 이러한 문제에 대해 교사가 어떤 입장을 취해야 할지 조언까지 할 수 있는 단계는 아직 아니다. 즉 SLA 연구의 결과를 '교육 비법서(pedagogical recipe book)'로 옮기는 것은 아직 어려운 실정이다.

SLA 연구는 교사들이 언어 습득 과정의 다채로운 측면에 대한 의식을 높이고, 학습자에 대한 감수성을 높이는 도구로서 가치가 있다. 또한 Kathy Rich가[36] 자신의 힌디어 학습 과정을 잘 설명해 놓은 데서 볼 수 있듯이, 학습자가 SLA 연구를 살펴본다면 그들의 제2언어 습득 과정에 대한 인식을 높일 수도 있을 것이다. 그러나 SLA 연구가 언어 교수법의 발전에 유용하고 의미 있게 기여하기를 바라기 전에, Ortega의 말처럼 우리 스스로가 일상에서나 언어 교실에서 훨씬 더 강한 의지와 열정을 갖추어야 함을 기억해야 한다.

덧붙임

Box 7.14

새로운 언어를 어떤 방법으로 배우고 싶은가? 선호하는 순서대로 번호를 매기시오.

- 교실에서 그룹으로 대화하기
- 문학 텍스트 처리하기
- 단어 암기하기
- 문법 설명 듣기
- 단어나 구 반복하기
- 원어민의 실제 언어를 듣거나 읽기
- 문법 구조 훈련하기

이 가운데 컴퓨터로 언어를 배울 때 경험했던 것이 있다면 이야기해 봅시다.

Further Readings

- 다음 두 권의 책은 제2언어 교육에 대해 충실하고 포괄적인 논의를 제공한다.

  Larsen-Freeman, D. (2000) *Techniques and Principles in Language Teaching*, 2nd edition. Oxford: Oxford University Press.

  Richards, J.C. and Rodgers, T.S. (2001) *Approaches and Methods in Language Teaching*, 2nd edition. Cambridge: Cambridge University Press.

- 의사소통적 언어 교육에 관해서는 Littlewood의 짧고 읽기 편하게 쓰인 책을 참고하는 것이 좋다. 이 책은 오래 전에 출판되었지만 아직도 유익하다.

  Littlewood, W. (1981) *Communicative Language Teaching: An Introduction*. Cambridge: Cambridge University Press

- 다음은 언어 교육 맥락에서의 '학습'에 대한 이론을 친절하게 설명해 주는 자료이다.

  Seedhouse, P., Walsh, S. and Jenks, C. (eds) (2010) *Conceptualising 'learning' in Appied Linguistics*, Basingstoke: Palgrave Macmillan.

- 다음 자료는 세계화 시대에 매우 중요한 역할을 하고 있으며, 앞으로 그 가치가 더욱 높아질 것이다.

  Leung, C. and Creese, A. (eds) (2010) *English as an Additional Language: Approaches to Teaching Linguistic Minority Students*. London: Sage.

References

1 Doughty, C.J. and Long, M.H. (2005) The scope of inquiry and goals of SLA. In C.J. Doughty and M.H. Long (eds) (2005) *The Handbook of Second Language Acquisition*. Malden: Blackwell, 1-16.

2 Larsen Freeman, D. and Long, M.H. (1991) *An Introduction to SLA Research*. London: Longman.

3 Ortega, L. (2012) Language acquisition research for language teaching: Choosing between. application and relevance. In B. Hinger, E. M. Unterrainer & D. Newby (eds) (2012) *Sprachen lernen: Kompetenzen entwickeln? Performanzen (über)prüfen*. Vienna: Präsens Verlag, 24-38.

4 Belcher, D. (2007) A bridge too far? *TESOL Quarterly* 41 (2), 396-399.

5 Wilkins, D.A. (1990) Second languages: How they are learned and taught. In N.E. Collinge (ed.) (1990) *An Encyclopaedia of Language*, 518-550. London: Routledge.

6 Mitchell, R. (2000) Foreign language education: Balancing communicative needs and intercultural understanding. In M. Ben-Peretz, S. Brown and B. Moon (eds) (2000) *Routledge International Companion to Education*, 921-934. London: Routledge.

7 Danesi, M. (2005) *Italian Now.* New York: Barrons.

8 Mondal, N.K. (2012) A comparative study of grammar translation method and communicative approach in teaching English language. *New York Science Journal* 5 (5), 86-93.

9 Kelber, M. (1938) *Heute Abend!* London: Ginn and Company.

10 Fotos, S. (2005) 'Traditional and grammar translation methods for second language teaching. In E, Hinkel (ed.) (2005) *Handbook of Research in Second Language Teaching and Learning: Volume 1*. London: Routledge, 652-670.

11   Bloomfield, L. (1933) *Language*. New York: Holt.

12   Skinner, B.F. (1957) *Verbal Behavior*. New York: Appleton-Century-Crofts.

13   Lado, R.(1964) *Language Teaching: A Scientific Approach*. New York: McGraw-Hill.

14   Brooks, N. (1960) *Language and Language Learning*. New York: Harcourt Brace.

15   Rivers, W.M. (1968) *Teaching Foreign-Language Skills*. Chicago, IL: University of Chicago Press.

16   Roby, W.B. (2004) Technology in the service of foreign language learning: The case of the language laboratory, In D.H. Jonassen (ed.) (2004) *Handbook of Research for Educational. Communications and Technology*, 2nd edition. Mahwah, NJ; Lawrence Erlbaum, 523-542.

17   Lado, R. and Fries C.C. (1958) *English Pronunciation*. Ann Arbor: University of Michigan Press.

18   Abbs, B., Cook, V. and Underwood, M. (1968) *Realistic English*. Oxford: Oxford University Press.

19   Moget, M-T. and Boudot, J. (1972) *De Vive Voix*. Paris: Didier.

20   Chomsky, N. (1959) Review of B.F. *Skinner Verbal Behavior*. Language 35, 26-58.

21   Chappell, P. (2012) A sociocultural account of the role of imitation in instructed second language learning. *Journal of Linguistics and Language Teaching* 3 (1), 61-1.

22   Thompson, G. (1996) Some misconceptions about communicative language teaching, *ELT Journal* 50 (1), 9-15.

23   Duff, P. (2013) Communicative language teaching. In M. Celce-Murcia, D. Brinton and M.A. Snow (eds) *Teaching English as a Second or Foreign Language*, 4th edition. Independence, KY: Heinle Cengage.

24   Murray, N. (2010) *Communicative Language Teaching: Reflections and*

272 _

Implications for Language Teacher Education. Berlin: VDM Verlag Dr.
Müller.

25   Richards, J.C. (2006) *Communicative Language Teaching Today*,
Cambridge: Cambridge University Press.

26   Doff, A. (2010) *English Unlimited*. Cambridge: Cambridge University Press.

27   Cunningham, S. and Moor, P. (2005) *New Cutting Edge*. Harlow: Pearson
Longman.

28   Harbord, J. (2003) Contribution to: A question of definitions: An
investigation through the definitions and practices of communicative and
task-based approaches (TESL-E] Forum, Karen Stanley, editor). TESL-EJ 7 (3),
accessed 8 June 2013. Online at: http://tesl-ej.org/ej27/f.html

29   Little, D., Devitt, S. and Singleton, D. (1994) *Learning Foreign Languages
from Authentic Texts: Theory and Practice*. Dublin: Authentik.

30   Widdowson, H.G. (1979) The deep structure of discourse and the use of
translation. In CJ. Brumfit and K. Johnson (eds) (1979) *The Communicative
Approach to Language Teaching*. Oxford: Oxford University Press, 61~71.

31   Hymes, D. (1972) Models of the interaction of language and social life. In
J. J. Gumperz and D. Hymes (eds) (1972) *Directions in Sociolinguistics: The
Ethnography of Communication*. New York: Holt, Rinehart & Winston,
35~71.

32   Austin, J.L. (1962) *How to Do Things with Words*. Oxford: Clarendon Press.

33   Searle, J.R. (1969) *Speech Acts: An Essay in the Philosophy of Language*.
Cambridge: Cambridge University Press.

34   Singleton, D. (1994) Defending notional-functional syllabuses. In C, Brumfit
(ed.) (1994) *The Work of the Council of Europe and Second Language
Teaching*. London: Macmillan, 75-80.

35   Krashen, S.D. (1982) *Principles and Practice in Second Language*

Acquisition, Oxford: Pergamon.

36　Rich, K. (2010) *Dreaming in Hindi: Life in Translation*. London: Portobello Books.

8. 언어 교수의 목표는 무엇인가?

_ Vivian Cook

[시작하기] 왜 다른 언어를 배우는가?

Box 8.1

다음 중 동의하는 것에 표시하시오.

(1) 언어를 배우는 것은 취업에 도움이 된다.
전적으로 동의 a b c d e 전적으로 반대

(2) 언어를 배우는 것은 다른 기술을 계발하는 데 도움이 된다.
전적으로 동의 a b c d e 전적으로 반대

(3) 언어를 배우는 것은 해외로 갈 수 있는 좋은 기회를 제공한다.
전적으로 동의 a b c d e 전적으로 반대

(4) 언어를 배우는 것은 즐겁다.
전적으로 동의 a b c d e 전적으로 반대

*Seven Hundred Reasons for Studying Languages*에서 발췌[1]

사람들은 왜 다른 언어를 배우고 싶어할까? 학습자들은 마음 속에 어떤 목표를 가지고 있으며 다른 사람들은 그들에게 어떤 목표를 부여할까? 이번 장에서는 L2 학습을 통해 사람들이 도달하기 바라는 결과에 대해 살펴볼 것이다. 이는 학습자들이 목적을 달성하기 위해 어떤 방법을 쓰느냐보다는 어디에 도달하고 싶어하느냐를 살핀다는 점에서 6장의 주제와는 다르다.

사람들이 보통 그러하듯이, 제2언어 사용자들도 외양이나 규모, 인종과 신념 등에서 모두 다르다. 그리고 그들을 나누는 기준도 다양하다. 이처럼 언어 학습에도 다양한 목표들이 있을 수 있고, 그 수는 사람들이 되고자 하는 L2 사용자의 유형의 수를 합한 것만큼 많을 것이다.

언어의 층위

---

de Swaan의 언어 위계(hierarchy of languages)

Box 8.2

초중심 언어(Hyper-central language)	영어
수퍼 중심 언어(Super-central languages)	프랑스어, 아랍어, 스페인어
중심 언어(Central languages)	이탈리아어
주변 언어(Local/Peripheral languages)	핀란드어, 웰시어

Abram de Swaan은 언어를 네 그룹으로 나누었다.[2] 첫 번째는 주변 언어(peripheral language)로, 한 나라나 그 일부 지역처럼 제한된 지역에서 사용되는 언어이다. 주변 언어는 지역 언어(local language)로

도 불린다. 이러한 언어는 관련 지역으로 이주한 사람들 외에는 제2언어로 배우지 않는다. 핀란드어는 핀란드나 스웨덴 일부 지역 외에는 거의 사용되지 않으므로 주변 언어에 해당한다. 또 다른 예는 웨일스어인데, 이 언어는 웨일스 지역이나 아르헨티나의 고립된 지역의* 소수 화자들이 사용한다. 그러나 어떤 주변 언어들은 현대에 와서 임의대로 그어진 국경 때문에 여러 나라에서 사용되기도 한다. 쿠르드어는 이라크, 터키, 이란에서 사용되며, 카자흐어는 카자흐스탄, 중국, 우즈베키스탄 등에서 사용된다. 한편 롬어는** 폴란드, 세르비아, 헝가리, 루마니아 및 다른 여러 나라에서 사용된다. 역사적으로 볼 때, 18세기에 이르러서야 언어가 국가를 구별하는 중요한 특징으로 간주되기 시작하였다. 영국의 경우만 보더라도 수세기 동안 프랑스어, 독일어, 네덜란드어를 모어로 하는 왕과 여왕들에 의해 통치되었다.

두 번째 언어 그룹은 중심 언어(central langauge)로 각 국가의 주요 언어들이다. 중심 언어가 아닌 주변 언어 사용자들은 생활을 위해 중심 언어를 배워야 한다. 이탈리아에서는 독일어, 라디노어, 사르데냐어, 페네토어 등을 사용하는 이탈리아인들도 모두 이탈리아어를 알아야 하고 이를 사용하여 소통하는 것이 예가 된다.

---

* 웨일스 출신 이민자가 거주하는 아르헨티나의 추부트 주(Chubut Province)에서 웨일스어가 사용된다.
** 롬어(Romani Language)는 롬족이 인도에서 서아시아를 거쳐 유럽으로 이주하는 과정에서 발전한 언어이다.

다음은 수퍼 중심 언어(super-central languages)이다. 이는 몇 나라에 걸쳐 특정한 역할을 하는 언어들을 말한다. 프랑스어는 아프리카 일대의 카메룬, 부르키나파소, 말리 같은 국가의 공용어이다. 프랑스어는 외교 언어의 역할도 한다. 비록 2012년 런던 올림픽에서는 거의 들어볼 수 없었지만, 프랑스어는 올림픽의 공식 언어이다. 수퍼 중심 언어들은 다른 나라들에서 외국어로 교육된다. 프랑스어, 독일어, 스페인어 등이 모두 그 예가 된다.

마지막으로 유일한 초중심 언어(hyper-central language)인 영어에 대해 살펴보자. 영어는 거의 모든 국가에서 여러 목적으로 사용되고 있으며, 전세계 대부분의 국가에서 교육되고 있다. 영국문화원(British Council)의 추정에 따르면 전 세계에 약 20억 명의 영어 학습자가 있다고 하여(물론 이는 전 세계 인구 7명 중 2명밖에 안 되지만) 영어가 언어 중에서 독보적인 지위를 차지하고 있음을 알 수 있다. 영어는 링구아 프랑카(lingua franca)로서, 좋은 일에든 나쁜 일에든, 모어 화자들뿐 아니라 비모어 화자들 간의 의사소통에서도 지배적으로 쓰인다. David Graddol에[3] 따르면 학교 교육과정에서는 3Rs(읽기, 쓰기, 연산) 외에, 영어가 아이들에게 필요한 유용한 도구라고 보고 제4의 R로 교육하고 있다고 하였다.

L2 사용자의 유형

De Swaan이 위계화한 언어들과 부분적으로 관련된 L2 사용자의 여섯 유형에 대해 포괄적으로 살펴보도록 한다.[4]

(1) **다언어 사회에 속한 사람들.** 뉴캐슬 시민회관의 게시판(그림 8.1)에서 볼 수 있듯이 세계 여러 지역의 사람들은 다수의 언어가 사용되는 사회에서 살고 있다. 북부 잉글랜드의 뉴캐슬 어폰 타인(Newcastle upon Tyne)에는 광둥어, 영국 수화, 아프리카 프랑스어, 롬어 외에 다른 언어들을 사용하는 사람들이 거주하고 있다. 이 게시판은 다양한 언어적 수요에 맞춰 합의가 이루어졌음을 보여 준다. 사람들 대부분은 시민센터 방문뿐 아니라, 은행 방문, 고용주와의 대화, 대중교통 이용 등 도시 생활을 위한 기본적이고 필수적인 일들을 처리하기 위해 그 지역의 중심 언어인 영어를 필요로 한다.

그림 8.1 뉴캐슬어폰타인(Newcastle upon Tyne) 시민센터

따라서 다중 언어 사회에 사는 사람들은—오늘날은 그렇지 않은 사람이 사실상 없겠지만— 그 언어를 사용하는 사람과 소통하기 위해서만이 아니라 언어적 배경이 다른 사람들, 즉 지역 언어든 이민자 언어든 그것을 사용하는 사람들과 소통하기 위해서도 중심 언어를 필요로 한다.

중심 언어로서 표준 중국어(Mandarin Chinese)는 중국 내에서 사용되는 일곱 개의 중국어-방언과의 구별이 모호한- 사용자들이 구어와 공통 문어로 서로 소통할 수 있게 한다. 브라질의 포르투갈어도 유럽과 아프리카의 포르투갈어를 사용하는 다른 나라 사람들과 소통하게 하는 초중심 언어로서의 역할뿐 아니라, 브라질 내의 215개 언어 사용자를 통합하는, 중국어와 유사한 중심 언어의 기능을 한다. 따라서 자기 언어 외에 다른 언어를 사용할 수 있는 능력은 그들의 나라에서 살아가는 데 필수적이다. 가정의 언어가 사회의 중심 언어가 아니라면 그 자녀들은 집밖에서의 생활을 위해 중심 언어를 습득해야만 한다.

(2) **문화유산으로서 언어를 되찾은 사람들.** 최근 세계 여행을 하는 사람들이 눈에 띄게 늘었다. 한 인도계 영국인 학부생은 인도에 있는 삼촌과 뉴욕에 있는 사촌을 방문하면서 여름을 보낼 것이라고 하였다. 그녀의 가족은 지구 곳곳에 살고 있었다. 젊은 세대의 많은 사람들은 특히 언어와 관련하여 자신의 뿌리를 알아야 한다고 느낀다. 그래서 미국에 살고 있는 히스패닉 중 어떤 사람들은 조상의 땅인 푸에르토리코에 가서 스페인어를 배운다.[5] 또한 스코틀랜드의 한 자치 지역에

있는 유치원생들은 자기 문화의 정체성을 키우기 위해 게일어를 배운다.[6] 뉴캐슬 어폰 타인의 중국 학교에서는 수년 동안 매주 토요일마다 표준 중국어를 가르친다. 그들은 학생들이 언어를 더 잘 이해하게 하기 위해 '중국 전통문화와 현대문화의 중요성'을 강조하며, 중국어를 어떻게 써야 하는지 왜 그렇게 써야 하는지에 대해 가르친다.[7]

　　이러한 언어를 미국에서는 '계승어(heritage languages)'라고 부르고 영국에서는 '공동체 언어(community languages)'라고 부른다. 중요한 것은 자신의 부모와 조상이 실제로 그 언어를 쓰지 않았더라도 이 학습자들은 자신의 혈통과 문화적으로 일치하는 언어를 학습한다는 것이다. 뉴캐슬 어폰 타인의 중국인 아동들은 대부분 광동어를 사용하면서 표준 중국어를 중심 제2언어(central second language)로 사용하는 가정에서 성장한다. 이스라엘의 히브리어와 아일랜드의 아일랜드어 같은 공동체 언어는 문화적, 정치적인 이유로 거의 소멸할 뻔하였으나 그 직전에 회복되었다. 히브리어의 경우 20세기의 첫 화자들은 히브리어를 L2로 사용하는 이들이었다.*

　　이는 문화적 목적의 수퍼 중심 언어 학습으로 이어진다. 권위 있는 언어(prestige language)는 특정 종교의 신성한 글이나 의식과 관

---

* 20세기가 시작될 때 히브리어를 모어로 사용하는 이들이 없었다는 의미이다. 언어 정책과 언어 계획에서 히브리어는 성공 사례로 꼽힌다. 1890년 이래 50여 년 동안 노력을 기울인 끝에, 히브리어는 이스라엘의 공용어이자 가장 지배적인 언어로 자리잡았으며 수많은 원어민을 갖게 되었다.

련되는데, 이슬람의 고전 아랍어와 유대교의 성서 히브리어가 그 예이
다. 이러한 종교의 일원이 되기 위해서는 최소한 그 종교의 주된 믿음
과 의식을 전달해 주는 언어를 잘 알 필요가 있다. 1965년까지 가톨릭
교회에서는 라틴어로만 예배를 드릴 수 있었기에 전 세계의 가톨릭 신
자들이 같은 언어로 미사에 참석할 수 있었다.* 또한 몇몇 국제 활동은
특정 언어와 연관되기도 한다. 예를 들어 일본어 용어인 *ippon*(한 번의
동작으로 상대방을 패배시킴) 또는 *sensei*(선생, 스승) 등을 모르면 유도를 연
습하기 어려운 것과 같다. 이런 상황에서는 사람들이 제2언어를 그다
지 많이는 습득하지 못할 수도 있다. 하지만 이 경우가 진정한 의미의
초중심 언어 사용이며 이 사람들의 삶에서는 이 언어가 중요하다.

(3) **다른 나라에 단기간 방문한 사람들.** 현대 생활의 큰 변화 중
하나는 다른 나라에 잠깐씩 머물면서 돌아다니는 범위가 달라진 것이
다. 어떤 이들은 업무를 위해 여행을 한다. 경영인은 회의에 참석하고,
학자는 학회에 참석하며, 테니스 선수는 ATP 월드 투어에서 시합을 한
다. 어떤 이들은 항상 더 멀리 휴가 여행을 떠난다. 오늘날 영국인들은
페루, 미얀마, 티벳 등으로 여행을 하지만 20년 전 그들은 스페인이나
프랑스에 갔고, 100년 전에는 본머스(Bournemouth)나 블랙풀(Black-

---

* 제2차 바티칸 공의회(1965년에 폐막) 이전에는 가톨릭 교회의 미사를 라틴어로만
  행하였지만 그 뒤에는 자국어로도 지낼 수 있도록 허락되었다고 한다.

pool)로 여행을 갔었다.** 어떤 사람들은 런던이나 상하이 같은 도시에서 단기 혹은 장기 과정으로 유학을 하는데, 이러한 방문 중 상당수는 제2언어와 관련된다.

제2언어는 양방향으로 진행된다. 방문자는 비록 제2언어를 적게 쓰더라도 호텔이나 수퍼마켓 등에서 현지인과 소통해야 한다. 방문객을 맞는 사람들은 관광, 교통, 교육 산업 분야에서 고객에게 응대하기 위해 언어를 사용한다. 제2언어가 반드시 현지어일 필요는 없다. 일본인의 쿠바 방문이나 러시아인의 스페인 방문에서처럼, 영어를 사용하는 관광 업무에서 74%는 L2 사용자끼리 참여한다고 한다. 전통적으로 관광은 성인 제2언어의 중요한 영역이라고 여겨져 왔다. 그 한 예로 내가 다니는 미용실의 미용사는 마요르카(Majorca)에서 스페인어를 연습할 수 있어서 즐겁다고 했다.

결국 제2언어의 기능은 쿠바의 과달라바카(Guardalavaca) 패키지 여행에 필요한 최소한의 요구에서부터 폴란드 사라예보(Sarajevo)에서 영어로 개최되는 학회에 참석하여 다른 참석자들과 소통하고 영어로 발표까지 해야 하는 높은 수준의 요구까지 다양하다. de Swaan의 위계에 따르면 이러한 기능의 대부분은 수퍼 중심 언어의 기능 중에서도 전문적인 영역에 속한다. 이때 제2언어는 그들의 삶에서 매우 중요하지만 그렇다고 해서 전부는 아니다. 영국의 어떤 그리스 학생들은

** 본머스와 블랙풀은 모두 영국의 해안 도시이다.

학업을 수행하고 책을 읽는 데 필요한 영어 외에는 배우는 것을 거부했다. 그들은 영어를 오로지 직업을 얻는 데 필요한 자격 조건이라고 생각했기 때문이다.

(4) 배우자, 친구, 혹은 자녀들과 L2로 소통하는 사람들. 문화 간 접촉이 증가하면서 사람들은 다른 언어를 말하는 친구나 배우자를 맞이하기도 한다. Johnny Depp과 전 부인 Vanessa Paradis는 각각 영어와 프랑스어를 사용했고, Arnold Schwarzenegger와 Maria Shriver는 각각 독일어와 영어, Aristotle Onassis와 Jackie Kennedy는 각각 그리스어와 영어를 사용하는 상태로 결혼했다(이들 중 두 쌍이 이혼한 것은 바라건대 우연의 일치일 것이다). 이런 관계에 있는 부부들은 제2언어로 소통할 수 있는 능력에 자신이 있고 실제로 원어민으로 통하기도 한다.[8] 하지만 간혹 인터넷에서 시작된 관계의 경우, 실제로 만나서는 두 사람이 전혀 의사소통할 수 없다는 걸 알게 되기 전까지 공통의 언어를 사용면서 관계를 문제없이 유지하기도 한다.

어떤 부모들은 자녀들과 이야기할 때 다른 언어를 쓰곤 한다. 소수 언어 집단 아동의 가정 언어(home language)가 바로 이러한 언어이다. 또 어떤 부모들은 자녀와 말할 때 가족 중 누구의 모어도 아닌 언어로 소통할 때가 있다. 호주에서 독일어를 사용하거나 말레이시아에서 영어를 쓰는 것, 혹은 미국에서 아기와 클링온으로* 소통한 것이 그러한 예가 된다.[9] 또 다른 흔한 예는 청력이 정상인 부모에게서 청각 장애 자녀가 태어났을 때 부모가 자녀에게 필요한 것을 제공하기 위해 수화를 재빨리 익히는 것이다. 제2언어는 가장 친밀한 관계의 중요한 부분이 될 수도 있다. 그래서 항상 사람들이 '프랑스인 이성 친구를 사귀려면 프랑스어를 배워야 한다'고 말하는 것이다.

이 '친밀한(intimate)' 영어는 de Swaan의 위계에 포함시키기 어려운데, 그것이 매우 사적이고 제한적이기 때문이다. 그런 이유로 이 언어는 아기에게 하는 말처럼 아주 가까운 사이에서 쓰는 L1과 성격이 비슷하며, 이러한 친밀한 집단 밖의 사람에게 사용하는 공식적인 언어와는 다르다. 이런 언어는 어디서 배울 수 있는 것이 아니다. 그저 적절한 상황이 되면 그 상황 속에서 쉽게 습득한다. 비록 언어 위계에는 들어가지 않지만 이 언어 역시 다른 어떤 L2만큼이나 당사자들에게는 중요하다.

(5) 특정한 기능을 위해 L2를 국제적으로 사용하는 사람들. 많은 직업에서 제2언어 사용을 필요로 한다. 항공 조종은 세계 어느 곳이나 항공 영어(Aviation English)를 통해 교통 통제를 하기 때문에 제2언

---

* 클링온(Klingon)은 스타트렉 시리즈에 등장하는 전투 종족이며 그들이 사용하는 언어 이름이기도 하다. 이 책에서는 미국의 언어학자 Speers가 아들의 언어 습득 과정을 살피기 위해 생후 3년 동안 클링온으로만 말을 걸었던 일에 대해 이야기하는 것이다. 관련 내용은 https://www.huffpost.com/entry/darmond-speers-dad-spoke_n_363477 참고.

어가 필수적이다. 사상 최악의 항공 사고인 테네리페(Tenerife) 사고도
언어와 관련된다.˙ 네덜란드 기장이 영어로 *We are now at take off*(우
리는 지금 이륙 중입니다), 즉 곧 이륙하겠다는 말을 했지만 스페인 통제사
는 비행기가 활주로 끝의 이륙 지점에서 대기하고 있다는 의미로 오해
하였고 그로 인해 사고가 발생했다.[10]

비즈니스, F1 레이싱, 콜센터 등 범세계적인 직업군이나 스포츠
분야에서도 제2언어를 사용한다. 이때 제2언어는 제한된 목적으로 사
용되는 초중심 언어이다. 이러한 목적의 L2 사용자들은 원어민들보다
그 언어를 더 자주 사용할 것이다. 그래서 만약 항공 영어 시험을 본다
면 L2 사용자가 원어민보다 더 높은 점수를 받을 것이다.

공동체는 전문화된 관심사를 공유하는 사람들로 구성된다. 그
리고 어떤 언어는 그 집단의 구성원이라는 증표가 되거나 법적 요구사
항이기도 하다. 한 예로 직원들이 자신의 모어나 공동체의 주요 언어가
아닌 언어를 사용하는 장소로 '식당'이 있다. 런던의 웨이터들은 자기들
끼리는 스페인어를 쓰고,[12] 토론토에서는 그들의 모어에 관계없이 모든
식당의 주방에서 이탈리아어를 쓴다.[13] 시드니의 컴퓨터 회사 직원들은
그들이 일본인이든 아니든 대화를 할 때 일본어를 사용한다. 2001년도

---

* 1977년 3월 27일 스페인 테네리페 섬의 로스 로데오 공항에서 네덜란드 KLM 항
  공기와 미국 팬암 항공기가 충돌한 사고이다. 이 사고의 원인에는 언어 소통의 문
  제도 있었지만, 전파 혼선 문제도 있었다고 한다. 이 사고로 583명이 사망했으며,
  사고 이후 국제 항공 관련 조직은 표준화된 용어를 사용하게 되었다.

국제해사기구(International Maritime Organisation)에서 만든 해사영어
(Standard Maritime Communication Phrases)처럼 이러한 특수 용도의
언어는 자체적인 규칙과 어휘를 지닌 변이형을 이루기도 한다.[14]

회사원들 간의 통화
_____

Box 8.3

B: hello Mr Michael
H: is it Barat?
B: yes, how are you sir
H: well I'm OK, but you had to have some er problems with the cheese
B: eeeeeeerrrrr
H: the bad cheese in the customs
B: one minute Mr Akkad will talk with you
H: ok yes
A: Yes Mr Hansen
H: Hello M Akkad we had some information for you about the cheese
with the blowing
A: yes mister Hansen

Firth[11]에서 축약함

　　Box 8.3은 회사원 세 명이 '치즈'에 관해 주고받은 대화인데, 한
명은 덴마크 사람이고 두 명은 이집트 사람이다.[11] 대화에 사용된 언어
는 두 나라 중 어디 나라의 언어도 아니다. 그러면 이것이 영어인가? 영
어 원어민의 발화라고 보기에 이 대화는 어딘가 어색하다. 원어민은 명

사 *information*을 *some informations*처럼 가산적으로 쓰지 않는다. 그
리고 치즈에 '*blowing*이 생겼다'? 원어민이 치즈를 묘사할 때는 이 사
람들처럼 *blowing*⁺ 같은 전문적인 표현은 쓰지 않는다. 실제로 옥스퍼
드 영어사전에 나온 *blow*의 뜻 32개 중 치즈에 관한 것은 없다.[15] 그럼
에도 불구하고 두 남자는 서로의 말을 완전히 이해한다. 그들이 원어민
이 아니라는 것은 이 대화에서 전혀 중요하지 않다.

(6) **광범위한 기능을 수행하기 위해 L2를 국제적으로 사용하
는 사람들.** 사실 우리는 모어를 적재적소에 원하는 대로 사용할 수 있
다. 연애편지나 수표를 쓸 때, 소설이나 문자 메시지를 읽을 때, 배우자
에게 이야기하거나 500명의 청중 앞에서 말할 때, 또는 법정에서 자신
을 변호하는 경우에도 모어를 쓴다. 우리가 모어를 쓰는 것처럼 L2 사
용자들도 광범위한 목적으로 제2언어를 사용한다. Henry 8세는 Ara-
gon의 Catherine에게 연서를 쓸 때 프랑스어로 썼다.⁺⁺ John Dryden
은⁺⁺⁺ 라틴어로 시를 썼으며 그 시들을 영어로 번역하였다. Lennon과
McCartney는 'Michelle'이라는 노래를 영어와 프랑스어를 번갈아 가
며(codeswitches) 불렀다.

⁺ 치즈가 응고하는 과정에서 속이 비는 것을 blowing defect라고 한다.
⁺⁺ 잉글랜드의 왕 Henry 8세의 첫 번째 왕비가 스페인 아라곤 출신의 Catherine
이었다.
⁺⁺⁺ John Dryden(1631년~1700년). 영국의 시인, 극작가 겸 비평가이며, 왕정 복고 시
기의 문학을 주도한 문인이다.

영어는 수많은 이유로 세계의 거의 모든 곳에서 사용되기 때문에 초중심 언어로 불려 왔다. 현재 이러한 전 지구적 사용은 영어가 링구아 프랑카(ELF), 즉 영어가 아닌 언어를 모어로 하는 사람들 사이에서 소통 수단 역할을 함을 의미한다. ELF는 원어민들의 영어와는 다른 자체적인 문법과 발음을 지니고 있다. 예를 들어 *Rain falls from the sky* 같은 문장에 3인칭 -s를 쓰지 않고, 원어민의 *them/theme*에서 들을 수 있는 'th'의 유성음과 무성음 대립쌍 /ð~θ/를 구별하지 않는다. Box 8.5에서는 ELF의 전형적인 문법 특질들을 볼 수 있다.[16]

ELF 문법의 특질

Box 8.4

- 3인칭 -s를 사용하지 않음: *he like*
- 원어 발화에는 반드시 사용되어야 할 부정관사 *a/an*이나 정관사 *the*가 생략되거나, 쓰이지 말아야 할 부분에 들어감: *He went in car, I like the tea*
- 부가 의문문의 올바른 형태를 사용하지 못함: *He's right, isn't it?*
- 불필요한 전치사를 넣음: *We have to study about physics.*
- 의미 범용성이 높은 특정 동사를 과잉 사용함: *do, have, make, put, take* 등
- black으로 충분하지만 black colour라고 하는 과도한 명시성(over-explicit)

Seidlhofer에 기반함.[16]

그러면 초중심 언어는 영어인가, 아니면 ELF인가? 사람들이 원하는 것은 가능한 한 토착어에 가까운 영어를 습득해서 그 원어민들과 소통하는 것일까, 아니면 공통어(lingua franca)를 습득해서 다른 언어

사용자들과 소통하는 것일까?

정리하자면, L2 사용자에 대해서는 그들의 규모가 크고 구성이 다양하기 때문에 오해하는 부분이 있다. 결혼한 부부, 사업가, 축구 선수, 조종사, 소수 민족 어린이과 관광객 들의 정신에는 큰 차이가 있다. 그들은 제2언어를 같은 방식으로 사용하지도 않고 같은 방법으로 배우지도 않는다. 그래서 SLA 연구자들은 자신의 연구 기반을 어떤 L2 사용자에 두어야 할지 끊임없이 스스로 묻곤 한다.

가장 규모가 큰 집단이 목록에서 빠져 있다. 그것은 바로 학교에서 제2언어를 배우는 학습자들이다. 이들은 제2언어 사용법을 배우기는 하지만 실제 생활 속에서 쓸 일은 별로 없다. 다만 이들은 L2 사용자 집단의 일원이 되는 법을 배우는 중이라고 할 수 있다. 이들 중 대다수에게 L2 학습은 필수적이다. 어떤 사람은 자신의 모어만으로는 성공적으로 살기에 충분치 않다고 생각하여 다른 언어를 배운다. 여기에는 이민자뿐 아니라 국외 거주자, 사업가, 정치적 망명객뿐 아니라 미국의 히스패닉처럼 한 국가의 소수 언어 사용자들도 포함된다.

비자 취득이나 귀화처럼 법적 절차와 관련될 때 L2 학습의 의무적 속성은 뚜렷해진다. 캐나다에서 준숙련 직종을 갖고자 하는 이민자들은 의사소통의 숙달도를 측정하는 CLB(Canadian Language Benchmarks)의 영어나 NCLC(Niveaux de compétence linguistique canadeins)의 프랑스어 4급을 취득해야만 한다[17]. 또한 영국에서 학생 비자를 받기 위해서는 TOFEL(Test of English as a Foreign Language)

이나[18] IELTS(International English Language Testing System) 같은 국제 통용 영어 시험에서 적정 등급을 받아야 한다.[19] 미국에서는 비공식적인 방법을 두루 허용하여, 이민 신청자의 영어 말하기 능력과 읽고 쓰는 능력을 이민국 직원이 평가한다. 이때 지원자가 소설 『반지의 제왕』에서 *Need brooks no delay, but late is better than never*처럼 영어가 아닌 문장을 외워서 말하더라도 이 말을 듣고 웃어서는 안 된다. 지원자들은 그렇게 해서라도 이 언어를 사용하는 집단으로 편입되고자 하는 것이며, 그것이 그들의 삶에서 매우 절박하기 때문이다.

제2언어를 의무적으로 학습하는 두 번째 집단은 교육과정의 일부로서 언어를 배우게 된 사람들이다. 대부분의 국가에서 모든 아동은 다른 언어, 특히 영어를 필수적으로 배운다. 모로코에서는 중등학교(secondary school)로 전환되는 시기인 12세에 영어를 배우기 시작한다. 그러나 지금은 그 시작 시기가 앞당겨지고 있다. 일본에서는 10살, 스페인에서는 6살, 홍콩에서는 3살에 영어를 배우기 시작한다. 이 아동들에게 제2언어는 학교 교육과정에 속해 있어서 수학이나 지리와 함께 배우는 과목의 하나일 뿐이다. 아이들이 영어에 흥미가 있는지 그렇지 않은지는 중요하지 않다. 그리고 영어 과목의 목표는 다른 과목들의 목표와 다르지 않다. 시험을 통과하여 그들이 다음에 하고 싶은 일을 할 수 있도록 자격을 얻게 하려는 것이다. 따라서 제2언어를 배우는 일은 여타의 과목들과 차별화되지 않으며, 그러한 과목들과 즉각적으로든 장기적으로든 연관성이 없다.

아일랜드와 영국 외에 유럽 대부분의 나라에서 중등학교의 학생들 90% 이상이 영어를 배운다. 네덜란드, 사우디아라비아, 홍콩 등전 세계의 대학에서도 영어를 가르치고 있다. 학생들은 교실 밖에서 의사소통적 기능을 위해 목표어를 사용하지 않으므로 앞서 언급한 L2 사용자들과는 상황이 다르다. 외국어 학습(foreign language learning)과 제2언어 학습(second language learning)은 교실 내에서 무엇을 하는지가 아니라 교실 밖의 상황이 어떠하냐에 달려 있다. 대부분의 교실 언어 학습은, 교사가 뭐라고 약속을 하든 간에 배운 언어를 실제로 사용하게 될 일은 별로 없을 것이다. 대신 외국어 수업은 시험에 통과하고적절한 자격을 취득하고자 하는 요구가 반영된다. 외국어 학습은 그저학교 수업이면서, 넘어야 할 장애물일 뿐이다.

간혹 아동의 모어 습득 목표와 제2언어의 학습 목표가 비교되곤 한다. 하지만 사실 아동은 자기 모어를 배울 때 어떤 목적을 갖고 배우지는 않는다. 그들은 언어 없이는 정상적인 인간 환경 속에서 살아갈수가 없다. 아이들은 사회적 환경을 통해, 또는 그들의 유전자 속에 가지고 태어난 무언가 때문에 언어를 배운다. Eric Lenneberg가 논한 것처럼 모어를 배우기 위한 유일한 조건은 '사람'이기만 하면 된다. 세 살짜리 아이한테 왜 모어를 배우냐고 묻는 것은 아무런 의미가 없다. 아이들은 물고기가 자신이 헤엄치고 있는 물에 대해 의식하는 것만큼도언어를 의식하지 않는다. 그러나 L2를 배워야만 하는 학습자의 경우에는 다른 선택이 없다. 그들은 제2언어를 배우지 않으면 '망한다'. 망한다는 것이 단지 '시험에 떨어지는' 정도를 의미한다고 해도 말이다.

다른 L2 학습자의 유형은 저녁 수업에 자발적으로 참석하거나, 현대 언어(modern language)의 학위를 받기 위해 공부하거나, 온라인으로 학습하는 이들이다. 영국의 대학생들에게 왜 다른 언어를 배우는지에 대해 물었다. Box 8.6에서는 그들이 답한 700개의 이유 중 일부를 엿볼 수 있고, 이를 통해 사람들이 얼마나 다양한 이유로 제2언어를 공부하는지 확인할 수 있다. 700개의 이유 중에는 취업을 위해서가 있었고, 또 다른 이유로는 다른 언어를 배움으로써 자극 효과를 얻고자 한다는 것이었다.

학생들이 다른 언어를 배우는 이유

Box 8.5

재미있으면서도 많이 어렵지 않다.
언어는 다른 어느 과목들보다 자극이 된다. 항상 새롭게 배울 것이 있다.
언어는 기본적으로 세계 어느 곳에서든 내가 원하는 어떤 일이라도 할 수 있다는 것을 의미한다.
언어는 다른 문화에 대해 더욱 열린 마음을 갖도록 돕는다.
어떤 언어들은 아름답다.
다른 언어를 배우면 뭐든 열심히 하는 사람처럼 보인다.

'700가지 이유에 대한 보고서'의 학생 인터뷰 중[1]

[요약] L2 사용자와 L2 학습자의 유형

Box 8.6

L2 사용자
(1) 다언어 사회의 구성원
(2) 문화유산으로서 언어를 되찾은 사람들
(3) 다른 나라에 단기간 방문한 사람들
(4) 배우자, 친구, 아이들과 L2로 소통하는 사람들
(5) 특정한 기능을 위해 L2를 국제적으로 사용하는 사람
(6) 넓은 범위의 기능을 위해 L2를 국제적으로 사용하는 사람

교실의 언어 학습자
(1) 의무적(compulsory) 학습자: 이민자(immigrants)
(2) 의무적 학습자: 학생(educaton)
(3) 자발적 학습자: 학생(education)

Cook의 논의를 바탕으로[4]

　언어를 더 가르쳐야 한다는 생각은 앞서 언급한 여섯 사용자 그룹 중 하나에 학생들을 들여보내기 위해서이다. 즉, 그룹 1처럼 다언어 사회의 참여하거나, 그룹 2처럼 다른 나라에 여행객으로 방문하거나, 그룹 5처럼 항공기를 조종하거나, 아니면 사실상 그들이 제2언어로 하고 싶은 어떤 일이든 하게 만드는 것이다. 사람들은 모두 다른 언어를 배우는 자기만의 이유가 있을 것이다. 인간 군상이 다양한 만큼 L2 학습자의 형태도 다양하기 때문이다. 물론 언어는 여러 방법으로 쓰일 수 있으며 아무도 그것을 예측할 수는 없다. 학생 중 한 명이 고향에 돌

야간 뒤 영국의 신문사로부터 비밀경찰 고문자라고 고소를 당했는데, 그는 이를 완강히 부인했다. 당연히 내가 그에게 가르친 것 중에 경찰 심문 기술 같은 것은 없었다!

원어민에 대한 태도

Box 8.7

다음 말에 대해 '동의', '비동의', '모르겠다' 중 하나로 답해 보십시오.

· 런던에서 온 사람은 도쿄에서 온 사람보다 영어를 잘 할 것이다.
· 한 언어를 가장 잘 아는 사람은 원어민일 것이다.
· 비원어민은 절대 원어민만큼 말할 수 없다.
· Ingrid Bergman이 끝까지 외국인 말투를 갖고 있었다는 것은 부끄러운 일이다.
· 나는 원어민처럼 말하고 싶은 것이 아니고, 내 나라에서 온 사람처럼 제2언어를 말하고 싶다.

원어민과 L2 사용자

앞서 말한 어느 그룹에 속해 있든지, L2 학습자에게 제2언어를 어느 정도로 하고 싶냐고 묻는다면 그들은 대부분 원어민처럼 말하고 싶다고 답할 것이다. 학생들과 교사들은 그들의 언어가 얼마나 발달했

---

* 잉그리드 버그만(1915-1982). 스웨덴 출신의 여배우이며 스웨덴과 독일 영화계에서 활동하다가 미국으로 건너가 미국 영화를 대표하는 스타가 되었다. 그녀는 스웨덴어, 독일어, 프랑스어, 영어, 이탈리아어를 구사할 수 있었다고 한다.

는지 살필 때 원어민과 얼마나 비슷해졌는지를 척도로 삼는다. 영국 사람은 프랑스 사람처럼 프랑스어를 말하고 싶어하며, 심지어 그렇게 하는 사람을 존경하기까지 한다. 그렇다면 L2 사용자가 구사하는 제2언어와 원어민이 구사하는 모어 사이에는 어떤 관련이 있을까? 원어민(native speaker)이란 '아주 어릴 때부터 어떤 언어를 말해 온 사람'을 일컫는다. Box 8.8에서 원어민과 관련하여 자신의 태도를 체크해 보자. 영어 학습자 400명 중 67%가 학생 A처럼 답했고, 그를 원어민이라고 오해했다. 32%는 학생 B와 같았으며 외국인 말씨(foreign accent)를 가졌지만 유창하게 말하는 사람을 동경했다.[21]

어느 쪽이 되고 싶은가?

Box 8.8

학생 A: 나는 현재 영어를 원어민과 똑같이 발음할 수 있다. 사람들은 간혹 나를 원어민이라고 생각한다.

학생 B: 나는 현재 영어를 명확히 발음할 수 있다. 내가 어디에 가든지 원어민과 비원어민 모두 내 말을 잘 이해한다. 그러나 아직 내 모어의 말투가 남아 있다.

Timmis를 바탕으로[21]

학생들처럼 대부분의 사람들은 원어민만이 그 언어를 적절하게 말할 수 있다고 믿는다. 하지만 앞서 살펴본 원어민의 정의대로라면, L2 사용자는 어느 누구도 진정한 '원어민'이 될 수는 없다. 그러기에 너무 늦었다. 아주 어릴 때부터 두 언어 환경에서 자란 아이들, 즉

사실상 두 개의 모어를 구사하는 동시 이중언어 화자들(early simulte-
neous bilinguals)만이 성공적인 수준에 이를 수 있다. 학생들은 간혹
자신이 원어민처럼 말하거나 적어도 원어민과 최대한 가까워지는 것
을 목표로 해야 한다고 느낀다. 그리고 그 결과 대부분의 L2 사용자는,
엄밀히 말하면 그들이 절대 될 수 없는 존재인 원어민처럼 말하지 못한
다고 하여 자신이 실패했다고 생각한다.

　　L2 사용자가 여전히 외국인 말씨를 갖고 있고 비원어민 문법을
사용한다면 이것을 '실패'로 본다. 이러한 관점에서라면 소설가 Joseph
Conrad도* 성공하지 못한 영어 L2 사용자로 간주된다(사실 영어는 그의 제
3언어였다. 그의 모어는 폴란드어였고, 제2언어는 그가 '품격 있고', '일반이 이해하
기 쉽고', 그리고 '악센트 흔적 없이' 말했다고 평가받은 프랑스어였다). 그의 동료
소설가인 Virginia Woolf는 심지어 그가 '엉터리 영어(broken English)
를 쓰는 외국인'처럼 말한다고 한 적도 있다. 또한 최근 라디오에서 인
터뷰를 한 Frederick Leboyer는** 92세의 나이임에도 그의 영어에서
는 프랑스어 억양이 느껴졌다. 이 밖에 미국의 재무장관이었던 Henry
Kissinger가 독일인 영어 L2 사용자라는 것을 모르는 사람은 없을 것이
다. '원어민 기준'에서 볼 때 그들은 모두 완전히 실패한 사람들이다.

---

* 　조지프 콘래드 또는 조셉 콘래드(1857년~1924년). 폴란드 출신의 영국 소설가이다.
　　그는 1894년에 영국으로 귀화하였으며 "영국 문학을 대표하는 폴란드 태생 작
　　가"로 불렸다.

** 　프레드릭 르봐이예(1918~2017). 프랑스의 산부인과 의사로서 『폭력 없는 탄생』을
　　저술하였으며, 자연주의 출산법인 '르봐이예 분만'을 창시하였다.

하지만 누가 인정을 하든 말든 그들은 모두 큰 업적을 거두었
다. Conrad는 현재도 그렇지만, 뛰어난 영국 소설가로 인정받고 있으
며 원어민들도 하지 못한 것들을 해 냈다.* Frederick Leboyer는 '수중
분만'을 국제적으로 알렸으며, Henry Kissinger는 최고 수준의 국제 외
교로 냉전 시대를 싸웠다. 그들의 말씨는 그들이 종사한 분야에서의 일
에 아무런 지장도 주지 않았다. 그렇다면 과연 그들이 성공한 L2 사용
자가 아니라 실패한 원어민 취급을 받는 것이 마땅할까? 그들이 Texas,
Melbourne, Glasgow가 아닌 폴란드, 프랑스, 독일에서 온 사람처럼 말
했더라도 그건 아무 문제가 되지 않는다. 중요한 것은 그들이 제2언어
를 매우 효율적으로 구사했다는 점이다.

---

* 영화 '지옥의 묵시록(1979)'은 그의 소설 『암흑의 핵심(Heart of Darkness, 1899)』
  에서 영감을 받았다고 한다.

평가에서 측정하는 것들

Box 8.9

IELTS(International English Language Testing Scheme, British)[19]: IELTS 결과점수 9점을 '원어민 표준'과 동일시해서는 안 된다. 영어는 매우 다양한 원어민들에 의해 사용되기 때문이다. 사실상 9점은 '전문가 수준'을 가리키며 언어를 충분히 잘 조작하고 오류를 거의 발생시키지 않는 사람을 뜻한다.

TOEFL(Test of English as a Foreign Language, USA)[18]: TOEFL iBT는 대학 수준에서의 영어를 사용하고 이해하는 능력을 측정한다. 또한 이 시험은 듣기, 읽기, 말하기, 쓰기 기술을 학문적 과제를 수행하는 데 얼마나 잘 조합할 수 있는지 평가한다.

CEFR(Common European Framework of Reference for Language, European)[22]: '숙달 등급'으로 불리는 level C2는 원어민이나 원어민에 가까운 능력이라는 의미를 내포한 것은 아니다. 여기서 의도된 것은 매우 성공적인 학습자들의 전형적인 발화를 '정확도', '적절성', '편이성' 측면에서 특징지으려는 것이다.

　　오늘날 공공시험 체계에서는 L2 교수의 목표를 원어민 수준과 같게 만드는 데 두지 않는다. 일본에서는 '영어 능력을 갖춘 일본인'을, 이스라엘에서는 '적절한 상황에서 영어로 편하게 기능할 수 있는 히브리어, 아랍어, 또는 기타 언어의 화자'를 목표로 삼는다. Box 8.9에서는 잘 알려진 세 가지 언어 평가 도구의 목표를 보여 준다. IELTS와 TOEFL은 대학에서의 영어 수행 능력, 즉 수퍼 중심 언어로서 영어를 특정 목적을 위해 적합하게 사용하는지 측정할 뿐 그들이 원어민에 가까운지를 평가하는 것은 아니다. 유럽 공통 참조 기준(CEFR)은 원어민 기준보다는 언어 사용의 정확성, 적절성과 편이성을 중요하게 본다(여

기서 기억할 것은 원어민들도 부정확하고 부적절하며 우물쭈물 말하기도 한다는 점이다). 이 세 가지 시험에서 제시한 최상위 수준의 언어 능력을 기술한 것을 보면 원어민도 어쩌면 도달하지 못할 수준일 수도 있다. 결국 이 중 어느 것도 '원어민처럼' 말해야 하는 것을 목표로 삼지는 않는다.

26개의 나라가 참여한 2013년 Eurovision song contest에서* 좀 더 와닿는 사례를 볼 수 있다. 영어 사용 국가인 영국과 아일랜드의 노래를 제외하면, 참가곡 중 16곡이 영어로 되어 있었고 8곡이 자국어로 되어 있었다. 대회 결과, 영어로 부른 덴마크 노래가 상을 받았고 영국은 19위를, 아일랜드는 마지막 등수였다. 사실상 16곡의 노래들이 외국인 말씨로 불렸지만 공연을 지켜보는 6억 명에게는 그것이 전혀 문제가 되지 않았다는 뜻이다.

그렇지만 대부분의 SLA 연구자들, 언어 교사와 학생들은 여전히 L2 학습에서의 성공이란 원어민처럼 말하는 것이라고 생각한다. 저명한 연구자인 Hytenstam과 Abramsson은[23] 완벽한 원어민처럼 L2를 구사하는 것은 학습자로서는 사실상 불가능한 일이라고 하였다. 앞서 2장에서도 이야기했지만, 왜 그래야 하는가? 어떤 학생은, 비원어민은 정확히 말하기 위해 더 많은 노력을 해야 한다고 하였다. 그런데 왜 원

---

* 유로비전 송 콘테스트는 1956년 처음 개최된 이래 매해 열리는 유럽 최대의 음악 경연대회이다. 스웨덴 그룹 ABBA가 1974년 대회에서 1위를 차지하기도 했다. 2020년에는 이 대회와 관련된 영화 '유로비전 송 콘테스트-파이어 사가 스토리'가 나왔는데 여기서도 언어에 관한 내용이 언급된다.

어민의 발화만이 옳다고 생각할까? 조사에 응답한 중국인 학생의 42% 가 원어민처럼 말하고 싶다고 했지만 그들 대부분은 평생 그 목표에 도 달할 수 없을 것이다. 간혹 어떤 학교에서는 언어 교사들이 원어민이라 는 점을 내세워 홍보하기도 한다. 런던에서는 '프랑스 사람에게서 프랑 스어를 배우세요'라는 안내를 받는다. 그리스에 있는 어떤 학교는 '우 리 학교의 교사들은 모두 영어 원어민입니다'라고 공언한다. 영국의 대 학에서는 외국어 교수들이 거의 모두 그들이 가르치는 언어의 원어민 이다. Essex 대학은 '모든 외국어는 원어민이나 이중언어 교수들에 의 해 지도됩니다'라고 선언한다. 사실 일본의 사설학원에서는 준수한 백 인 남성 원어민이 학생들과 일대일 수업을 한다는 것을 주요 영업 포인 트로 내세우기도 한다.[24] 로맨스를 통한 영어 학습의 사례를 Box 8.10 에서 볼 수 있다.

원어민을 꿈꾸는 일본인 여성

Box 8.10

- ... 영화를 보기 시작한 뒤로 '와, 이런 세상도 있구나!'라고 생각하곤 했어요.
- 나는 영어를 실제로 말할 기회를 좀 더 지속적으로 만들어내야겠다고 생각했어요. ... 남자친구였죠.
- 어머니는 그 사람(새 남자친구)이 전형적인 영국 백인이라고 말했더니 매우 흥미로워 하셨어요.
- 저는 남자친구하고 일본어로 말하고 싶지 않았어요.
- 내가 외국인 남자를 좋아하는 이유는 영어로 말할 때 내가 이상적인 자기(ideal self)가 되기 때문이에요.

Takahashi의 사례로부터[24]

원어민 교사들은, 학생들이 편입되기를 바라는 L2 사용자 그룹 어디에도 속해 있지 않다. L2 학생들처럼 마음속에 어떤 특별한 목적을 갖고 모어를 배운 것이 아니기 때문이다.

François Grosjean은 이들의 언어를 이중언어의 단일 언어적 관점(monolingual view of bilingualism)이라고 칭했다. 언어의 적절한 사용은 단일 언어 사용자에 의해서만 가능하다는 인식이다.[25] 그러나 L2 사용자의 언어는 종종 단일 언어 원어민의 언어와 다르고, 때로는 더 풍부하기도 하다. 단일 언어 사용의 관점에서 볼 때 L2 사용자는 사실 결함이 있다. 일본인 영어 L2 사용자는 *play*와 *pray*의 'l~r'의 차이를 제대로 익히지 못한다. 또한 여러 나라에서 온 학생들이 줄곧 *I was interesting in your lecture*라고 말하는데, 그것은 *I was interested in* *your lecture*라고 써야 한다. 최근에 받은 이메일들은 *Dear Pro. Vivian, Hi Cook, Good morning Vivian, Dear Prof, Respected Dr, Salam Mr Vivian* 등으로 시작한다. 또 다른 것은 *Dear Mrs Cook*인데, 이름 Vivian과 관련하여 영국 영어 화자가 아닌 사람들—사실 많은 영국 사람도 실수하지만—이 끝없이 반복하는 실수이다. 영국에서 여자 이름 은 *Vivien*으로 'e'를 쓴다.

그래서 이것들 중에서 문제가 되는 것은 무엇일까? 메시지 전 달이 제대로 이루어지지 않은 경우에만 문제이다. 'l~r' 대조는 확실히 혼란을 줄 수 있다. 그러나 앞서 살펴본 이메일의 공손한 서두 부분은 수신인이 비원어민이라면 문제없이 통할 것이다. 이메일을 일찍부터 쓰기 시작한 나는 어떤 격식적인 인사말도 쓰지 않는다. 이메일의 핵심 은 업무 서신의 구닥다리 격식, *Dear X, Best wishes, Yours faithfully* 등을 끊어내는 것이라고 생각하기 때문이다.

영어 원어민에게 말하는 것보다 동료 L2 사용자에게 말하는 것 이 더 편할 때도 있다. 어떤 노동조합원들은 영어로 진행되는 국제 회 의에서 그들이 겪는 어려움이 다른 L2 사용자들 때문이 아니라 영어 원어민들 때문이라고 하였다. 영어 원어민은 L2 사용자의 상황에 자신 의 언어를 맞춰 주지 않기 때문이다.

다언어주의적 관점에서 보면 단일 언어 사용도 마찬가지로 결 함이 있다. 단일 언어 사용자는 언어 간 전환을 하지 못한다. 언어에 대한 인식이 상대적으로 낮으며, 세상에 대한 지각도 단순하다. 그리고 그들의 모어 구사력 역시 더 낮다. 엘리자베스 1세의 고문인 Roger Ascham은 '매가 한 쪽 날개로는 높이 날 수 없듯이, 사람도 한 가지 언어만으로는 큰일을 이룰 수 없다'[27]고 말했다. 우리가 L2 사용자와 모어 화자를 비교하는 것은 오리와 거위를 비교하는 것과 다르지 않다. 두 대상 사이에는 유사점도 있고 차이점도 있기 때문이다. 문제는 단일 언어 화자인 원어민을 표준으로 상정하고 L2 사용자가 그들과 비슷해지면 그것을 성공이라고 보고 어떤 차이라도 보이면 그것을 실패라고 생각하는 데 있다. 거위는 헤엄을 잘 치지 못하기에 훌륭한 오리가 될 수 없다. 유명한 나이지리아 작가인 Chinua Achebe의* 인용인 Box 8.11에서 이러한 문제를 아주 명료하게 보여 주고 있다. L2 사용자들도 언어를 효율적으로 사용할 수 있다. 그들이 꼭 원어민과 같아지려고 노력할 필요는 없다. 그러나 제2언어로 자신의 정체성을 표출할 수는 있어야 한다.

---

* 치누아 아체베(1930~2013). 나이지리아의 소설가이며 아프리카 탈식민주의 문학의 고전인 『모든 것이 산산이 부서지다(Things fall apart, 1958)』를 저술하였다.

Chinua Achebe, 'English and the African writer', 1965

Box 8.11

'아프리카 사람이 영어를 충분히 배워서 창의적인 글쓰기를 할 수 있는가?'라는 질문에 나는 '분명히 그렇다'고 답할 것이다. 만약 당신이 질문을 바꿔서 '그가 영어를 배워서 원어민처럼 쓸 수 있는가?'라고 묻는다면 내 대답은 '그러지 않기를 바란다'고 답할 것이다. 그럴 필요도 없고 그렇게 되는 것이 바람직하지도 않다. 영어가 세계 언어로서 치러야 할 대가는 각양각색으로 사용되는 것을 받아들일 준비를 하는 것이다. 아프리카의 작가는 국제적 교류의 매체로서 영어가 지닌 가치가 상실되지 않는 범위에서 자신의 메시지를 최대한 잘 표현하는 것을 목표로 영어를 사용해야 한다. 그는 보편적이면서 동시에 자기만의 특수한 경험을 영어로 표현해 내고 작품을 탄생시키는 것을 목표로 해야 한다.[26]

L2 사용자가 단일 언어 화자인 원어민을 롤 모델로 삼는 데는 몇 가지 어려움이 있다. 첫째, 원어민의 개념이 추상적이다. 모어를 구사하는 사람들은 여러 측면에서 다양하다. 어떤 이는 교육 수준이 높고 어떤 이는 문맹이다. 많은 사람들은 문법, 발음, 어휘 등에서 다양한 방언을 사용한다. 뉴캐슬 출신의 조르디인(Geordies)은 런던 사람들과 매우 다르게 말하지만 그들도 런던에 사는 사람들과 마찬가지로 원어민들이다. 어느 원어민을 선택할 것인가?

사실 일반적으로 '원어민'이라고 할 때는 단일 언어 사용자인 원어민을 뜻한다. 다언어 사회인 스위스에서 독일어권 학생들이 배우는 프랑스어는 스위스 프랑스어가 아니라 표준 프랑스어(Parisian French)이다. 프랑스어권 학생들이 독일어를 배울 때는 스위스 독일어가 아니라 표준 독일어(High German)를* 배운다. 영국 영어를 가르칠 때는 보통 표준 발음(RP)과 표준 문법(standard grammar)을 목표로 한다. 표준 발음과 문법에서는 *you*의 단수, 복수 형태가 동일하며, *Newcastle*을 발음할 때 후음 장음인 /a:/로 발음한다. 또한 '미끄럽다'는 말은 *slippery*를 쓴다. 반면에 조르디** 사람들은 *Thank you*와 *Thank yous*를 구별하고 *Newcastle*을 모음 /æ/로 발음한다. 또한 그들이 말하는 *slippery*는 *slippy*(졸리다)를 의미한다. 결국 우리가 이상적이라고 생각하는 원어민은 원어민 전체가 아니라 원어민 중 특정한 소수의 하위 집단을 가리킨다는 것이다.

　더 심각한 것은 원어민의 언어 지식이 문법서에 나온 이상적인 형태와 동일하다고 생각하는 것이다. 모든 문법은 비표준 화자를 배제하고 언어에서 발견되는 모든 광범위한 형태들을 포함함으로서 규범화된다. 원어민이라도 옥스퍼드 영어 사전에 실린 263,917개의 표제어와 741,149개의 의미를 다 알지는 못한다. SLA 연구자들 또는 교사들이 발음, 어휘 또는 문법 등 언어에 대해 기술한 모든 것을 학습자가 다 알아야 한다고 생각하는 것은 매우 위험하다. 원어민에 대해 일반화된 기술 내용을 기준으로 L2 사용자의 언어 능력을 측정하는 것 역시 매우 부담스럽다. 실제 원어민들 중 누구도 이러한 기준을 충족시키지 못할 텐데

---

　*　독일어의 방언은 고지(高地) 독일어와 저지(低地) 독일어로 나뉜다. 이 가운데 고지 독일어가 공통 표준어이다.
　**　뉴캐슬에 사는 사람들. 현재 뉴캐슬 유나이티드 FC의 서포터 이름도 조르디이다.

말이다. 만약 L2 사용자를 원어민과 꼭 비교하고 싶다면 실제 원어민 중
한 명을 고르고 그의 실제 발화와 L2 사용자의 발화를 비교해야 한다.

[요약] 원어민과 L2 사용자

Box 8.12

- 많은 L2 학습자와 L2 사용자는 원어민과 최대한 비슷해지기를 갈망한다. 그
  러나 이상적인 원어민이 어떠해야 하는지 분명하게 정의하기는 아직 어렵다.
- 그러나 이미 그들의 마음속에 하나의 언어가 들어 있기 때문에 원어민이 되고
  자 하는 목표는 성취할 수 없다.
- 현재의 많은 평가 시스템에 반영되어 있는 것처럼, L2 사용자와 L2 학습자를
  원어민과 비교하여 평가해서는 안 된다. L2 사용자로서 성공적인가 그렇지 않
  은가로 평가되어야 한다.

우리는 원어민은 자신의 모어를 완벽하게 사용할 것이라고 가
정한다. 그러나 표준어(standard variety)의 관점에서 볼 때 그들의 언
어 사용은 완벽과는 거리가 멀고 원어민도 모두 실수를 한다. L2 사용
자는 실수를 할 때마다 자책감을 느낀다. 하지만 정작 원어민은 그 실
수를 알아차리지도 못한다. 어느 철자법 과제에서는 L2 사용자들이 단
일 언어 원어민보다 좋은 성적을 받기도 했다. L2사용자와 원어민을 비
교하려면 모든 조건을 동등하게 맞춰야 한다. 결국 L2 사용자가 원어민
이 되고자 하는 목표를 갖는 것은 Homer가 묘사한 '키메라(Chimera)'***

*** 호메로스(Homeros)가 『일리아스(Illias)』에서 묘사한 삼신일체(三神一體)의 동물이다.

즉 '인간이 아닌 불멸의 존재, 앞은 사자 뒤는 뱀이며 가운데는 염소의 모양을 한 것, 밝은 불 무시무시한 불꽃을 코로 뿜어내는 존재'처럼 비현실적이다.

덧붙임

Box 8.13

- 만약 당신이 새로운 언어를 배운다면 스스로 어떤 목표를 세우겠는가? 어떤 L2 사용자 그룹에 속하고 싶은가?
- 세계 공용어로서의 영어는 영미 중심의 원어민 표준에서 벗어나야 한다는 Graddol* 관점에 동의하는가?

---

* David Graddol은 영어의 원어민 수가 점차 감소하고 글로벌 언어로서 영어를 사용하는 사람이 늘고 있다는 데 주목하였다. 그는 영어에 대해 영미 중심의 원어민과 그 외의 비원어민으로 나누는 이분법적 접근은 버려야 하며, 영어 교육에서도 원어민의 영어에 권위를 부여하는 것이 지양되어야 한다고 주장하였다.

Further Readings

Cook, V.J. (2007) The goals of ELT: Reproducing native-speakers or promoting multi-competence among second language users? In J. Cummins and C. Davison (eds) (2007) *Handbook on English Language Teaching*. New York: Springer, 237-248.

Ortega, L. (2009) *Understanding Second Language Acquisition*. London: Hodder Education.

Scott, V.M. (2009) *Double Talk: Deconstructing Monolingualism in Classroom Second Language Learning*. Boston: Prentice Hall.

References

1   Gallagher-Brett, A. (no date) *Seven Hundred Reasons for Studying Languages*. Southampton: The Higher Education Academy LLAS (Languages, Linguistics, Area Studies), University of Southampton. Online at: www.llas.ac.uk/7ooreasons. Accessed 21/01/2014.

2   De Swaan, A. (2001) *Words of the World: The Global Language System*. Cambridge: Polity Press.

3   Graddol, D. (2006) *English Next*. London: The British Council. Online at: http://www.britishcouncil.org/learning-research-english-next.pdf

4   Cook, V.J. (2009) Language user groups and language teaching. In V.J. Cook and Li Wei (eds) (2009) *Contemporary Applied Linguistics: Volume 1 Language Teaching and Learning*. London: Continuum, 54-74.

5   Clachar, A. (1997) Ethnolinguistic identity and Spanish proficiency in a paradoxical situation: The case of Puerto Rican return migrants. *Journal of Multilingual and Multicultural Development* 18 (2), 107-124.

6   Gaelic Language Plan (2013) Online at: www.argyll-bute.gov.uk/.../s8462/ Mod%20languages%2o0Document.pdf. Accessed 21/01/2014.

7   Newcastle Mandarin Chinese School (2013) Online at: http:// www.newcastlemandarin.org.uk/. Accessed 21/01/2014.

8   Piller, I. (2002) *Bilingual Couples Talk: The Discursive Construction of Hybridity*. Amsterdam: John Benjamins.

9   tvWiki.tv (2006) d'Armond Speers. Online at: http://www.tvwiki.tv/wiki/ D%27Armond_Speers

10   Tajima, A. (2004) Fatal miscommunication: *English in aviation safety*. *World Englishes* 23 (3), 451-470.

11   Firth, A. (1990) Lingua franca negotiations: Towards an interactional approach. *World Englishes* 9, 69-80.

12   Block, D. (2006) *Multilingual Identities in a Global City: London Stories*. London: Palgrave.

13   Norton, B. (2000) *Identity in Language Learning*. Harlow: Longman.

14   International Maritime Organisation (2009) Online at: http://www.imo.org/

15   Oxford University Press (2009) *Oxford English Dictionary*. Online at: http://www.oed.com/

16   Seidlhofer, B. (2004) Research perspectives on teaching English as a lingua franca. *Annual Review of Applied Linguistics* 24, 209-239.

17   *Theoretical Framework for the Canadian Language Benchmarks and Niveaux de compétence linguistique canadiens* (2013) http:// www.language.ca/documents/theoretical_framework_web.pdf

18   Educational Testing Services (2013) *The TOEFL iBT Test*. Online at: http:// www.ets.org/toefl

19   International English Language Testing System (IELTS) (2009) Online at: http://www.cambridgeenglish.org/exams-and-qualifications/ielts/. Accessed 21/01/2014.

20   Lenneberg, E. (1967) *Biological Foundations of Language*. New York: Wiley & Sons.

21   Timmis, I. (2002) Non-native speaker norms and international English: A classroom view. *English Language Teaching Journal* 56 (3), 240-249.

22   Common European Framework of Reference for Languages (CEF) (2008) Strasburg: Council of Europe. Online at: http://www.coe.int/t/dg4/ linguistic/Cadre1_en.asp

23   Hyltenstam, K. and Abrahamsson, N. (2003) Maturational constraints in SLA. In C. Doughty and M. Long (eds) (2003) *The Handbook of Second Language Acquisition*. Oxford: Blackwell, 539-588.

24   Takahashi, K. (2013) *Language Learning, Gender and Desire*. Bristol:

Multilingual Matters.

25   Grosjean, F. (2008) *Studying Bilinguals*. Oxford: Oxford University Press.

26   Achebe, C. (1975) The African writer and the English Language. In C. Achebe *Morning Yet on Creation Day*. NY: Anchor Press/Doubleday, 91-103.

27   Ascham, R. (1570) *The Scholemaster*. Printed by Iohn Daye, dwelling ouer Aldersgate.

에필로그

이 책을 다 읽은 독자들은 아마도 다양한 아이디어와 접근법들이 뒤죽박죽 섞인 내용을 접했다는 인상을 받았을 것이다. 적어도 이 책에서 언급된 주제들에 대해서는 말이다. SLA 세계를 지나온 우리의 여정은 어느 곳에 멈췄든지 아무 문제없이 진행되어 왔다. 즉, 이 책은 어떤 순서로 읽어도 괜찮다는 뜻이다. 또한 이 책에서 다루기로 한 문제들은 어떤 이념적 제약에도 구애받지 않고 선택된 것이 사실이다. SLA의 다양한 영역 중에서 흥미롭다고 생각한 부분을 다룬 것이 우리가 이 책을 이끌고 가는 추동력이 되었다. 물론 그 주제들이 흥미롭다고 생각한 이유는 그것들이 SLA 연구에서 중요하기 때문이다!

모든 언어 습득에 관한 연구가 그러하듯이 제2언어 습득 연구는 그것이 다루는 현실을 정돈되고 통일된 그림으로 보여 주기에는 아직 부족하다. 이는 우리가 이 책의 어디에선가 논했듯이 언어 습득이라는 현상 자체가 단일한 현상이 아니기 때문이다. 언어 습득 중에서도 특히 제2언어 습득은 상당히 복잡하고 헤아릴 수 없이 다각적인 면을 지닌다. 따라서 지금까지 제시되었던 이론 중 하나의 관점만으로는 이 현상을 충분히 설명할 수 없다. SLA 연구자들은 그들이 처한 문제와 풀리지 않는 의문들을 폭넓은 통찰력과 다양한 접근법으로 해결할 의무가 있다.

다시 말하자면, 복잡한 상황을 고려하지 않으면 문제를 해결할 수 없다. 실제로 역동 체계(dynamic systems)와 복잡성 이론(complexity theory)의 영향이 커지고 있는 이 분야에서 복잡성에 대한 고려 없이 답을 찾을 가능성은 점점 희박해지고 있다. 이는 L2 사용자의 마음속 언어들 간의 관계나, L2 발달에서 성숙 요인(maturational factor)이 갖는 본질과 영향력 등에 관한 기초 연구에도 적용되지만, SLA 연구가 언어 교육에 갖는 함의에도 중요하게 적용된다. 그렇다면 SLA 연구 전반으로부터 교사들이 얻을 수 있는 혜택은 무엇일까?

이 책에서는 SLA 연구의 계획을 수립하는 데 있어서 언어 교실에서의 문제들을 더 명시적으로 고려해야 한다고 제안한 바 있다. 가령 교사가 가르친 것을 학습자가 제대로 학습하지 못했다면, 우리는 교사와 학습자에게서 수많은 요인들을 살펴봐야 한다. 즉, 목표어를 파악하고자 하는 학습자의 동기가 낮은가, 목표어를 즉각적으로 내재화하는 과정에서 언어간(cross-linguistic) 방해 요인이 작용하는가, 제시된 구조나 항목을 습득하도록 학습자가 발달상의 준비가 되어 있는가, 목표어 입력에서 구조나 항목의 노출 빈도에는 문제가 없는가 등이다. 이러한 문제들을 해결하는 데 SLA 연구 성과가 도움이 될 것이다.

물론 탐색의 결과가 직접적인 해결책이 되지는 못한다. Oscar Wilde의 명언처럼 진실은 순수하기가 어렵고, 결코 단순하지 않기 때문이다(The truth is rarely pure and never simple!). 교실 학습자들은 앞선 질문들에 대해 개인마다 다르게 답할 수도 있고, 혹은 서로 다른 집단의 학습자들이 공통된 답을 할 수도 있다. 그만큼 학습자는 제각각이다. 다행히 현대 교육학에서 그룹 활동, 짝 활동, 프로젝트 활동, 자율 학습 등 다양한 방식으로 학습자를 개별화하여 교육하고 있다는 점은 매우 고무적이다. 만약 그 과정에서 교수 학습에 관해 적절한 질문을 던지면서 시작하고 오랫동안 축적해 온 교육학적 개념과 전략으로 무장하여 자유롭게 논의를 펼쳐 나간다면 효율적인 교수 학습에 도달할 가능성이 높아진다.

SLA 연구는 우리에게 적절한 질문을 던져줄 것이다. 그리고 이 작은 책은 그러한 질문의 답이 무엇인지에 대해 유용한 지침을 줄 수 있을 것이다.

Key Topics Glossary(용어 사전)

acculturation(문화변용)

한 문화 집단의 구성원들이 다른 문화의 관점과 행동 양식을 받아들이거나, 혹은 받아들이지 않는 과정을 말한다.

audiolingual method of language teaching(청화식 언어교수법)

1940년대 초 미국에서 시작된 교수법으로 학생들은 테이프에 녹음된 문장을 따라하고 언어 구조를 반복적으로 훈련하였다. 영국 주도의 EFL에서는 많이 활용되지 않았으나 1960년대에 인기의 정점을 찍었다.

audio-visual method of language teaching(시청각 언어교수법)

주로 1960년대와 1970년대 프랑스에서 도입된 교수법으로 영국의 현대 언어 교육에 큰 영향을 미쳤다. 입말 대화 내용의 의미를 전달하기 위해 시각적 이미지를 사용하였는데, 영사 슬라이드(film-strips)와 녹음된 대화를 반복하였다. 이때 글말(written language)은 사용되지 않았다.

authentic speech(실제 발화)

'실제적 텍스트란 언어 공동체 내에서 특정한 사회적 목적을 수행하기 위해 만들어진 텍스트를 말한다.' Little, D., Devitt, S. & Singleton, D. (1988). Authentic Texts in Foreign Language Teaching: Theory and Practice. Dublin: Authentik.

behaviourism(행동주의)

20세기에 John Watshon에 의해 시작된 심리학의 동향으로 언어 학습을 자극과 반응의 연쇄에서 발생하는 기계적 과정이라고 보았다. 행동주의는 Robert Lado

등에 의해 언어 분야에 도입되었으며 청화식 교육(audiolingualism)으로 이어졌다.

bilingual/bilingualism(이중언어 화자/이중언어 사용)

이에 대해서는 다양한 정의가 있는데, 두 언어를 완벽하게 구사하는 것을 뜻하기도 하고 다른 언어를 사소하게라도 실제적 목적으로 사용할 수 있는 능력을 뜻하기도 한다.

character(부호)

표기 체계의 상징 기호 하나를 일컫는 말. 예를 들면 중국어 표기 체계에서 人('사람')은 하나의 부호이다. 이 용어는 컴퓨터 사용에서는 모든 개별 기호들, 예를 들어 글자 〈a〉, 숫자 〈6〉, 또는 다른 형태의 〈@〉 등을 가리킨다.

classifier(분류사)

일본어와 같은 일부 언어에서 사물을 셀 때 사용하며 (koko ni issatsu no hon ga aru, 축자적으로 'here is one-classifier book') 관사와 달리 분류사는 어떤 사물이 관련되어 있는지를 보여 준다. 영어의 a glass of water, a pile of sand 등에서처럼 불가산 명사를 셀 때 사용하는 구와 기능이 유사하다.

codeswitching(부호 전환)

이중언어 사용자들이 두 언어를 모두 알고 있는 상대방과 대화하면서 대화 내에서 또는 문장 내에서 언어를 전환하여 사용하는 능력을 말한다.

communicative competence (의사소통 능력)

의사소통적 목적으로 언어를 사용할 수 있는 화자의 능력을 말하며 일반적으로 Dell Hymes의 연구에서 시작되었다고 본다. Chomsky는 이보다 좀 더 포괄적인 용어로 화용 능력(pragmatic competence)을 사용한다.

communicative language teaching(의사소통적 언어 교육)

학습자의 의사소통의 필요성, 본래는 제2언어가 그들에게 갖는 기능과 그들이 표현하고자 하는 의미에 바탕을 두고 언어를 가르치는 것을 말한다. 1970년대 이래로 전세계적으로 가장 영향력 있는 교수법이며 다양한 교수 방식으로 구현된다.

compound bilinguals(복합적 이중언어 사용자)

내면의 두 언어가 공통의 기저 개념으로 연결되어 있는 이중언어 사용자를 말한다.

content words(내용어)

명사, 동사, 형용사 같은 단어들을 말하며 이러한 단어들은 어휘적 의미를 가지고 있으며 불변하는 강세 패턴이나 형태를 가진다. 또한 내용어는 세 글자 또는 그 이상의 글자로 이루어져 있다.

contrastive analysis, CA(대조분석)

학습자의 모어와 제2언어를 비교하는 데
서 시작하는 SLA의 접근법으로 두 언어의
차이점이나 유사성을 이용하여 L2 학습자
가 겪을 수 있는 문제점들을 예측한다.

coordinate bilinguals(등위적 이중언어 사용자)

내면의 두 언어가 형태와 개념 면에서 분
리되어 있는 이중언어 사용자를 말한다.

critical period hypothesis, CPH(결정적 시기 가설)

언어를 배울 수 있는 인간의 능력이 특정
나이를 지나면 급격히 감소한다는 주장을
말한다. Eric Lenneberg의 주장에서 시작
되었다.

English as Lingua Franca (공통어로서의 영어)

비원어민 간에 국제적으로 사용되는 언어
로서의 영어이며 그 자체의 문법과 관습
을 가지고 쓰이는 영어를 말한다.

Font(폰트)

엄밀히 말하면 인쇄에 쓰이는 완전한 한
벌의 활자를 말한다. 근래에는 대부분 컴
퓨터 키보드로 입력할 수 있는 활자들이
특별한 디자인으로 이루어져 있는 것을
뜻한다. 서체가(typographer)들은 이를 서
체(typeface)라고도 부른다.

function (structure) words(기능어)

관사 the/a, 전치사 to/in, 대명사 I/her 등
과 같이 문법적 기능을 하는 단어들을 뜻
한다. 보통 구어 형태와 문어 축약형(have,
've; is, 's)을 갖고 있으며 영어에서는 세 개
이하의 글자로 구성된다.

grammar(문법)

언어의 '소리'를 '의미'와 연결하는 문장 요
소들 사이의 관계 체계를 말한다. 화자 내
면의 언어 지식을 가리키기도 하고 문법
책 등에 규칙으로 기술된 것을 뜻하기도
한다. 관습적으로 통사론은 단어 수준을
넘는 문법을 가리키며 형태론은 단어 이
내의 문법을 가리킨다.

grammar translation method of language teaching (문법번역식 교수법)

문법에 대한 자세한 설명과 번역을 통해
외국어를 가르치는 전통적인 '고전' 학습
방식의 교육을 말한다.

grammatical (linguistic) competence(문법/언어 능력)

원어민의 언어 지식, 즉 정신에 내재된 언
어를 말한다.

grammatical morphemes
(문법 형태소)

문장 내에서 문법적 역할을 하는 형태소들을 가리키는 집합적 용어이다. 관사 the/a, 전치사 to/in, 또는 liked의 과거 시제 굴절어미 -ed, John's에서 소유를 나타내는 's 등이 여기에 속한다.

grammatical system(문법 체계)

Halliday 학파의 언어학에서 '문법은 서로 연관된 의미 있는 선택의 망(network)'으로 보았다. 관사를 예로 들 수 있다.

hierarchy of languages(언어 위계)

De Swaan의 언어 위계는 핀란드어와 같은 주변/지역 언어부터 인도의 영어 같은 중심언어, 그리고 제한적 이유로 몇몇 나라에서 사용되는 프랑스어 같은 수퍼 중심 언어, 그리고 영어처럼 어떤 이유로든 전세계적으로 사용되는 언어인 초중심 언어로 나뉜다.

inflections(굴절)

단어의 끝부분을 바꾸어 의미를 나타내는 문법 체계. 영어의 looked처럼 과거 시제를 나타내기 위해 -ed를 결합시키는 것이 예가 된다. 베트남어나 중국어 같은 언어에는 굴절이 존재하지 않는다.

instrumental motivation(도구적 동기)

직업 목적이나 다른 실용적인 목적 때문에 언어를 배우는 것을 말한다.

integration continuum(통합 연속체)

공동체의 언어들이나 한 사람의 내면에 있는 언어들은 완전히 통합되거나 완전히 분리된 양극단 사이에 연속적으로 분포한다.

integrative motivation
(integrativeness, 통합적 동기)

목표어 문화의 사람들과 어울리기 위해 언어를 배우는 것을 말한다.

interlanguage(중간언어)

목표어의 불완전한 형태로서가 아닌, 학습자 자신만의 문법 체계로서의 언어 체계를 뜻한다.

intonation(억양)

발화에서 관찰되는 뚜렷한 음 높이의 변화를 말한다. 영어에서는 어떤 감정이나 문법적 의미를 전달하기 위해 사용되지만 중국어와 같은 성조 언어에서는 어휘 의미를 전달하는 데 쓰이기도 한다. 가령 단어들의 차이나 비슷한 방법으로 음소들의 차이를 나타내는 데 쓰이기도 한다.

letter/sound correspondences(글자-소리 대응)

음성 기반의 표기 체계에서, 기록된 부호

(written symbols)인 글자들이 구어의 소리들과 대응되는 것을 말한다. 이탈리아어와 같은 '음성적' 문자에서는 단순한 방식으로 나타나기도 하고, 경우에 따라서는 영어와 같이 복잡하고 간접적인 방식으로 나타나기도 한다.

linguistico-cultural identity(언어 문화적 정체성)
소속감이나 연대감의 관점에서 특정 언어 집단이나 문화에 대해 개인이나 집단이 느끼는 정체성을 말한다.

mental lexicon(심성 어휘집)
언어 사용자는 그들이 알고 있는 어휘나 어휘 관련 요소들을(예를 들어 고정 표현들) 수천 개의 항목으로 이루어진 정신 사전이나 어휘집에 저장하는데, 이러한 저장소를 말한다.

mnemonic strategy(기억 전략)
대상을 기억하려는 의식적인 노력을 말한다. 예를 들어 핵심어(key words)를 활용하여 내용을 기억하는 것이 예가 된다.

mode(모드)
L2 사용자들은 두 언어가 동등하게 사용 가능한 상태인 이중언어 모드(bilingual mode)가 되거나 모어나 제2언어 둘 중에 하나만 활성화된 단일 언어 모드(monolingual mode)가 될 수 있다. 이 개념은 François Grosjean에 의해 도입되었다.

morpheme(형태소)
의미를 가진 최소 단위를 말한다. cook과 같이 단어 그 자체가 단어인 형태소도 있고, cooks의 '-s'나 cooker의 '-er'와 같이 단어의 일부를 이루는 형태소도 있다.

morphology(형태론)
단어보다 작은 단위의 항목을 다루는 문법을 말한다. 조어법(예: hat-rack)이나 굴절(예: 's, -ing, -ed 등)을 다루는 문법 영역이 여기 속한다.

motivation(동기)
어떤 일을 하려는 의도 또는 목표 지향적 행동을 창출하거나 지속하는 자극을 말한다.

multi-competence(다중 능력)
둘 이상의 언어를 사용하는 개인(의 정신) 또는 공동체의 전반적 체계를 말한다.

multilingual/multilingualism(다언어 사용)
일상적인 목적으로 둘 이상의 언어를 사용하는 국가나 개인들을 말한다.

native speaker(원어민)
어릴 때 배운 모어를 구사하는 사람을 말한다. 전형적으로 '권위 있는' 표준 변이로 여겨진다.

parameters(매개변수)

1981년 이후 촘스키 통사론에서는, 언어 간의 차이는 소수의 매개변수 값이 다르게 설정되어 있는 데서 기인한다고 주장하였다. 촘스키는 매개변수들이 올리고 내릴 수 있는 전기 스위치들의 열과 같이 구성되어 있다고 하였다.

phoneme(음운)

특정 언어 체계에서 변별되는 소리들의 체계를 음운이라고 하며 이는 음운론의 연구 대상이다. 영어에서 /p/와 /b/는 pun/pʌn/과 bun/bʌn/처럼 의미가 서로 구별되기 때문에 다른 음운이라고 할 수 있다.

phonetic script(음성적 표기)

국제음성기호(IPA)와 같이 합의된 음성 부호의 집합을 이용하여 언어의 소리를 정확하게 표기하는 방법을 말한다.

phonetics(음성학)

실제 발화음의 산출과 지각에 대한 것을 연구하는 언어학의 하위 분야를 말한다. 음운론과 구별된다.

phonology(음운론)

특정 언어의 소리 체계를 연구하는 언어학의 분야를 말한다. 음성학과 다르다.

pro-drop parameter
(null subject parameter, 대명사 탈락 변인)

촘스키 통사론의 매개변인 중 하나이다. 언어가 이 변인을 설정할 때 이탈리아어 Sono di Torino(am from Turin)나 중국어 shuo(speak)와 같이 문장의 주어가 생략되는 pro-drop이나 영어, 독일어, 프랑스어와 같이 문장의 주어가 반드시 나타나야만 하는 non-pro-drop 중 하나를 선택한다고 본다.

punctuation(구두점)

소리 내어 읽는 것을 원활하게 하거나 문법 구조를 명확히 하기 위해 표기 체계의 주요 문자나 글자에 덧붙여서 사용하는 관습적 부호를 말한다.

reverse transfer(역전이)

제2언어의 양상이 모어로 전이되는 현상을 말한다.

RP(표준 발음)

'Received Pronunciation(인정받은 발음)'의 약자로 영국 영어에서는 공인된 발음을 두 개의 문자 RP로 나타낸다. 비록 RP 화자는 소수이지만 영국의 전 지역에서 쓰인다.

second language(L2, 제2언어)

UNESCO에서는 '개인이 자신의 모어 외에 추가적으로 습득한 언어'라고 정의한다. 세 번째 혹은 그 후에 배운 언어를 말하기도 한다.

second language learner(제2언어 학습자)

다른 언어를 배우지만 그것을 일상생활에서 사용하지는 않는 사람을 말한다. 교실에서 배우는 학생들을 예로 들 수 있다.

second language(L2) user(제2언어 사용자)

제2언어를 어느 정도 수준에서 알고 사용할 수 있는 사람을 말한다. 이는 제2언어 학습자와 대립되는 개념이다.

structuralist linguistics(구조주의 언어학)

Leonard Bloomfield와 같이 언어를 구조의 집합으로 보고 기술하며, 언어 학습이 자극과 반응에 의해 일어난다고 파악하는 방법론이다. 이는 청화식 교수법을 이끈 Robert Lado와 Nelson Brooks에 의해 언어 교육에 도입되었다.

task-based learning(과제 중심 학습)

학습자가 교실에서 특정 과제를 수행하는 과정에서 학습이 일어난다는 내용을 기반으로 하는 교수법이다.

Universal Grammar(보편문법)

보편문법은 단순히 모든 언어가 공통적으로 가지고 있는 면모를 가리키기도 한다. 그러나 촘스키 이론에서 보편문법은 사람들이 누구나 언어를 배울 수 있도록 타고난 언어 재능(language faculty)을 의미한다.

word order(어순)

어순의 주요한 측면은 언어마다 다르게 나타나는 주어, 동사, 목적어의 배열 순서이다. 또 다른 어순 변이(variation)는 *in New Orleans*처럼 명사 앞에 전치사가 쓰이는지, *Nippon ni*(Japan in)처럼 명사 뒤에 후치사가 쓰이는지 여부이다.

writing system(표기 체계)

'언어의 단위들을 표기하는 데 체계적인 방식으로 쓰이는 시각적 또는 촉각적 부호들 ...'을 말한다[의미 1]. 또는 '언어를 표현하기 위해 고안된 간략한 방식의 도식적 체계 ...'를 의미한다[의미 2]. Coulmas, F. (1996) The Blackwell Encyclopedia of Writing System. Oxford:Blackwell. p.56.

_ 지은이

비비언 쿡 Vivian Cook

영국 뉴캐슬대학교Newcastle University 명예교수
제2언어 습득 및 쓰기 체계 연구
유럽 제2언어학회EUROSLA 창립, 초대 회장

데이비드 싱글턴 David Singleton

헝가리 판논대학교University of Pannoia 교수
아일랜드 더블린 트리니티 대학 Fellow Emeritus
제2외국어 습득, 다언어주의, 어휘론 분야의 저술 다수
Multilingual Matters SLA 시리즈 편집자

_ 옮긴이 **이승연**

서울시립대학교 자유융합대학 객원교수
고려대학교 언어학과 졸업
고려대학교 대학원 국어국문학과 석사 및 박사

경력

고려대학교 한국어센터 외국어로서의 한국어교육 강사
University of Hawai'i at Mānoa 동아시아어문학과 조교수
한국학중앙연구원 선임연구원
세종대학교 국어국문학과 초빙교수
고려대학교 언어정보연구소 연구교수

저서

『한국어교육을 위한 응용언어학 개론』(2021, 개정판), 태학사

제2언어 습득

여덟 개의 핵심 주제들

초판인쇄	2021년 6월 11일
초판발행	2021년 6월 25일
지은이	비비언 쿡, 데이비드 싱글턴
옮긴이	이승연
펴낸이	이대현
편 집	이태곤 권분옥 문선희 임애정 강윤경
디자인	안혜진 최선주 이경진
마케팅	박태훈 안현진
펴낸곳	도서출판 역락
주 소	서울시 서초구 동광로 46길 6-6 문창빌딩 2층
전 화	02-3409-2060(편집), 2058(마케팅)
팩 스	02-3409-2059
등 록	1999년 4월 19일 제303-2002-000014호
전자우편	youkrack@hanmail.net
홈페이지	www.youkrackbooks.com

ISBN   979-11-6742-032-9 93700